权威·前沿·原创

皮书系列为
"十二五""十三五"国家重点图书出版规划项目

BLUE BOOK

智 库 成 果 出 版 与 传 播 平 台

吉林省社会科学院智库项目

吉林省城市竞争力蓝皮书
BLUE BOOK OF JILIN PROVINCE'S URBAN COMPETITIVENESS

吉林省城市竞争力报告（2020~2021）
ANNUAL REPORT ON URBAN COMPETITIVENESS OF JILIN PROVINCE (2020-2021)

C·I·T·Y战略：面向零碳城市时代的吉林选择

主　编／崔岳春　赵光远
副主编／刘　恋　于　凡　徐海东
特邀主编／张世彤　孙克强　徐剑峰

社会科学文献出版社
SOCIAL SCIENCES ACADEMIC PRESS (CHINA)

图书在版编目(CIP)数据

吉林省城市竞争力报告 . 2020 - 2021：C·I·T·Y战略：面向零碳城市时代的吉林选择/崔岳春，赵光远主编 . -- 北京：社会科学文献出版社，2021.10
（吉林省城市竞争力蓝皮书）
ISBN 978 - 7 - 5201 - 9031 - 2

Ⅰ.①吉… Ⅱ.①崔… ②赵… Ⅲ.①城市 - 竞争力 - 研究报告 - 吉林 - 2020 - 2021　Ⅳ.①F299.273.4

中国版本图书馆CIP数据核字（2021）第218481号

吉林省城市竞争力蓝皮书
吉林省城市竞争力报告（2020～2021）
——C·I·T·Y战略：面向零碳城市时代的吉林选择

主　　编／崔岳春　赵光远
副 主 编／刘　恋　于　凡　徐海东
特邀主编／张世彤　孙克强　徐剑峰

出 版 人／王利民
组稿编辑／任文武
责任编辑／连凌云
责任印制／王京美

出　　版／社会科学文献出版社·城市和绿色发展分社（010）59367143
　　　　　地址：北京市北三环中路甲29号院华龙大厦　邮编：100029
　　　　　网址：www.ssap.com.cn
发　　行／市场营销中心（010）59367081　59367083
印　　装／天津千鹤文化传播有限公司
规　　格／开　本：787mm×1092mm　1/16
　　　　　印　张：17.25　字　数：255千字
版　　次／2021年10月第1版　2021年10月第1次印刷
书　　号／ISBN 978 - 7 - 5201 - 9031 - 2
定　　价／128.00元

本书如有印装质量问题，请与读者服务中心（010 - 59367028）联系

▲ 版权所有 翻印必究

感谢中国社会科学院城市与竞争力研究中心对吉林省城市竞争力报告提供数据支持。

感谢吉林省财政厅提供专项经费支持。

《吉林省城市竞争力报告(2020~2021)》编委会

顾　　问　王　颖　郭连强

主　　编　崔岳春　赵光远

副 主 编　刘　恋　于　凡　徐海东

特邀主编　张世彤　孙克强　徐剑峰

核心成员　(以姓氏笔画为序)
　　　　　丁　冬　王天新　王煜格　孙葆春　李　平
　　　　　李冬艳　李焕巧　吴　妍　吴晓露　张　磊
　　　　　张立巍　张丽娜　姚震寰　姜　峰　徐　嘉
　　　　　崔　巍

主要编撰者简介

崔岳春 吉林省社会科学院城市发展研究所所长、研究员,中国软科学研究会第五届理事会常务理事,吉林省数量经济学会理事。1985年7月毕业于吉林农业大学。主要从事数量经济、区域经济研究。1992年设计吉林省首个数量经济学模型,并多年参与《吉林蓝皮书》总报告编写。发表《演化经济地理学:新范式还是"新瓶装旧酒"》等文章40余篇。出版《吉林省中部城市群集合效能研究》等专著3本。负责《吉林省科技发展第十二个五年规划》初稿的起草工作,并承担相关的前期研究课题。主持多项省级课题的研究。

赵光远 吉林省社会科学院农村发展研究所所长、研究员,中国软科学研究会第五届理事会常务理事。主要从事科技创新与区域发展研究。出版著作《科技创新引领区域发展》《农业信息化与新农村建设》,在省级以上报刊发表《吉林省科技创新投入对经济增长贡献的跟踪研究》《新时期科技创新引领区域发展案例研究》《赋予评价体系以人文精神》等论文10余篇。主持、负责完成多项省部级课题。《新时期大图们江地区开发与东北亚经济技术合作研究》获吉林省第九届哲学社会科学优秀成果(论文奖)一等奖,《吉林省提升自主创新能力的20条建议》获吉林省第十届哲学社会科学优秀成果(咨询成果类)一等奖。

刘 恋 吉林省社会科学院城市发展研究所助理研究员。主要从事智慧城市发展建设、城市产业结构优化等方面研究。主持吉林省社会科学院及长春市社会科学院课题十余项，撰写的研究报告多次获得副省级以上领导肯定性批示，研究成果多次获得吉林省社会科学院优秀成果奖项，在各级各类期刊公开发表论文10余篇。

于　凡　吉林省社会科学院农村发展研究所副研究员，研究方向为农业经济理论与政策。主要研究成果包括学术专著3部，主持省科技厅、省社科规划办和省社科院课题15项，发表核心、省级期刊论文和《吉林蓝皮书》研究报告等20余篇。

徐海东　就职于中国社会科学院财经战略研究院，经济学博士。《中国城市竞争力报告（No.17）》《中国城市竞争力报告（No.16）》副主编，作为核心成员参与编写《全球竞争力报告》《中国住房发展报告》《国家中心城市视角下的郑州方位》等著作。

张世彤　吉林省科学技术信息研究所所长、研究员，吉林省第六批拔尖创新人才。先后主持国家级、省级科技计划项目12项；出版《面向制造过程的创新技法及实践》等著作2部。

孙克强　江苏省社会科学院财贸研究所所长、研究员，江苏省金融研究院常务副院长。主持承担了多项省市委托课题，主编《长三角年鉴》《南京都市圈年鉴》等，研究成果得到省领导的肯定并获得省科技进步二等奖。

徐剑峰　浙江省社会科学院区域经济研究所所长、研究员，中国民主建国会会员。主要研究方向为区域经济、台湾经济与产业组织学。

摘　要

　　本书分为主题报告、综合报告、地级市竞争力报告、县级市竞争力报告和比较与借鉴篇五个部分。主题报告以"C·I·T·Y战略：面向零碳城市时代的吉林选择"为主题，通过分析中国地区碳排放数据，并对吉林省各城市碳排放进行估计及比较，提出了吉林省与零碳城市存在的差距及主要制约条件，创新性地提出了吉林省建设零碳城市的C·I·T·Y战略，为吉林省建设零碳城市提出了相应的对策建议。综合报告包括2020年度吉林省地级市和县级市城市竞争力的总体排名和整体情况分析，较为系统全面地总结了全省各地区2020年城市竞争力的综合发展概况和综合表现。地级市竞争力报告涵盖吉林省8个地级市2020年度竞争力报告，通过全面系统地分析各市竞争力发展的现状与优势、问题与不足、现象与规律等，有针对性地提出促进城市竞争力提升的政策建议。县级市竞争力报告包括吉林省3个主要县级市的竞争力报告，主要从综合经济竞争力和可持续竞争力两方面分析主要县级市的竞争力发展现状及趋势，以期为全省各县级市发展方向提供参考。比较与借鉴篇包含《新化工城市建设路径及启示》《杭州市营商环境竞争力评价及提升路径》《江苏省新型基础设施建设与城市高质量发展》《俄罗斯莫斯科现代城市建设理念及启示》4篇研究报告。

　　关键词： 城市竞争力　零碳城市　高质量发展　吉林省

目 录

Ⅰ 主题报告

B.1 C·I·T·Y战略：面向零碳城市时代的吉林选择
.... 赵光远 王煜格 / 001

Ⅱ 综合报告

B.2 吉林省城市竞争力（地级市）年度排名 .... 刘 恋 / 019
B.3 吉林省城市竞争力（地级市）年度综述 .... 刘 恋 / 023
B.4 吉林省城市竞争力（县级市）年度排名 .... 于 凡 / 035
B.5 吉林省城市竞争力（县级市）年度综述 .... 于 凡 / 037

Ⅲ 地级市竞争力报告

B.6 吉林省城市竞争力（长春市）报告 .... 姚震寰 / 051
B.7 吉林省城市竞争力（吉林市）报告 .... 李焕巧 / 066
B.8 吉林省城市竞争力（松原市）报告 .... 张丽娜 / 081

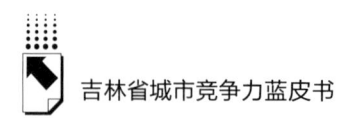

B.9　吉林省城市竞争力（四平市）报告 …………………… 李　平/094
B.10　吉林省城市竞争力（辽源市）报告 …………………… 崔　巍/107
B.11　吉林省城市竞争力（通化市）报告 …………………… 徐　嘉/122
B.12　吉林省城市竞争力（白山市）报告 …………………… 王天新/136
B.13　吉林省城市竞争力（白城市）报告 …………………… 吴　妍/151

Ⅳ　县级市竞争力报告

B.14　吉林省城市竞争力（集安市）报告 …………………… 李冬艳/164
B.15　吉林省城市竞争力（延吉市）报告 …………………… 丁　冬/180
B.16　吉林省城市竞争力（梅河口市）报告 ………………… 孙葆春/193

Ⅴ　比较与借鉴篇

B.17　新化工城市建设路径及启示
　　　——吉林市碳纤维产业高地建设的路径研究
　　　……………………………………………………… 张立巍/208
B.18　杭州市营商环境竞争力评价及提升路径 …………… 吴晓露/216
B.19　江苏省新型基础设施建设与城市高质量发展
　　　………………………………………… 孙克强　方维慰/227
B.20　俄罗斯莫斯科现代城市建设理念及启示 …… 张　磊　姜　峰/234

Abstract ………………………………………………………………… /241
Contents ………………………………………………………………… /243

主题报告
Subject Report

B.1
C·I·T·Y战略：面向零碳城市时代的吉林选择

赵光远　王煜格*

摘　要： 建设零碳城市是实现"碳达峰、碳中和"目标的重要组成部分。本报告对吉林省及各城市的碳排放总量进行了测算和分析，提出了适合零碳城市建设的C·I·T·Y战略，构建了包括循环、互动、技术、区域、生物、整合、目标、产出、文化、创新、思维、活力在内的战略框架。进而提出相关对策建议，包括加大人口流入地区碳治理投入，加强重点碳排放行业精准监测和治理，加快市内外碳吸收功能区建设，统筹智慧能源、科技能源和非碳能源的生产应用等。

---

* 赵光远，吉林省社会科学院农村发展研究所所长、研究员，研究方向为科技创新与区域发展；王煜格，加拿大卡尔顿大学，研究方向为环境可持续发展及环境评估。

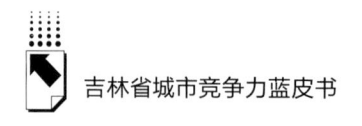

关键词: 零碳城市 碳排放 C·I·T·Y战略 吉林

零碳城市是目标性概念,即最大限度地减少温室气体排放的环保型城市,通过零碳交通、零碳建筑、零碳能源、零碳家庭等系统功能的实现而最终成就的"碳中和"式城市。2018年联合国政府间气候变化专门委员会的一份报告指出,能否实现2015年《巴黎协定》所设较为严格的"1.5摄氏度"控温目标,今后数十年对地球生态系统和许多人而言"生死攸关"[①];2020年9月我国在联合国大会上首次提出了碳中和时间表;Global Gridded Model of Carbon Footprints研究结论指出全球碳足迹高度集中在少数人口密集、高收入的城市和富裕的郊区,碳排放量前100位城市占据了全球18%的碳排放量,很多国家碳排放量前三位的城市占据了该国25%的碳排放量;欧盟全球大气研究排放数据库指出城市是全球碳排放的主要贡献者,占据了CO_2排放的74%;等等[②]。这些结论和数据表明,建设零碳城市不仅符合我国未来发展战略需要,也能为全球发展做出重要贡献。

维护生态安全是国家赋予吉林省的重要使命之一。2021年7月28日吉林省委十一届九次全会通过了《中共吉林省委关于忠实践行习近平生态文明思想建设生态强省的决定》,建设零碳城市已经成为吉林省维护生态安全的重要任务。一方面,《吉林省第七次全国人口普查公报(第一号)》显示,吉林省城镇化率已经达到62.64%,零碳城市建设涉及重大民生福祉问题;另一方面,国家"碳达峰、碳中和"相关战略和城市更新行动均已开启,零碳城市建设亦是国家重大战略需要。本文结合EDGAR、CEADs等数据库相关资料,对吉林省碳排放总量、各城市碳排放水平等进行了估计和分析,从三个层面提出了适合零碳城市发展的C·I·T·Y战略,最后提出了相关对策建议。

[①] 新华社新媒体:《联合国气候报告说全球控温"1.5度"生死攸关》,https://baijiahao.baidu.com/s?id=1613761491091290027&wfr=spider&for=pc。

[②] http://citycarbonfootprints.info/#two。

一 吉林省城市碳排放估计

（一）中国碳排放总规模估计

本节采用欧盟全球大气研究排放数据库（EDGAR）数据和中国碳核算数据库（CEADs）数据为基础进行分析。尽管由于参数选择等有所差异，但总体看来中国的碳排放总规模是在不断扩大的，2020年碳排放量是2000年的3.3~3.6倍（不同标准下），但国内生产总值是2000年的5.3倍，城镇人口规模是2000年的近2.0倍。将2000年至2020年划分为4个5年来看，碳排放规模的5年年均增速从11.2%~12.8%下降到7.9%~8.5%、2.9%~3.1%，再下降到2.4%~2.6%的水平；单位GDP碳排放水平从2000年的3.04~3.67吨/万元下降到1.07~1.20吨/万元，下降幅度达到2/3左右，碳减排效果十分明显。对EDGAR数据、CEADs数据和两组模拟数据进行二次多项式、三次多项式趋势线分析结果显示，在其他外部条件不发生重大变化的前提下，以2000年为第1年，在第21~25年期间（"十四五"期间）我国的碳排放量将达到峰值。考虑到我国发挥全球经济增长引擎的作用以及我国城镇人口比重进一步增加的趋势，到2030年我国实现"碳达峰"的目标是完全可行的。

表1 中国碳排放总规模

单位：万吨，%

年份	EDGAR数据	CEADs数据	模拟值1	模拟值2	年份	EDGAR数据	CEADs数据	模拟值1	模拟值2
2000	368248	305240	366934	—	2004	557036	471470	577165	463529
2001	385655	322430	388237	—	2005	627336	556690	657958	552935
2002	416095	351580	423712	—	2006	697488	619780	720719	604736
2003	482643	415400	493855	422800	2007	764990	682220	783349	694922

续表

年份	EDGAR数据	CEADs数据	模拟值1	模拟值2	年份	EDGAR数据	CEADs数据	模拟值1	模拟值2
2008	781779	720520	804793	759568	2015	1067134	964400	1070469	962126
2009	837821	765600	843846	762501	2016	1069181	961500	1085321	969080
2010	916079	836640	900654	839093	2017	1091122	986600	1115515	1014364
2011	1003725	924540	966532	900855	2018	1115707	1039272*	1150291	1068518
2012	1027143	950170	1001477	919121	2019	1153520	1074309*	1183413	1104540
2013	1053251	949290	1035297	946464	2020	1214972	1084967*	1207751	1115498
2014	1065392	963980	1060527	953898	增速	6.15	6.55	6.14	5.87

注：CEADs数据截止到2017年，该列2018~2020年数据根据2017年实际值与模拟值之间的关系进行比例换算得到。模拟值1根据能源消费情况模拟，公式为CO_2（碳排放量）= $2.6604 \times Coal$（煤）+ $2.1141 \times Oil$（石油）+ $1.6257 \times Gas$（天然气）+ $2.3773 \times Oth$（其他）；模拟值2根据CEADs 2000~2017年数据、城市建成区面积（CON）、人口规模（POPU）、GDP进行模拟，公式为$LN(CO_2) = 117.1868 - 0.3783 LN(CON) - 10.0449 LN(POPU) + 1.1123 LN(GDP)$。

（二）各省区市碳排放总规模估计

中国碳核算数据库（CEADs）对中国30个省区市（由于数据关系，未包含台湾省、西藏自治区、香港特别行政区、澳门特别行政区）截止到2017年的碳排放数据进行了核算。本节按照表1中模拟值2的方法，对全国30个省区市2003~2020年的碳排放数据进行了估算（如表2所示）。结果显示：2010~2020年的10年间，北京市、吉林省碳排放量实现了下降，云南省、上海市碳排放量增速低于1%，河南、辽宁、山东、四川、天津、浙江六省市增速低于2%，低于全国平均增速的还有广东、黑龙江、湖北、山西、重庆5个省市。除新疆外，其他29个省份2010~2020年碳排放增速均慢于2003~2010年。从省份类型看，直辖市经济体碳排放增速均处于较低水平；民族自治区型经济体（均位于西部）碳排放增速均相对较高；中西部省份碳排放增速相对较高；东北地区碳排放增速处于较低水平。

表2 30个省区市碳排放规模及增速

单位：百万吨，%

	2020年	2010年	2003年	2010~2020年增速	2003~2010年增速
安徽	442	262	168	5.38	6.55
北京	87	103	82	-1.63	3.31
福建	277	199	83	3.33	13.38
甘肃	189	127	67	4.09	9.50
广东	602	472	262	2.48	8.77
广西	270	172	67	4.63	14.47
贵州	283	192	110	3.99	8.23
海南	49	29	16	5.38	9.21
河北	875	647	329	3.07	10.16
河南	578	505	216	1.36	12.91
黑龙江	288	218	130	2.80	7.73
湖北	410	324	165	2.36	10.12
湖南	352	255	105	3.29	13.52
吉林	196	202	134	-0.30	6.01
江苏	901	580	251	4.50	12.73
江西	259	148	76	5.73	10.05
辽宁	496	446	237	1.06	9.48
内蒙古	711	477	149	4.06	18.06
宁夏	189	95	55	7.11	8.09
青海	64	32	18	7.23	8.82
山东	874	767	325	1.32	13.04
山西	539	407	252	2.86	7.09
陕西	304	219	86	3.37	14.20
上海	191	187	137	0.22	4.55
四川	361	304	157	1.73	9.87
天津	157	137	66	1.41	10.90
新疆	525	168	77	12.10	11.71
云南	212	194	89	0.86	11.83
浙江	435	359	178	1.95	10.49
重庆	185	142	68	2.72	10.94
加总	11301	8366	4154	3.05	10.52

续表

	2020年	2010年	2003年	2010~2020年增速	2003~2010年增速
东 部	4449	3479	1728	2.49	10.51
中 部	2580	1901	981	3.10	9.90
西 部	3293	2120	944	4.50	12.25
东 北	980	867	501	1.23	8.16
直辖市	621	568	354	0.89	7.01

注：本表中2003年、2010年数据来自CEADs数据库，2020年数据采用人口、GDP双因素回归（无常数回归和有常数回归）和城市建成区面积、人口规模、GDP三因素回归（无常数回归和有常数回归）四种方式预测值的几何平均数进行确定。

（三）吉林省各城市碳排放估计及比较

由于地市级城市能源消费数据并不充分，本文借鉴表2中的吉林省碳排放量预测方法确定的相关参数为依据，根据吉林省统计局网站能够提供的吉林统计年鉴2004年、2010年、2019年数据，第七次全国人口普查数据等推算的2020年的城市建成区面积（CON）、人口规模（POPU）、GDP（地区生产总值）进行了模拟，结果如表3所示。

表3 吉林省内各城市2020年碳排放规模估算值

	CO_2总排放量及增速(百万吨,%)				
	2020年	2010年	2004年	2010~2020年增速	2004~2010年增速
全 省	196.22	202.00	112.30	-0.29	10.28
长 春	56.12	40.7	27.79	3.26	6.57
吉 林	24.03	31.8	16.23	-2.76	11.85
四 平	19.88	22.2	12.29	-1.09	10.35
辽 源	12.24	13.4	6.57	-0.89	12.58
通 化	14.20	14.9	8.29	-0.49	10.28
白 山	12.93	13.8	7.28	-0.64	11.24
松 原	18.67	23.9	11.88	-2.45	12.39
白 城	14.59	15.8	8.40	-0.79	11.11
延 边	14.62	17.2	8.97	-1.62	11.46
梅河口	8.95	8.3	4.59	0.78	10.35

续表

单位GDP的CO_2排放量及降幅(吨/万元,%)

	2020年	2010年	2004年	2010~2020年降幅	2004~2010年降幅
全 省	1.59	3.15	4.57	49.4	31.1
长 春	0.89	1.81	2.64	50.8	31.6
吉 林	1.65	2.60	3.36	36.5	22.5
四 平	2.53	4.20	6.46	39.7	34.9
辽 源	2.85	4.82	9.58	40.9	49.7
通 化	2.67	4.93	7.78	45.8	36.7
白 山	2.54	4.70	8.25	46.0	43.1
松 原	2.48	3.20	6.08	22.6	47.3
白 城	2.92	5.24	8.94	44.3	41.4
延 边	2.01	4.75	6.73	57.7	29.4
梅河口	2.98	6.78	10.70	56.0	36.7

注：为保障数据连续性和可比性，本表中2020年公主岭市数据仍计入四平市计算。另由于是估算值，会与各地实际排放水平有一定误差。

如表3所示，吉林省2010~2020年除长春市、梅河口市碳排放规模有所增长外，其余地区碳排放量均明显下降，吉林、松原两地降幅最大。从单位GDP的碳排放水平看，吉林省为1.59吨/万元，仍高于全国平均水平（1.07~1.20吨/万元）；全省除长春市低于全国平均水平外，其他地区均显著高于全国平均水平。从区域分布看，长吉图区域单位GDP的碳排放水平在全省处于较低水平；梅河口、白城、辽源的碳排放强度水平较高，需要引起关注。

（四）东北三省各城市碳排放估计及比较

继续使用表3方法对东北三省主要城市（地区）的碳排放水平进行估算。由于数据获得原因，数据估算的年度为2019年。总体估算结果如表4所示。

表4 东北三省主要城市（地区）2019年碳排放规模估算值
（序号按碳排放总量由高到低排序）

单位：百万吨，吨/万元，吨/人

序号	省份	城市（地区）	碳排放总量	单位GDP碳排放量	排序	人均碳排放量	排序
1	辽宁	大连	89.84	1.283	3	12.046	21
2	辽宁	沈阳	87.34	1.350	5	9.494	10
3	黑龙江	哈尔滨	60.41	1.151	2	6.035	3
4	吉林	长春	48.98	0.830	1	5.970	1
5	辽宁	鞍山	39.34	2.254	9	11.829	18
6	辽宁	锦州	33.62	3.133	22	12.432	25
7	黑龙江	大庆	33.56	1.307	4	12.066	22
8	辽宁	盘锦	31.48	2.458	10	22.653	36
9	黑龙江	齐齐哈尔	29.70	2.631	13	7.301	5
10	辽宁	朝阳	29.65	3.516	29	10.320	13
11	黑龙江	绥化	29.07	2.640	14	7.739	6
12	辽宁	营口	27.97	2.106	8	12.012	20
13	吉林	松原	26.88	3.683	33	11.931	19
14	辽宁	葫芦岛	26.07	3.230	25	10.710	14
15	辽宁	丹东	24.30	3.164	24	11.103	17
16	辽宁	辽阳	23.82	2.866	18	14.844	32
17	辽宁	抚顺	23.42	2.765	17	13.522	28
18	辽宁	铁岭	22.84	3.569	31	9.565	12
19	辽宁	本溪	22.43	2.872	19	16.918	34
20	吉林	四平	21.78	2.736	16	8.136	7
21	吉林	吉林	21.63	1.527	6	5.970	2
22	黑龙江	牡丹江	20.79	2.520	12	9.079	8
23	黑龙江	佳木斯	20.58	2.698	15	9.544	11
24	辽宁	阜新	19.90	4.077	35	12.080	23
25	黑龙江	黑河	18.17	3.139	23	14.128	30
26	黑龙江	鸡西	16.36	2.963	21	10.890	15
27	黑龙江	双鸭山	15.96	3.351	27	13.206	27
28	吉林	辽源	15.01	3.658	32	15.059	33
29	吉林	通化	14.40	3.295	26	11.051	16
30	吉林	白城	14.15	2.880	20	9.124	9

续表

序号	省份	城市（地区）	碳排放总量	单位GDP碳排放量	排序	人均碳排放量	排序
31	吉林	延边	13.84	1.913	7	7.015	4
32	黑龙江	鹤岗	12.62	3.751	34	14.158	31
33	吉林	白山	12.56	2.465	11	12.794	26
34	黑龙江	伊春	10.65	3.563	30	12.113	24
35	吉林	梅河口	9.76	3.378	28	19.159	35
36	黑龙江	七台河	9.60	4.150	36	13.918	29

从表4看，城区人口300万以上的大Ⅰ型城市和特大型城市（沈连哈长四市）总体上碳排放总量居于前列，但是单位GDP排放量处于较低水平；城区人口100万人以上的大Ⅱ型城市（鞍庆齐抚吉）碳排放总量分布不均匀，从第5位到第21位之间，排放总量与各城市近年来的经济增速和产业结构调整具有一定关系，单位GDP排放量表现尚好；中小城市表现不一，但大多数中小城市单位GDP排放量相对较高，亟须引起重视。

二 吉林省与零碳城市的距离

从目前看，零碳城市实际上是实现"碳中和"的城市，建设的重点是碳排放量与碳吸收量相抵消：一方面要增加非碳能源比重，促进碳排放量逐步缩减，另一方面要增加森林、绿地、湿地等面积，增强碳吸收能力。从2019年数据看，吉林省碳排放量约为2亿吨，按80%由城市市区及周边地区排放的比例看，城市的碳排放量为1.6亿吨；同期吉林省城市绿地面积为9万公顷，按每公顷绿地每天吸收900千克的二氧化碳（森林或水域富余区域按每天吸收1200千克二氧化碳计算），吉林省绿地有效吸碳时间180天（6个月）计算，吉林省城市绿地每年可吸收1464万吨二氧化碳，仅占城市碳排放量的9.20%；即使将城市郊区农田、绿地等按城市建成区面积的1.5倍计算进来，预计吉林省城市及周边绿地每年可吸收二氧化碳5707万吨，仅占全省城市碳排放量的35.67%。吉林省城市碳排放量还有近1亿吨规模需要其他生态性区域进行吸收。

从分城市情况看,长春市城市内部绿地碳吸收能力与碳排放能力比值最大,达到了19.86%;白山市次之,比值为19.01%;其他七市州核心城区及梅河口市比值均低于10%;其他县级市等区域的比值为14.01%。考虑到城市周边吸纳情况,长春市的碳吸收比值达到58.29%,吉林市达到49.17%,延吉市达到45.37%,白山市达到41.53%,通化市达到21.84%;其他四市核心城区及梅河口市均在20%以下,其他县级市等区域比值为67.13%(见表5)。

表5 东北三省主要城市(地区)2019年碳吸收能力估算值

单位:%

省份	城市(地区)	城市绿地吸纳能力	城市及周边吸纳能力	省份	城市(地区)	城市绿地吸纳能力	城市及周边吸纳能力
辽宁	本溪市	27.20	61.77	辽宁	辽阳市	4.93	23.42
吉林	长春市	19.86	58.29	辽宁	鞍山市	4.73	23.08
吉林	吉林市	7.54	49.17	黑龙江	鹤岗市	4.45	22.20
辽宁	营口市	7.00	47.96	吉林	通化市	3.04	21.84
吉林	延吉市	6.81	45.37	辽宁	阜新市	4.22	19.35
辽宁	大连市	8.00	44.04	黑龙江	双鸭山市	2.98	18.53
黑龙江	伊春市	5.57	43.53	辽宁	锦州市	3.51	18.44
吉林	白山市	19.01	41.53	黑龙江	佳木斯市	3.63	17.57
辽宁	抚顺市	6.01	39.81	黑龙江	齐齐哈尔市	3.14	16.42
黑龙江	七台河市	6.47	36.80	吉林	梅河口市	2.73	16.39
黑龙江	大庆市	8.64	32.43	辽宁	铁岭市	2.75	14.80
辽宁	沈阳市	6.98	32.36	吉林	辽源市	2.44	13.43
黑龙江	哈尔滨市	5.39	28.91	吉林	四平市	2.43	13.27
辽宁	丹东市	4.20	26.56	吉林	白城市	2.34	12.89
黑龙江	鸡西市	3.76	26.52	辽宁	朝阳市	1.55	9.56
辽宁	葫芦岛市	4.02	26.11	黑龙江	绥化市	1.20	8.60
辽宁	盘锦市	4.04	25.75	吉林	松原市	1.69	8.03
黑龙江	牡丹江市	5.47	24.11	黑龙江	黑河市	0.75	3.84

对北京、上海、天津、沈阳、大连、哈尔滨等城市进行比较,北京、上海两市城市绿地可吸收城市碳排放量的30%以上,考虑到周边地区的可吸收能力,北京市已经实现了碳中和,吸收能力达到了100%以上;上海市吸收能力达到了87.51%。天津、沈阳、大连、哈尔滨市内绿地吸收能力均不足10%,纳入周边地区吸收能力,天津市达到53.63%,沈阳、大连分别为32.36%和44.04%,哈尔滨市不足30%,为28.91%。相比之下,长春市城市绿地吸碳能力、城市及周边地区吸碳能力均居东北三省36个城市第2位,在大型、特大型城市中居于第1位。吉林省有4个城市进入东北三省吸碳能力前10名。总体看来,在东北区域板块内,吉林省与零碳城市距离最近。这主要得益于两个因素:吉林省碳排放规模相对较低和吉林省城市绿地面积占比较大。

三 吉林省建设零碳城市的制约因素

吉林省建设零碳城市,既要着力降低碳排放能力,又要大力提升碳吸收能力。本节从这两个方面分别予以分析。

(一)降低碳排放能力的制约因素

按照2017年CEADs数据,吉林省二氧化碳排放量最大的行业是电力、蒸汽和热水的供应业,其排放量占总排放量的51.50%;排在第二、第三位的行业分别是黑色金属冶炼加工业和非金属矿物制品业,前三大行业合计碳排放比重达到71.69%。吉林省二氧化碳来源最大的能源是原煤、焦炭和柴油,这三类能源碳排放量占比达到82.87%,而在电力、蒸汽和热水的供应业,原煤的碳排放量占该行业排放量的99.61%。从2019年吉林省行业能源终端消耗看,原煤、焦炭、柴油仍是碳排放最大的三种能源,化学原料和化学制品制造业取代非金属矿物制品业成为三强行业。特别是原煤消费的74.29%转化为电能和热能,但转化率只有60.71%,仅供电供热产生的原煤碳排放量就超过8000万吨,占全省碳排放量的40%以上。基于这些数

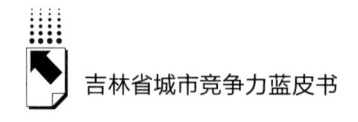

据，本节认为降低碳排放能力的几个关键制约因素在于：

一是含碳能源在总能源消费中比重仍过高。如果计算上秸秆能源化数据、秸秆的农户分散能源化数据等，这一比重仍在92%以上。当前，化石能源的碳排放量受到关注，但是秸秆能源化的碳排放问题得到的关注度较低。吉林省秸秆年产量在4000万吨左右，在其传统能源化、新型能源化以及肥料化、饲料化等过程中均能产生碳排放，初步估计当前秸秆利用的碳排放量在1000万吨以上，这亟须引起重视。

二是化石能源转化为电能、热能的效率偏低。如果计算上运输过程中的损耗，当前化石能源转化为电能的效率低于50%，转化为热能的效率低于90%。按照2019年水平，如果能将化石能源的电能转化率提高到70%、热能转化率提高到95%，吉林省碳排放量能够降低1500万吨。此外，加强智能电网、高压电网、新材料热网建设，着力减少传输过程中的损耗，对于减少碳排放的意义也十分巨大。

三是非碳能源开发不充分。风能、光能、水能等省内消费比重仍然过低，装机容量大、实际利用不足等现象亟须改善。地热能、核能等开发进程仍然较慢，特别是地热能向工业用热源、电能等方面开发远远不足。

四是生物碳排放仍缺乏关注。除能源类碳排放外，生物碳排放特别是反刍类生物碳排放也受到FAO等国际机构的重视。有关资料显示，全球牛的碳排放量与美国相当，约为50亿吨[1]，仅牛的饲养业这一环节碳排放量占全球的比重就达到了6%[2]，亦即其全球碳排放量约为20亿吨。按当年吉林省600万头牛的总规模估计，吉林省肉牛养殖业的碳排放量相当于300万吨CO_2的温室气体效应。

五是人口集聚水平不高，分散分布不利于碳排放治理。人口分布越分散，电力、热力传输运用过程中损耗越大，降低碳排放技术推广成本也越高；人口分布越分散，客货运交通运输能源消耗越大，基础设施建设改造过

---

[1] https://baijiahao.baidu.com/s?id=1695581758461599165&wfr=spider&for=pc.
[2] http：//www.tanjiaoyi.com/article-31863-1.html.

程中碳排放越高,低碳环境遭到破坏的概率越大。

总体来看,在未来3~5年里,通过非碳能源开发、秸秆燃烧控制、节能网络优化、畜牧业控碳、加速人口集聚等措施,吉林省可望减少碳排放2000万吨以上,未来5~10年减少碳排放4000万吨左右。亦即将碳排放总量控制在1.5亿~1.6亿吨的水平。

(二)提升碳吸收能力的制约因素

碳吸收能力主要来自城市的森林、绿地建设以及城市周边的湿地建设。联合国2012年的一份报告 CARBON SEQUESTRATION IN AGRICULTURAL SOILS 相关数据显示,湿地固碳能力最强,每平方公里能够达到6.86万吨;其次是寒带针叶林地,每平方公里可固碳4.08万吨;排在第三位的是热带雨林土地,每平方公里可固碳2.43万吨。吉林省地处温带阔叶林与寒带针叶林交汇地区,在城市周边加强林地建设和湿地建设,具有重要的碳吸收意义。基于这些认识,结合吉林省情,本节认为提升碳吸收能力的关键制约因素在于:

一是城市绿地规模可提升空间有限。2019年,吉林省城市绿地面积比重为57.88%,在全国各省区市中处于较高水平;吉林省除白山市、长春市绿地面积占建成区面积比例较高外,其他城市绿地面积占建成区面积比例多在35%~40%区间。如果其他市州城市绿地面积占建成区面积比例达到50%,每年可以增加碳吸收量133万吨;如果增加到60%,每年可以增加碳吸收量240万吨。但是,由于除长春市外各市州地方财力极为有限,很难推动城市绿地规模进一步提升。

二是城市建设理念尚未完全突破。当前城市建设理念与零碳城市建设还有很大差距,节能建筑、绿色建筑、海绵城市等理念虽然已经具备并付诸实践,但是对于减碳、储碳等理念的融入还很缺乏,节能技术与储碳技术融合、碳监测技术与其他城市监测技术融合还不充分,立体化绿色生态空间、城市碳捕集再利用技术等也有待突破,城市科普活动等也亟须增加减碳科技相关内容。

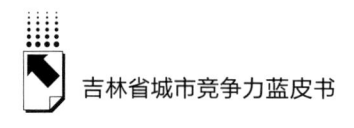

三是城市边界不清晰导致无法建设环城市碳吸收带。吉林省城市特别是中心城市，受传统城市人口较为分散、土地财政影响，土地用途缺乏刚性、城市边界并不清晰、对城市人口缺少预见，难以形成集聚效应的同时也难以推动建设环城市的由林地、湿地、绿地构成的碳吸收带。为此，用好国土空间规划工具，科学设计城市边界，大力谋划环城市碳吸收带并提高其碳吸收效率（如增加湿地等），各城市碳吸收能力有望再提升200万吨以上。

四是城市内部和周边的水域湿地面积需要进一步拓展。吉林省城市因其地理、气候特点，城市内部虽有水系经过，但是在水系连通方面仍有不足，如长春市伊通河、饮马河和新凯河之间在市区内缺少横向连通的河道；吉林市、通化市等城市虽有河流穿城而过，但是其他人工湖等水面很少；个别城市没有具有一定规模的河流经过城区。近年来为了城市美观推动的水系清淤等工作也进一步降低了城市内部的碳吸收能力（淤泥的固碳作用较为显著）。城区内水系、湿地的缺失，影响了城区内部的碳吸收效率。

四 吉林省建设零碳城市的 C·I·T·Y 战略

前述内容表明吉林省城市至少还没有对零碳城市进行较为系统的认知，仅有的认知大多是基于自上而下的政策执行的，大多是基于减少碳排放层面的认知。认知不足，自然导致系统性不强和执行力下降，很难在零碳城市建设方面迈出跨越性步伐。针对这些问题和不足，本报告提出了面向零碳城市建设的 C·I·T·Y 战略，包括三个层面的内容。

（一）C·I·T·Y 是 CYCLE + INTERACTIVITY + TECHNOLOGY + YARD

第一层次的 C·I·T·Y 战略是基于人类生产生活而言的，更多地是针对人类对无机碳的利用而言的。人作为碳基生命体，生活中吸收碳、排放碳是一个自然过程和必然过程，这个过程也导致了人类生产过程中亲近碳、运用碳和排放碳，从而形成人与自然之间简单的碳循环。第一层次的C·I·T·Y战略更加重视的是循环（CYCLE）、交互（INTERACTIVITY）、技术（TECHNOLOGY）和区域（YARD），即针对碳能源或碳生产资料的相关策略。循环是指对含碳的生活资料、生态资料进行循环利用，如利用煤渣、原油渣等生产建筑材料、含碳生物质燃料残余物还田等；交互是采用非碳能源、无碳生产资料或可吸附碳的生产资料代替含碳的能源和生产资料，如风能、太阳能、水能的应用等；技术是指针对含碳能源、生产资料的碳排放进行技术创新和智慧调控，提高其生产利用率的同时降低其二氧化碳或一氧化碳的排放水平；YARD有区域的意思，在这里即指这一阶段把碳的循环应用控制在可控的范围内，或者是在个人或个体企业可及范围内进行碳排放的控制。

（二）C·I·T·Y是CREATURE + INTEGRATION + TARGET + YIELDING

第二层次的C·I·T·Y战略是基于生命变化和气候变化而言的，更多地是针对人类以及生物群落之间的有机碳循环而言的。"1.5摄氏度"控温目标等表明当前人类社会总体上进入了这一战略层次，人类和各种生物群落都在受碳排放和全球气候变化的影响，整个生物界已经成为减碳事业的命运共同体。第二层次C·I·T·Y战略更加重视的是生物（CREATURE）、融合（INTEGRATION）、目标（TARGET）和柔性的（YIELDING）。生物是指碳排放已经成为影响全球生物生存的重要因素，既需要关注碳排放对生物本身的影响，又需要关注生物数量增加产生碳排放的影响，还需要关注生物手段促进碳循环、碳吸收的能力；融合即在受到碳排放影响甚至气候变化威胁的情况下，人类与其他生物应协同共生，通过加强控制人类活动、扩大森林湿地等生态群落、控制基础设施无限延伸等方式促进优化碳循环系统；目标即明确目标导向，严格遵守"1.5摄氏度"控温目标，制定严格的路线图予以遵循，应把"1.5摄氏度"控温目标的实现及其需要

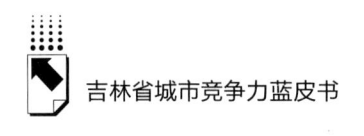

的碳减排按照一定方式核算计入经济规模和发展增速中；柔性的主要是指生产生活方式的改变，利用信息数据技术推动更多地采用柔性生产方式、弹性工作方式，不同城区间错时出行，减少同一时间内碳排放规模，充分提高碳吸收能力和效率。

（三）C·I·T·Y是CULTURE + INNOVATION + THINKING + YOUTH

第三层次的C·I·T·Y战略是基于从碳文明向非碳文明发展而言的，是人类发展理念层面的转换及变革。人类发展史表明，从采集水果、猎捕野兽、钻木取火开始，人类一直是依赖于碳元素循环而存在的生物，人类文明中充满了碳的色彩。然而从生物发展史来看，几次生物大灭绝体现出来的都是碳基生物在自然灾难面前的脆弱性，如果人类不能意识到碳文明的不足，不能推动碳文明向非碳文明转变，人类自身的未来也极有可能重蹈覆辙。第三层次C·I·T·Y战略更加重视的是文化（CULTURE）、创新（INNOVATION）、思维（THINKING）和活力（YOUTH）。文化是人类社会的规则，只有文化转变才能促成行为转变，目前亟须树立减碳文化、零碳文化以从人类内心深处实现碳减排的自觉；创新是人类发展的本质，只有不断创新，人类才能不断地突破既有的生产生活局限，达到更高的文明层次；思维是文化和创新的综合体现，只有不断地转变思维方式，接受新的文化和新的事物，减碳夙愿才能成真；活力是减碳的终极目标，重点是塑造一个更加年轻和充满希望的人类社会。

就这三个层次的战略而言，发达国家实际处于第二层次中后段，但其个别理念仍处于第一层次向第二层次过渡阶段；我国实际处于第二层次中期，但是个别理念已经接近第三层次水平；吉林省实际处于第二层次早期，理念方面还处于第一层次中晚期：大多数居民和公务人员对减碳有认识但不了解，把"节能减排""污染治理"当做"减碳"对待。为此，明确零碳城市建设战略路径和所处阶段极其必要。只有知其时、明其位，才能因地制宜、因时制宜采取精准措施，进入下一层次。

五 吉林省建设零碳城市的对策建议

基于前述分析，吉林省建设零碳城市需要针对人口流动趋势、产业结构趋势、城市建设趋势、能源结构趋势精准施策。

一是针对人口流动趋势，强化人口流入区域碳治理领域投入。从第七次全国人口普查数据人口流动趋势看，吉林省除地级城市（含长春市）主城区大多实现人口增长外，其他地区人口均呈现减少态势。为此，加强主城区碳治理领域投入非常关键。需要重点采取的措施包括：加强城市主城区二氧化碳浓度即时监测，统筹集中供暖、分散式非碳供暖，发展非碳能源集中供暖，以城区单位面积承载的汽车数量为标准控制主城区碳能源车辆数量，采用更多的节能保暖材料进行城市建设，打造海绵城市、生态城市提升主城区的碳吸纳、碳储存能力。

二是针对产业结构趋势，强化重点排碳产业精准化监测治理。针对吉林省电力、蒸汽和热水的供应业、黑色金属冶炼、非金属矿物制品、化学原料及化学制品制造等重点行业，实施一企一策、一事一议，坚决控制碳排放总量；针对吉林省交通运输、物流、仓储等产业，建立碳排放的激励和约束机制，依靠市场化机制引导实现减少碳排放目标；针对农牧业碳排放和林业渔业的固碳效应，加大政策引导力度发展多种林业和渔业生产；针对其他行业和生活性碳排放，采取积分制、信用承诺制等方式引导从业者和城乡居民降低碳排放。积极发展碳减排相关科技，开发一批具有碳吸纳能力的建筑材料，孵化一批碳固存、碳捕集、碳交易领域的科技企业，建设碳科技企业孵化园区，全面提升减碳产业服务能力。

三是针对城市建设趋势，强化城市内外碳吸收功能区域建设。目前吉林省城市建设仍具有大城市外延发展、小城市收缩发展的二元性特征。同时，在碳治理方面也必须看到吉林省城市发展的平面特征，这一特征与发达城市碳治理的空间特征甚至四维特征（数字孪生城市）相比差距较大。为此，在政策方面建议吉林省加强立体空间碳吸纳能力的设计，打造一批跟随建筑

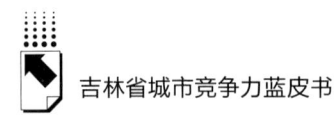

高度一同成长的空中绿地；加强四维空间层面的碳排放、碳吸收监测能力等建设，在数字孪生城市、智慧智能城市中把碳治理功能放在重要位置；在交通干线、水电热工厂等重点碳排放区域周边建立一批碳吸收功能区或者碳循环隔离带，提升城市重点区域与周边的碳循环能力；以硬约束（法律）限制城市的平面边界，拓展城市的空间边界，沿边界建设一定宽度（根据城市规模设计不同宽度）的碳吸收功能区。

　　四是针对能源结构趋势，强化智慧能源、科技能源、非碳能源生产应用。目前，吉林省仍然是以碳能源为主的省份，城市中碳能源比例仍在90%左右，要降低碳能源比重、减少碳能源浪费，把个别分布式能源（如生物质能源）等纳入能源碳排放考察中。非碳能源方面，建议加快分布式非碳能源（风电、光伏等）并网步伐，在地热能、核能利用方面尽快实现突破；智慧能源方面，建议加强智慧电表、智慧热表等设备的覆盖率，积极开发智慧风能、智慧光伏相关技术，着力减少能源浪费；科技能源方面，建议加强风能、氢能、光能、地热能等清洁能源高效应用、能电转换、能热转换、低耗传输、特种装备、大容量储能、新能源发动机装备等重大技术开发，力争在超高压传输技术、新型储能材料、常温超导技术、页岩开发技术、氨能源技术、风光氢氨能源联动开发技术等方面实现新的突破。

综合报告
Comprehensive Reports

B.2 吉林省城市竞争力（地级市）年度排名

刘 恋*

一 2020年吉林省8个地级市综合经济竞争力排名

1. 2020年吉林省8个地级市综合经济竞争力排名（见表1）

表1 2020年吉林省8个地级市综合经济竞争力排名

城市	综合经济竞争力			经济密度			经济增量		
	指数	全省排名	全国排名	指数	全省排名	全国排名	指数	全省排名	全国排名
长春	0.411	1	60	0.426	1	56	0.206	1	68
吉林	0.212	2	209	0.252	2	176	0.064	2	252
辽源	0.187	3	223	0.231	3	200	0.043	4	267
松原	0.166	4	234	0.207	4	218	0.038	6	272
白山	0.156	5	241	0.187	5	227	0.053	3	260
通化	0.134	6	249	0.164	6	239	0.043	5	268

* 刘恋，吉林省社会科学院城市发展研究所助理研究员，研究方向为智慧城市与城市经济。

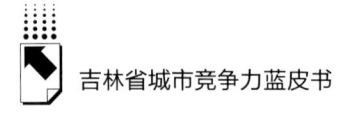

续表

城市	综合经济竞争力			经济密度			经济增量		
	指数	全省排名	全国排名	指数	全省排名	全国排名	指数	全省排名	全国排名
四平	0.091	7	271	0.122	7	262	0.019	8	286
白城	0.077	8	277	0.095	8	274	0.036	7	276

注：由于四舍五入的原因，书中所呈现的部分指数大小相同，但排名不同。余同。

资料来源：中国社会科学院城市与竞争力指数数据库、吉林省社会科学院城乡发展指数数据库。

2. 2020年吉林省8个地级市综合经济竞争力分项排名（见表2）

表2　2020年吉林省8个地级市综合经济竞争力分项排名

城市	当地要素			生活环境			营商软环境		
	均值	省内排名	全国排名	均值	省内排名	全国排名	均值	省内排名	全国排名
长春	0.527	1	25	0.382	2	144	0.631	1	27
吉林	0.443	2	44	0.428	1	110	0.490	2	52
四平	0.281	3	146	0.277	4	241	0.189	4	221
通化	0.194	4	213	0.305	3	215	0.072	6	280
松原	0.153	5	242	0.241	6	263	0.163	5	241
辽源	0.134	6	250	0.250	5	259	0.024	8	287
白城	0.103	7	264	0.079	8	287	0.066	7	281
白山	0.059	8	282	0.111	7	284	0.274	3	151

城市	营商硬环境			全球联系		
	均值	省内排名	全国排名	均值	省内排名	全国排名
长春	0.439	1	78	0.495	1	36
吉林	0.344	2	140	0.170	2	144
四平	0.216	7	227	0.121	6	209
通化	0.291	4	173	0.029	8	283
松原	0.263	6	202	0.089	7	244
辽源	0.301	3	167	0.145	3	178
白城	0.136	8	270	0.121	5	208
白山	0.268	5	199	0.144	4	179

资料来源：同表1。

二 2020年吉林省8个地级市可持续经济竞争力排名

1. 2020年吉林省8个地级市可持续经济竞争力排名（见表3）

表3 2020年吉林省8个地级市可持续竞争力排名

城市	可持续竞争力			高收入人口增量			高收入人口密度		
	指数	全省排名	全国排名	指数	全省排名	全国排名	指数	全省排名	全国排名
长春	0.411	1	44	0.525	1	29	0.429	1	55
吉林	0.258	2	115	0.390	2	82	0.292	2	147
四平	0.222	3	150	0.332	3	134	0.283	3	163
松原	0.171	4	210	0.300	4	176	0.224	6	221
通化	0.159	5	221	0.273	5	216	0.228	5	219
辽源	0.145	6	234	0.203	8	274	0.267	4	187
白山	0.131	7	245	0.243	6	241	0.208	7	237
白城	00.87	8	265	0.228	7	252	0.147	8	267

资料来源：同表1。

2. 2020年吉林省8个地级市可持续经济竞争力分项排名（见表4）

表4 2020年吉林省8个地级市可持续竞争力排名

城市	经济活力			环境韧性			社会包容		
	均值	省内排名	全国排名	均值	省内排名	全国排名	均值	省内排名	全国排名
长春	0.474	1	66	0.290	4	224	0.742	1	28
吉林	0.212	3	251	0.181	6	273	0.706	2	35
白山	0.229	2	244	0.154	7	279	0.495	3	95
松原	0.114	4	276	0.274	5	232	0.291	4	235
白城	0.040	8	290	0.040	8	289	0.285	5	243
四平	0.062	6	286	0.425	1	121	0.248	6	258
辽源	0.088	5	279	0.420	2	125	0.224	7	270
通化	0.056	7	288	0.381	3	149	0.223	8	271

城市	科技创新			全球联系		
	均值	省内排名	全国排名	均值	省内排名	全国排名
长春	0.565	1	21	0.495	1	36
吉林	0.491	2	31	0.170	2	144

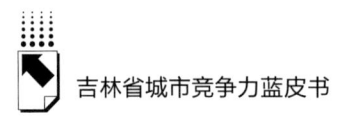

续表

城市	科技创新 均值	科技创新 省内排名	科技创新 全国排名	全球联系 均值	全球联系 省内排名	全球联系 全国排名
白山	0.049	8	282	0.144	4	179
松原	0.107	4	230	0.089	7	244
白城	0.102	5	234	0.121	5	208
四平	0.207	3	119	0.121	6	209
辽源	0.052	7	278	0.145	3	178
通化	0.098	6	238	0.029	8	283

资料来源：同表1。

B.3
吉林省城市竞争力（地级市）年度综述

刘 恋*

摘　要： 2019年受中美贸易摩擦不断加大，全球经济持续低迷的影响，吉林省整体面临更为严峻的经济下行压力，经济增长速度趋于平缓，综合经济竞争力与可持续竞争力整体均呈现下滑态势。加快现代化都市圈建设，以核心城市带动区域经济发展，优化升级产业结构是提升吉林省整体城市竞争力的关键举措。

关键词： 吉林省　城市竞争力　综合经济竞争力　可持续竞争力

2019年"十三五"规划进入尾声，吉林省认真贯彻党中央国务院的决策部署，根据吉林省委、省政府的各项工作要求，坚持稳扎稳打、积极进取的工作总准则，有力地推进城市的高质量发展，深入实施"三个五年计划"，稳定发展"一主、六双"产业空间布局。落实各项工作，如平稳持续增长、深入强化改革、不断扩大开放、深入强化布局、积极改进民生等，确保经济平稳持续运行，城市的发展质量保持稳定提高，为进一步实现全面建成小康社会，为全面振兴、全方位振兴吉林迈出坚实步伐。然而2019年随着中美贸易摩擦的不断加大，世界经济发展态势低迷，国内经济更是遭遇了极大的挑战，特别是汽车产业出现了连续18个月的负增长，受此诸多因素影响吉林省经济发展速度放缓，2019年吉林省综合经济竞争力排名比上一

---

* 刘恋，吉林省社会科学院城市发展研究所助理研究员，研究方向为智慧城市与城市经济。

年度下滑2名，居全国第28位；可持续竞争力排名比上一年度下滑6个位次，居全国第21位。综合经济竞争力和可持续竞争力水平的下滑表明吉林省经济发展下行压力增大，产业结构转型优化任务仍然艰巨。

一 现状与格局

（一）优化区域布局结构，构建合理的城市发展空间

1. 以"六稳"巩固经济发展，以创新引领城市发展

2019年吉林省面对全球经济发展低迷的重大压力，多方举措稳定经济发展，扎实做好"六稳"工作，全面落实"六保"任务，经济增长企稳回升。2019年，吉林省地区生产总值为11726.82亿元，按可比价格计算，比2018年增加了3.0%，2019年末GDP增速明显加快，比前三季度增长了1.2%。吉林省的第一产业增加值为1287.32亿元，比上年提高了2.5个百分点；第二产业增加值为4134.82亿元，以上年提高了2.6个百分点；第三产业增加值为6304.68亿元，以上年提高了3.3个百分点。综上所示，吉林省的第一产业、第二产业、第三产业按照占地区生产总值的比重来说，分别为11.0%、35.2%、53.8%，因此，第三产业是吉林省经济增长的主力军。2019年，吉林省服务业的增加值比2018年增长了3.3%，增速是较快的，高于地区生产总值增速0.3个百分点。并且服务业的增加值比重较大，占地区生产总值的53.8%，比2018年提高了0.1个百分点。固定资产投资方面，比上一年度略有下降，全年全省固定资产投资（不含农户）比上年下降16.3%。在国内贸易方面，2019年吉林省的社会消费品零售总额为7777.23亿元，比2018年增长3.4%。吉林省的消费品零售贸易受到了中美贸易摩擦的影响，2019年吉林省的货物进出口总额为1302.17亿元，比2018年下降4.5%。2019年吉林省顶住各方面压力，坚持以创新发展作为引领吉林经济发展的第一动力，在这一年国家新认定的国家级高新技术企业达到了800家，科技小巨人企业达到了358家，国家级高新技术企业和科技小巨人企业

分别比2018年增长了89%和92%，吉林省的高新技术企业中盈利企业比重居全国第2位，户均净利润居全国第3位，可见吉林省企业的盈利能力较强。

2. 打造现代化城市都市圈，加快全方位振兴吉林步伐

吉林省深入贯彻落实习近平总书记对东北振兴工作的重要指示精神，全力推行并开展现代化城市都市圈的建设工作，以省会长春市为中心城市，将其区域优势、产业优势、资源优势、科教优势转化为现代化都市圈建设的优势条件，以"西产业、东生态、中服务"的整体思路进行合理的安排与布局，根据"带型+指状+星座"的方式打造更加新颖的城市空间，建设"一廊、一脉、一带、四城"的系统性城市空间结构。充分发挥长春市在生物医药、信息技术等方面的产业、科研和人才优势，以此带动区域经济发展，强化核心城市的辐射带动和协同发展能力。全面推进"一主、六双"产业空间布局实施，发布"1+13"专项规划、247项配套规划，深入推进"三个五"发展战略、长吉图开发开放先导区战略、中东西"三大板块"，全年共计有1334个重点项目、256个重大平台建设进入实施阶段。2019年吉林省紧跟全球科技产业变革大潮，抢抓国家加快推进东北老工业基地振兴的重要战略机遇，全面实施创新驱动发展战略，加快全面振兴、全方位振兴吉林步伐。

（二）2020年吉林省城市竞争力总体格局

1. 综合经济竞争力

吉林省综合经济竞争力在2020年居于全国下游，全国排名为第28位，较2019年下降了2位，综合经济竞争力指数均值为0.179。与东北三省综合经济竞争力指数值相比较，吉林省综合经济竞争力指数均值虽高于东北三省指数均值，但排名却有所下滑，低于辽宁省1个位次，高于黑龙江省4个位次。从综合经济竞争力分项指标来看，吉林省经济增量竞争力排名位居东北三省首位，全国排名第30位，分别高于黑龙江省1个位次，辽宁省2个位次；经济密度竞争力分项，吉林省全国排名第

28位，东北三省排名第2位，低于辽宁省3个位次，高于黑龙江省4个位次。（见表1）

表1 2020年东北三省综合经济竞争力及分项指数均值全国排名

省份	综合经济竞争力 均值	综合经济竞争力 排名	经济增量竞争力 均值	经济增量竞争力 排名	经济密度竞争力 均值	经济密度竞争力 排名
辽宁省	0.216	27	0.061	32	0.258	25
吉林省	0.179	28	0.063	30	0.211	28
黑龙江省	0.118	32	0.062	31	0.133	32

资料来源：中国社会科学院城市与竞争力指数数据库、吉林省社会科学院城乡发展指数数据库。

2020年吉林省地级市综合经济竞争力省内排名从高到低依次为：长春、吉林、辽源、松原、白山、通化、四平、白城。与上年度排名相比较，长春、通化和白城三市排名没有发生变化，其他城市排名均有所变动。吉林市重新回到前3位，排名全省第2位，辽源市下跌1位，但仍位于省内前3位，松原市则跌出前3位，排在第4位，白山市排名有所提高，居第5位，四平市下跌2位，排名第7，白城市与上年度相比并无变化，依旧居于末位。从分项指标来看，吉林省地级市经济增量竞争力省内排名从高到低依次为：长春、吉林、辽源、松原、白山、通化、四平、白城。同2018年相比，排名前3位中，松原市位次降至第4位，吉林市则从第4位升至第2位，其他城市白山市与四平市位置进行了替换，白山市从2018年的第7位升至第5位，四平则排名第7位，白城市排名未发生变化。吉林省地级市经济密度竞争力省内排名从高到低依次为：长春、吉林、白山、辽源、通化、松原、白城、四平。

吉林省的综合竞争力有所下降，并且指数均值在全国的排名也有一定程度的下降，这表明了吉林省内各城市之间综合经济竞争力存在差异扩大的现象。省内排名首位的长春市作为吉林省的核心城市在综合竞争力方面处于绝对主导地位，是省内唯一位列全国综合竞争力城市排名前100的城市，其他地级城市综合竞争力则均排在200名之后。在综合经济竞争力全国291个城市的排名中，长春市排名第60位，比上年度下降13位，高于省内排名第2位的吉林市149个位次；在经济密度竞争力全国排名中，长春市位于第56名，高于省内排名第2位的吉林市120个位次；在经济增量竞争力排名中，长春市位列全国第68名，排名比上一年度下降较多，下降40个位次，高于省内排名第2位的吉林市184个位次。综合来看，吉林省省内城市除吉林市与白山市两个城市排名略有提升之外，其余大部分城市排名均有所下降，省内地级城市之间的综合竞争力差距比上一年度也有所加大，2020年，省内排名次位城市与省内排名末位城市的全国排名差距为68个位次，高于2018年9个位次。

综合竞争力2020年共有五个分项指标，分别是当地要素、生活环境、营商软环境、营商硬环境和全球联系。吉林省在综合竞争力的分项指标中表现较好的是当地要素指标，长春市和吉林市都跻身全国五十强，四平市排名第146位，其他5个地级市名次则在200名以外；生活环境指标中，受东北地区极端气候较多以及供暖期环境污染等因素影响，吉林省内各城市在此项指标中表现均不佳，均排在百名以外，长春、吉林两市分别排名第144位和第110位，通化和四平两市分别排名第215位和第241位，其他地市均排名250名以后；营商软环境指标中长春与吉林两市表现较为突出，长春排名全国第27位，吉林排名全国第52位，其他地市除白山市排进前200名，位列第151名，其他地市则均排在200名之后。营商硬环境指标中，只有长春市冲进前百，排名第78位，吉林、辽源、通化、白山四市处于140~200区间，四平、松原、白城三市处于200~270区间。

2. 可持续竞争力

2020年，吉林省可持续竞争力全国排名第21位，均值为0.198，变异系数则达到了0.5101，可见省内可持续竞争力差异增大。东北三省中辽宁省可持续竞争力均值为0.2159，变异系数为0.5323；黑龙江省可持续竞争力均值为0.1253，变异系数为0.7517。东北三省中可持续竞争力排名前10的城市依次为：大连、沈阳、长春、哈尔滨、盘锦、大庆、锦州、吉林、鞍山、四平，与五年前排名相比，东北地区可持续竞争力整体处于下降水平（见表2）。

表2 东北地区前10名城市可持续竞争力排名及变化

排名	城市	省份	可持续竞争力 2019年排名	可持续竞争力 5年排名变化	人才密度 2019年排名	人才密度 5年排名变化	人才增量 2019年排名	人才增量 5年排名变化
1	大连	辽宁	29	-7	32	-7	25	-10
2	沈阳	辽宁	42	-12	49	-13	33	-9
3	长春	吉林	44	-8	55	-7	29	-4
4	哈尔滨	黑龙江	70	-12	135	-16	37	-6
5	盘锦	辽宁	103	-29	73	-18	167	-51
6	大庆	黑龙江	104	-60	130	-74	83	-50
7	锦州	辽宁	106	-7	107	-6	113	-13
8	吉林	吉林	115	-46	147	-40	82	-25
9	鞍山	辽宁	117	-49	119	-56	122	-46
10	四平	吉林	150	4	163	-4	134	3

资料来源：中国社会科学院城市与竞争力指数数据库、吉林省社会科学院城乡发展指数数据库。

2020年吉林省内地级城市可持续竞争力排名依次为：长春、吉林、四平、松原、通化、辽源、白山、白城。从排名可以看出长春市依然是省内领跑城市，同时也是唯一进入全国百强的城市，但同时对比2018年排名，也能明显看出长春市的可持续竞争力处于下降水平，较上一年度排名下降了16位，排在全国第44名；省内排名第2位的吉林市，虽然在省内排名较上一年度上升一位，但在全国的排名则跌出了百名之外，位列全国第115位；省内排名第3位的四平市跻身东北三省前10名、全国前200名。纵观吉林省8个地级城市全国排名均有所下降，部分城市下降幅度较大。2020年可持续竞争力指标以人才密度和人才增量为主，主要指数为高收入人口年增长与地均高收入人口指数，由此可见吉林省乃至整个东北地区都应加强关注人才流失问题，及时调整相关政策，补强人才短板。

2020年可持续竞争力设立五个分项指标，分别从经济活力、环境韧性、社会包容、科技创新和全球联系五个方面深入分析城市可持续竞争能力。分项指标中吉林省表现最好的是社会包容指标，分别有长春、吉林、白山三个城市冲进了全国百强行列，其他地市则均排在200名之后；此外2020年吉林省在科技创新分项排名中也有两个地级市列入全国百强席位，分别是长春市全国排名第21位，吉林市全国排名第31位，四平市在科技创新指标分项中也有着不错的表现，排名第119位，白山、松原、辽源、通化、白城处于230~290区间；在经济活力分项指标中，只有省会城市长春排名较为靠前，排在第66位，其他地市排名则较为靠后，均处于240~290区间；全球联系分项指标中，也只有长春一市排进全国百强，排名第36位，处于100~200区间的城市有白山、吉林、辽源三市，处于200~290区间的城市有松原、四平、通化、白城四市；分项指标中，吉林省表现最为低迷的是环境韧性指标，全省八个地市均未能排进全国百强，处于100~150区间的城市是四平、辽源、通化，处于200~290区间的城市是长春、吉林、白山、松原、白城，在这一分项指标中，值得注意的是各方面表现均很突出的省会城市长春市排在了200名之后，位列全国第224位。

二 问题与劣势

（一）经济发展势头放缓

近几年来吉林省的综合经济竞争力呈现出逐年下降的趋势，2018年吉林省的综合竞争力排名曾一度占据东北三省首位，领先黑龙江省6个位次，辽宁省7个位次，然而2020年吉林省综合竞争力下滑明显，被辽宁省反超1个位次，从近5年经济竞争力排名来看，吉林省8个城市都存在不同程度的下滑，其中长春下滑17位，吉林和松原排名分别下滑120位和129位，这些数据表明吉林省的经济发展速度明显见缓，经济增长现疲乏之态。2020年全国综合经济竞争力指数均值为0.305，比吉林省综合经济竞争力指数均值高0.126。与国内其他地区横向相比，我国东部、中部、西部、南部的综合经济竞争指数均值分别为0.443、0.293、0.218、0.353，北方地区的综合经济竞争力指数均值为0.246，以上地区的综合经济竞争力指数均高于吉林省。纵观吉林省综合经济竞争力总体格局，可以看出吉林省目前处于

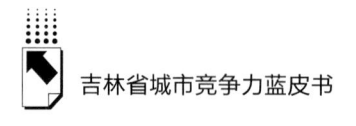

"分化、降低"状态,表现为省内城市经济竞争力普遍降低,但是尾部城市下降幅度非常大。

(二)可持续发展内生动力不足,人才缺失问题亟待解决

2020年吉林省可持续竞争力比上一年度排名有所下滑,但相比较综合经济竞争力而言表现较好,排名全国前200名的城市一共有4个。可持续竞争力可以展示一座城市在提升时经济发展、社会层面、生态建设、全球联系等方面所体现的优势,并不断地进行系统优化,以保持满足公民需求的能力,若是追求本因,可持续竞争力出现差异的原因是人才增量。2020年中国城市可持续竞争力总体均值为0.2598,人才增量均值为0.3536,而吉林省可持续竞争力的均值为0.198,人才增量均值为0.3118,均低于全国平均值。2019年吉林省常住人口为2690.73万人,比上年末净减少13.33万人,16~59岁(含不满60周岁)人口减少30.79万人,反观浙江省仅杭州市2019年常住人口就增加了近55.4万人,由此可见吉林省存在着人才增量上的绝对短板。人才是科技创新的核心资源,而我国目前也正在大力实施创新驱动和创新创业,因此各地纷纷在人才争夺中使出了浑身解数,"人才争夺战"正在全国范围内如火如荼地展开,吉林省的人才增量与人才密度均值表明了在这场"战役"中吉林省的人才缺口仍是制约其可持续发展的硬伤,亟待寻求突破从根本上解决人才缺失问题。

此外在可持续竞争力中,经济活力是反映城市可持续发展的内生动力。由于东北地区产业结构长期偏于传统上游工业行业,因此东北三省的经济活力发展相对较为滞后,2020年吉林省经济活力指数均值为0.160,处于全国最末端,低于黑龙江省0.024,低于辽宁省0.033。作为东北老工业基地的吉林省一直以来都面临着产业结构转型困难,比如说现阶段的新兴产业发展迟缓,经济的整体模式不易实现转型或者升级等问题,整体来说经济仍在低速增长阶段,营商软环境与硬环境都与发达地区差距明显,2019年吉林省固定资产投资(不含农户)比2018年降低16.3%。其中,第一产业、第二产业、第三产业的投资下降率分别为51.4%、37.7%、4.9%。基础设施投

资率下降了2.8%,民间投资率下降了26.7%,六大高耗能行业投资下降了52.3%。

(三)省内城市之间差距增大,核心城市引领作用尚未凸显

吉林省在2019年着重发展建设"长春现代化都市圈",长春作为吉林省的省会城市有着多方面的优势,比如在区位、产业、资源、科教等方面均有着较为突出的优势,要合理发挥优势才可以引导带动都市圈区域内的整体经济发展,内部各类要素高效运行、合理搭配、科学前进,提高发展的框架、拓展战略的纵深、壮大规模的总量、强化辐射的带动,这样才可以更加完整地落实"三个五"、"东中西"三大板块的协调发展,也可以实现"一主、六双"产业空间布局的有序进行,提高长春市的辐射能力和周边地区的协同发展。然而核心城市的引领带动作用并非一蹴而就,需要长时间的规划与实施,因此在短时期内,吉林省仍然处于"一城独大"的局面。2018年长春市综合经济竞争力全国排名第47位,领先省内末位城市207位,2020年长春市综合经济竞争力全国排名第60位,领先省内末位城市217位,且长春市是省内唯一进入全国百强的城市,其他地级市则均排在200名之后,吉林省综合经济竞争力格局呈现明显的单中心格局,长春市处于绝对主导地位。

三 趋势与对策建议

(一)吉林省城市竞争力发展趋势

1. 综合经济竞争力水平整体处于低迷状态

2020年中国城市经济竞争力的总格局呈现"东高西低,南高北低",东北区域城市综合经济竞争力最弱,呈普遍下降趋势,总体排名平均下降50.8名。吉林省综合经济竞争力自2014年起开始趋于下滑态势,排名从第19名下跌至第28名。影响综合经济竞争力的核心要素是经济增量,2020年

中国城市经济增量竞争力的总体均值为0.169，吉林省内排名第1的长春市经济增量均值为0.206，排名末位的白城市经济增量均值为0.036，全省的经济增量均值则为0.063，变异系数高达0.937，说明省内城市之间存在着相当大的差异。在最能代表综合竞争力的分项指数当地要素中，吉林省有5个城市均位于第201～282位，信贷市场融资便利度和青年人才比例是决定当地要素竞争力差异的关键变量，吉林省青年人才比例分项指标中仅有长春市位列全国百强席位。

2. 可持续竞争力水平小幅下滑

2020年吉林省可持续竞争力排名居于全国中下游水平，虽有下滑趋势，但整体表现略强于综合经济竞争力。从城市可持续竞争力的分项指标来看，经济活力指标和环境韧性指标是拉低吉林省城市可持续竞争力的主要因素。东北三省在经济活力指标中处于全国最末端，而吉林省的这一指标均值仅为0.160，与排在前5名的江苏省指标均值相差0.4。处于劣势的地理位置与传统的产业结构在很大程度上限制了东北地区的经济活力，加快推进产业结构调整，积极创新招商引资理念，是提升整个东北地区经济活力的关键。此外环境韧性分项指标中吉林省8个地级市全部排在全国百强之外，在发展城市经济的过程中要格外关注生态环境保护，注重可持续绿色发展。

（二）对策建议

1. 加强经济发展基础实力，以中心城市带动区域经济发展

吉林省是我国东北地区的老工业基地，有着较好的工业基础，也就是工业城市的基础，但随着我国各城市的发展与提升，传统产业结构成为桎梏经济快速发展的重要原因，因此要加速调整省内产业结构与产业布局，从根本上夯实经济发展基础实力，稳扎稳打为吉林省经济增长增速增质。加速推进吉林省关于"一主、六双"产业空间布局的调整工作，将核心城市的辐射带动作用尽早显现出来，平衡区域经济发展，缩小城市之间的发展差距。

2. 注重人才发展，提升吸引人才能力

科技创新是第一动力，人才作为科技创新的载体，是推动经济发展的第

一资源。吉林省面临人才匮乏及流失问题由来已久，政府也一直积极出台人才引进及各种保障政策用以解决此问题，然而由于各大城市都致力于对人才的争夺，经济活力较强的城市相比较经济较为落后的城市有着更强的人才吸引力，因此吉林省在人才发展方面应该更注重结合省情，充分挖掘自身优势项目提升吸引人才能力。在人才引进工作中不仅要注重前期吸引政策，还要重视后续固才政策，构建完善的人才激励机制，打造优良的创业环境，创建可持续发展的产业依托，让人才进得来留得住。同时要注重培养本地人才，充分利用吉林省高等院校的人才资源优势，加大对培养本地科研团队以及完善科研配套设施的投入力度，依据吉林省对人才类别的实际需要设立相应的专业学科，做好产学研结合工作，最大限度改善省内人才外流状况。

3. 优化城市生活环境，注重绿色发展

吉林省在可持续竞争力指标分项中的环境韧性指标上全省 8 所城市皆没能进入百强行列，这其中虽然有地理位置及恶劣气候的自然因素影响，但也说明吉林省在发展经济的同时对城市环境的优化还需要做出进一步的努力，要更加关注城市环境的绿色可持续发展。提升城市环境污染治理能力，严格控制污染物排放；积极应对气候变化，优化空气质量；做好城市交通科学规划建设工作，提升交通承载能力。吉林省在积极发展经济的同时，要坚持以生态发展为第一理念前提，以保护环境为第一发展要素，营造良好的城市居住环境，提升环境韧性指数，增强可持续竞争力发展水平。

4. 加快产业结构调整步伐，推动经济持续稳定增长

吉林省的经济增长速度放缓，根本原因仍是目前产业结构尚未能调整到最优状态，从而限制了整体经济发展步伐。2019 年吉林省六大高耗能行业增加值增长 5.7%，高技术制造业增加值下降 1.9%，因此加快推进产业结构优化升级是实现吉林省经济持续稳定发展的必要条件。吉林省依托国家对东北老工业基地的重点扶持政策，加快推进传统产业的技术革新工作，运用高科技技术和先进的工艺技能完成对传统产业的改造升级。同时充分发挥吉林省优势产业项目的引领带动作用，在汽车制造、生物医药等方面加大科研投资力度，提升企业自主创新能力，培育高科技新兴产业。结合智慧城市建

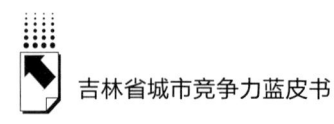

设，将产业链条向智能化、国际化、规模化延伸发展。吉林省要建立以现代农业为基础、先进制造业为支撑、现代服务业为主体、战略性新兴产业为引领的现代产业体系。

参考文献

倪鹏飞主编《中国城市竞争力报告（No.18）》，中国社会科学出版社，2020。

崔岳春、张磊主编《吉林省城市竞争力报告（2019～2020）》，社会科学文献出版社，2020。

2020年吉林省政府工作报告，吉林省人民政府门户网站。

《2019年吉林省国民经济和社会发展统计公报》，吉林省人民政府门户网站。

B.4
吉林省城市竞争力（县级市）年度排名

于 凡*

一 吉林省20个县级市综合经济竞争力排名（见表1）

表1 吉林省20个县级市综合经济竞争力及分项指数排名

县级市	所属地市	综合经济竞争力 指数	排名	综合增量竞争力 指数	排名	综合效率竞争力 指数	排名
德 惠	长春市	1.000	1	1.000	1	0.807	3
梅河口	通化市	0.933	2	0.750	3	0.936	2
延 吉	延边朝鲜族自治州	0.797	3	0.508	5	1.000	1
榆 树	长春市	0.711	4	0.775	2	0.519	5
公主岭	四平市	0.585	5	0.515	4	0.523	4
扶 余	松原市	0.347	6	0.270	16	0.331	6
舒 兰	吉林市	0.310	7	0.369	12	0.190	8
临 江	白山市	0.282	8	0.426	6	0.135	10
磐 石	吉林市	0.281	9	0.197	18	0.295	7
大 安	白城市	0.254	10	0.413	8	0.111	13
集 安	通化市	0.245	11	0.405	9	0.103	14
洮 南	白城市	0.228	12	0.387	10	0.094	15
图 们	延边朝鲜族自治州	0.219	13	0.385	11	0.087	16
蛟 河	吉林市	0.209	14	0.266	17	0.113	12
珲 春	延边朝鲜族自治州	0.182	15	0.301	14	0.074	17
龙 井	延边朝鲜族自治州	0.172	16	0.418	7	0.044	18
双 辽	四平市	0.164	17	0.120	19	0.149	9

* 于凡，吉林省社会科学院农村发展研究所副研究员，博士，研究方向为农业经济理论与政策。

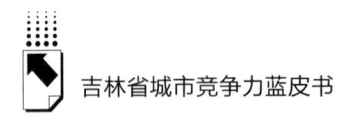

续表

县级市	所属地市	综合经济竞争力 指数	排名	综合增量竞争力 指数	排名	综合效率竞争力 指数	排名
敦 化	延边朝鲜族自治州	0.128	18	0.289	15	0.031	19
和 龙	延边朝鲜族自治州	0.072	19	0.351	13	0.000	20
桦 甸	吉林市	0.048	20	0.000	20	0.122	11

资料来源：吉林省社会科学院城乡发展指数数据库，《吉林统计年鉴》（2014～2019年）。

二 吉林省20个县级市可持续竞争力排名及分项指标等级（见表2）

表2 吉林省20个县级市可持续竞争力排名及分项指标等级

县级市	可持续竞争力 指数	排名	知识城市竞争力 等级	和谐城市竞争力 等级	生态城市竞争力 等级	文化城市竞争力 等级	全域城市竞争力 等级	信息城市竞争力 等级
延 吉	1.000	1	+++++	+++++	++	++++	++++	+++++
集 安	0.930	2	+++++	++++	+++++	+++++	+++	+++
敦 化	0.845	3	+++++	++++	+++	++++	+++	+++++
梅河口	0.767	4	++++	+++	+++++	+	+++	+++++
和 龙	0.707	5	++++	+++++	+++	++	+++++	++
图 们	0.694	6	+++	+++++	+	+++++	++++	++
临 江	0.683	7	++++	+++	+++	+++	+++++	+
珲 春	0.672	8	+++	+++++	++	++++	+++++	++++
龙 井	0.602	9	++	++++	++	+++	++++	++
桦 甸	0.539	10	+++	+++	+++++	+	+++	++
蛟 河	0.499	11	++	+++	+++++	++	+++	+++
德 惠	0.450	12	++	+++	+++++	+	++	+++
榆 树	0.442	13	+	++	++++	++	+++++	++
舒 兰	0.381	14	+++	++	+++++	++	++	++
磐 石	0.335	15	++	++	+++	++	++	+++
洮 南	0.208	16	+++	+++	++	++	+	+
扶 余	0.194	17	+	++	+++++	+	++	+
大 安	0.140	18	+++	+++	+	++	+	+
公主岭	0.112	19	+	+	++	++	++++	+
双 辽	0.000	20	++	++	+	+	+	++

资料来源：中国社会科学院城市与竞争力指数数据库，吉林省社会科学院城乡发展指数数据库。

B.5
吉林省城市竞争力（县级市）年度综述

于 凡*

摘　要： 通过测算吉林省20个县级市的综合经济竞争力和可持续竞争力指数，分析县级市的城市发展概况、城市竞争力总体格局与区域格局，针对存在的综合经济增量竞争力整体不足、经济发展效率整体不高且区域差异明显以及文化城市和全域城市竞争力存在短板等问题，应克服发展环境复杂严峻、城乡发展不平衡、城市建设内生动力不足等困难，着力提高应急能力统筹发展与安全、聚力高质量发展转型升级、统筹城乡发展建设全域城市、强化公共服务拉长文化城市短板、加强社会保障改善民生。

关键词： 综合经济竞争力　可持续竞争力　县级市

县级市连接城乡，作为支持大城市、中心城市发展的重要基础，同时带动辐射乡村地区发展，是构建城市和小城镇协调发展格局的重要节点。吉林省辖区面积18.74万平方公里，占全国面积的2%。全省共有21个市辖区、20个县级市、16个县和3个自治县。县级市在发展中依托吉林省健康平稳大环境，推动经济恢复增长，稳定经济运行，突出扩大有效投资，进一步优

---

* 于凡，吉林省社会科学院农村发展研究所副研究员，博士，研究方向为农业经济理论与政策。

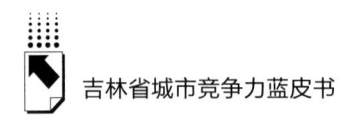

化经济布局和产业空间布局，双辽至洮南等高速公路建成通车，公主岭长春现代化都市圈略具雏形，珲春、公主岭、梅河口等县市入选全国县城新型城镇化建设示范，珲春海洋经济发展示范区获批。

一 现状与格局

（一）县级市发展概况

由表1可见，吉林省20个县级市行政区域土地面积合计8.72万平方公里，占吉林省总面积的46.53%。2019年，县级市总人口规模949.82万人，占吉林省人口总数的36.51%，较2018年县级市总人口减少5.05万人，除延吉市以外的19个县级市总人口与上年相比均有所下降。2019年20个县级市地区生产总值合计2645.49，其中，地区生产总值超过300亿元的县级市有2个，分别为延吉市（319.95亿元）和公主岭市（303.85亿元）；300亿元以下超过200亿元的县级市有3个，分别为梅河口市（288.85亿元）、德惠市（234.82亿元）和榆树市（221.63亿元）。2019年县级市GDP占吉林省GDP比重为22.56%，与2018年GDP占比25.68%相比，降低了3.12个百分点，县级市经济发展速度低于全省平均水平，对应于县级市行政区域面积占比和人口规模比重，县级市地区生产总值水平尚存在较大提升空间。2019年20个县级市地区生产总值中第一产业579.54亿元、第二产业642.48亿元、第三产业1423.47亿元，三次产业比重为21.91∶24.29∶53.81，与全省2019年三次产业比重10.98∶35.26∶53.76相比，县级市第一产业比重高于全省平均水平，第三产业比重与全省平均水平相当。从人均产值水平看，2019年20个县级市人均GDP为2.79万元，与2018年4.04万元相比降幅显著，降低了30.94%，与全省平均水平4.51万元相比存在明显差距，仅达到全省平均水平的61.86%。2019年20个县级市地方财政收入合计142.87亿元，与2018年139.8亿元相比提高了2.20%，县级市财政收入占全省比重为12.79%，比2018年的11.27%提高了1.52个百分点。2019年县级市地方财政收入在总量和全省占比均有小幅提高,但全省占比仍较低,存在较大提升空间。2019年20个县级市中财政收入超过20亿元的县级市为延吉市,财政收入为22.41亿元,居20个县级市之首;财政收入低于20亿元超过10亿元的县级市有2个,分别为梅河口市(19.45亿元)和公主岭市(13.75亿元)。县级市2019年教育支出合计125.09亿元,占全省教育支出的24.09%。从总量看,2019年县级市教育支出较之2018年的121.93亿元增加了3.16亿元;从相对量看,占全省教育支出比重与2018年的23.73%相比略有提高。

表1 2019年吉林省县级市总体情况

项目	县级市	吉林省	占吉林省比重(%)
行政区域土地面积(万平方公里)	8.72	18.74	46.53
总人口(万人)	949.82	2601.65	36.51
GDP(亿元)	2645.49	11726.82	22.56
人均GDP(万元)	2.79	4.51	61.86
地方财政收入(亿元)	142.87	1116.95	12.79
教育支出(亿元)	125.09	500.53	24.99

资料来源:《吉林统计年鉴(2020)》。

(二)吉林省县级市竞争力的总体格局

1. 综合经济竞争力

吉林省县级市近几年的综合竞争力指数排名前5位基本由延吉市、梅河口市、公主岭市、榆树市和德惠市占据。由表2可见,2018年县级市综合经济竞争力排名前5位的分别是德惠市、梅河口市、延吉市、榆树市和公主岭市。其中德惠市由上一年第2位超过梅河口市升至第1位;梅河口由上一年居于首位降至第2位;延吉市在第3位置保持不变;第4位榆树市和第5位公主岭市分别较上一年上升和下降1个名次。这5个县级市在居于前列中小幅度波动,经济总量发展较为稳定,经济发展效率相对于其他县级市水平

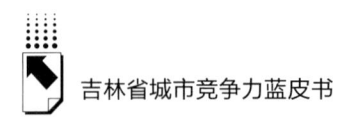

较高。从构成综合竞争力的分项指数看，综合增量竞争力指数主要反映经济总量规模的增长，而综合效率竞争力指数同时考虑经济增长与区域规模、工业排放等因素的发展效率，二者共同影响区域的综合竞争力指数。2018年综合增量竞争力分项指数排名前5位的县级市依次为德惠市、榆树市、梅河口市、公主岭市和延吉市，综合效率竞争力分项指数列于前5位的则分别为延吉市、梅河口市、德惠市、公主岭市和榆树市。可见，德惠市和榆树市具有相对较强的经济增量优势，而延吉市和梅河口市的经济发展效率优势更为明显。从排名较为靠后的县级市看，磐石市、双辽市和桦甸市由于综合增量竞争力指数偏低而影响了县级市综合经济竞争力名次，而龙井市、和龙市和敦化市则由于综合效率竞争力指数偏低而导致县级市综合经济竞争力整体排名落后。

表2 吉林省20个县级市综合经济竞争力及分项指数排名

县级市	所属地市	综合经济竞争力 指数	排名	综合增量竞争力 指数	排名	综合效率竞争力 指数	排名
德惠	长春市	1.000	1	1.000	1	0.807	3
梅河口	通化市	0.933	2	0.750	3	0.936	2
延吉	延边朝鲜族自治州	0.797	3	0.508	5	1.000	1
榆树	长春市	0.711	4	0.775	2	0.519	5
公主岭	四平市	0.585	5	0.515	4	0.523	4
扶余	松原市	0.347	6	0.270	16	0.331	6
舒兰	吉林市	0.310	7	0.369	12	0.190	8
临江	白山市	0.282	8	0.426	6	0.135	10
磐石	吉林市	0.281	9	0.197	18	0.295	7
大安	白城市	0.254	10	0.413	8	0.111	13
集安	通化市	0.245	11	0.405	9	0.103	14
洮南	白城市	0.228	12	0.387	10	0.094	15
图们	延边朝鲜族自治州	0.219	13	0.385	11	0.087	16
蛟河	吉林市	0.209	14	0.266	17	0.113	12
珲春	延边朝鲜族自治州	0.182	15	0.301	14	0.074	17

续表

县级市	所属地市	综合经济竞争力		综合增量竞争力		综合效率竞争力	
		指数	排名	指数	排名	指数	排名
龙井	延边朝鲜族自治州	0.172	16	0.418	7	0.044	18
双辽	四平市	0.164	17	0.120	19	0.149	9
敦化	延边朝鲜族自治州	0.128	18	0.289	15	0.031	19
和龙	延边朝鲜族自治州	0.072	19	0.351	13	0.000	20
桦甸	吉林市	0.048	20	0.000	20	0.122	11

资料来源：吉林省社会科学院城乡发展指数数据库，《吉林统计年鉴》（2014~2019年）。

2. 可持续竞争力

由表3可见，可持续竞争力2018年排名前3位的县级市依次为延吉市、集安市、敦化市。前3位与上一年度排名大体一致，其中延吉市延续上年位次保持第1，集安市和敦化市分别较上年上升和下降1个位次，在第2和第3互换名次。延吉市可持续竞争力排名居于首位，主要依托于其在信息城市、知识城市、和谐城市3项竞争力分项指数上表现较为强劲。其中，信息城市竞争力标准化值为1，排名第1；知识城市竞争力标准化值为0.895，排名第2；和谐城市竞争力标准化值为0.853，排名第5。集安市可持续竞争力排名由上年第3升至第2，主要得益于其在知识城市、生态城市和文化城市3项分项指数上的优势。其中，文化城市竞争力标准化值为1，排名居于首位；知识城市竞争力标准化值为0.888，居第3位；生态城市竞争力标准化值为0.900，排名第4。敦化市可持续竞争力排名略有下降，由上年第2降至第3，在知识城市、和谐城市和信息城市3项分项指数上仍具备重要优势。其中，知识城市竞争力标准化值为1，排名第1；和谐城市竞争力标准化值为0.941，排名第3；信息城市竞争力标准化值为0.871，排名第3。可见，竞争力指数排名位于前列的县级市发展较为稳定，各自都有多个分项指标的评星等级达到5星，从各分项指标看具备多项城市发展的实力与优势，但也在不同方面存在发展短板。如延吉市生态城市标准化值测算为0.336，评星仅达到2星等级，说明在经济发展中的资源消耗以及环境友好建设等方面需要加强；而集安市在全域城市和信息城市方面评星等级较低，均为3星，需要在城市的开放便捷和城乡一体化发展上继续加强；敦化市两项3星评级的是生态城市、全域城市竞争力，同集安市一样，应该加强城乡一体化发展，同时需加强生态环境的建设维护。

其他县级市中，梅河口市可持续竞争力排名由上年的第8升至第4，提升幅度较大，其中和谐城市由上一年的1星升为3星，开放便捷的信息城市由上年4星提至5星，城市的公平包容和开放便捷程度明显升档。其余县级市排名变化幅度不大，其中桦甸市、扶余市各上升2个位次；榆树市、舒兰市上升1个位次；图们市、磐石市、珲春市和公主岭市下降2个位次；蛟河市和德惠市下降1个位次；和龙市、临江市、龙井市、洮南市、大安市和双辽市与前一年度排名相比未发生变化。

表3 吉林省20个县级市可持续竞争力排名及分项指标等级

县级市	可持续竞争力 指数	可持续竞争力 排名	知识城市 竞争力 等级	和谐城市 竞争力 等级	生态城市 竞争力 等级	文化城市 竞争力 等级	全域城市 竞争力 等级	信息城市 竞争力 等级
延 吉	1.000	1	+++++	+++++	++	++++	++++	+++++
集 安	0.930	2	+++++	++++	+++++	+++++	+++	+++
敦 化	0.845	3	+++++	+++++	+++	++++	+++	+++++
梅河口	0.767	4	++++	+++	+++++	+	+++	+++++
和 龙	0.707	5	++++	+++++	+++	++	+++++	++
图 们	0.694	6	+++	+++++	+	+++++	++++	++
临 江	0.683	7	++++	+++	+++	+++	+++++	+
珲 春	0.672	8	+++	+++++	++	+++	++++	++++
龙 井	0.602	9	++	+++++	++	+++	++++	++
桦 甸	0.539	10	+++	+++	+++++	+	+++	++
蛟 河	0.499	11	++	+++	+++++	+	+++	+++
德 惠	0.450	12	++	+++	++++	+	++	++
榆 树	0.442	13	+	++	++++	+	+++++	++
舒 兰	0.381	14	+++	++	+++++	+	++	++
磐 石	0.335	15	++	++	+++	+	++	+++

续表

县级市	可持续竞争力		知识城市竞争力	和谐城市竞争力	生态城市竞争力	文化城市竞争力	全域城市竞争力	信息城市竞争力
	指数	排名	等级	等级	等级	等级	等级	等级
洮南	0.208	16	+++	+++	++	++	+	+
扶余	0.194	17	+	++	+++++	+	+	+
大安	0.140	18	+++	+++	+	++	+	+
公主岭	0.112	19	+	+	++	++	++++	+
双辽	0.000	20	++	++	+	+	+	++

资料来源：中国社会科学院城市与竞争力指数数据库，吉林省社会科学院城乡发展指数数据库。

3. 县级市竞争力的区域格局

从吉林省东中西部区域划分看，20个县级市包括东部县级市8个、中部县级市8个和西部县级市4个。由表2可见，2018年综合经济竞争力排名前5位的县级市中，包括中部地区4个和东部地区1个，中部地区占比为80%，而西部地区没有县级市进入前5位；排名后5位的县级市中，包括中部地区1个、西部地区1个和东部地区3个。从所属区域看，中部地区的县级市综合经济竞争力整体较强，只有桦甸市1个县级市排在后5位中，桦甸市近年的综合经济竞争力连续下滑明显，2018年由上年第17降至末位。东部地区的8个县级市综合经济竞争力优势较上年有所下降且存在一定差异性，上一年度排名较为靠前的县级市中，延吉市由第1降至第3，临江市在第8位置保持不变，集安市由第9降至第11。而其余5个同属于东部地区的县级市排名仍处于较靠后位置。由表3可见，各县级市可持续竞争力排名中，东部地区的8个县级市全部进入前10之内，且包揽了前3位；中部地区的8个县级市排名最靠前的梅河口市位列第4，最靠后的公主岭市排名第19，其余6个县级市依次位列第10至15位，集中于中游；而西部地区的4个县级市集中在后5位之中。可持续竞争力在排名上表现出显著的区域性，东部地区最具优势，中部地区居中，西部地区居后。

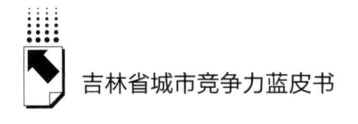

二 问题与不足

（一）综合经济增量竞争力整体不足

吉林省县级市综合增量竞争力不足主要表现为县级市地区生产总值的连续下降，2014~2018年的县级市地区生产总值增量，只有2015年的增量值为正数，其余均为负增长。2018年，吉林省20个县级市地区生产总值为3871.05亿元，较上一年度减少1.13亿元，下降幅度放缓，但从单个县级市看经济增量负增长的县级市仍有11个之多，数量过半，具体包括桦甸市、蛟河市、舒兰市、磐石市、公主岭市、集安市、洮南市、大安市、敦化市、和龙市和珲春市。其中东部地区县级市5个，中部4个，西部2个。地区生产负增长率超过-10%的有桦甸市和集安市，负增长率分别为-13.47%和-10.80%；此外，洮南市（减少9.95%）、公主岭市（减少8.79%）、蛟河市（减少7.29%）、舒兰市（减少6.13%）和图们市（减少5.62%）地区生产总值负增长率也较大，超过了-5%。

（二）经济发展效率不高且区域差异突出

2018年县级市GDP综合效率为443.87万元/平方公里，与吉林省平均804.41万元/平方公里的水平相比差距较大，刚过吉林省平均水平的半数。县级市内部相比较，GDP综合效率在各个县级市之间存在明显差异，仅有延吉市、梅河口市、公主岭市、榆树市和德惠市5个县级市达到吉林省平均水平，其余县级市的综合效率数值都较低，低于300万元/平方公里的县级市达到11个，最低的和龙市仅为48.92万元/平方公里。同时，县级市单位二氧化硫排放实现GDP平均为878.89万元/吨，各县级市中效率最高的扶余市达到5894.79万元/吨，而最低的珲春市仅为126.23万元/吨，差异十分显著。2018年县级市财政收入139.8亿元，仅占吉林省的11.27%。从人均水平看，县级市人均财政收入0.15万元，远低于吉林省0.48万元的平均水平。财政支出方面，县级市教育支出0.13万元，最高的临江市为0.19万元，最低的公主岭市为0.088万元，相差1倍多；县级市人均社会保障、就业和医疗卫生财政支出0.29万元，最高的龙井市为0.63万元，最低的扶余市为0.18万元，相差2.5倍。

（三）文化城市和全域城市竞争力存在短板

2018年，吉林省县级市文化城市竞争力指数评星等级达到5星的仅有集安市和图们市2个县级市，而评星等级仅为1星的县级市达到了9个之多。20个县级市的历史文化指数只有集安市列入第三批历史文化名城批次，其余19个县级市这一指标的标准化值无法得分，而县级市在包括体育场馆、剧场影院等文化产业方面的发展规模和速度仍然不足，不足以弥补历史文化指数的欠缺，导致吉林省县级市文化城市竞争力短时间内提升受限。吉林省全域城市竞争力在上一年度表现欠佳，20个县级市中评星等级达到5星的仅有1个，2018年整体有所提升，但城乡一体化的全域城市水平与发展的要求相比仍存在较大差距。2018年吉林省城镇和农村居民人均可支配收入分别为3.02万元和1.37万元。而20个县级市中，城镇居民人均可支配收入只有延吉市1个县级市超过全省平均水平；农村居民人均可支配收入有9个县级市未达到全省平均水平。县级市在全域城市发展中结构转换效率仍需提高，工业化与城镇化适应性仍需加强，构成全域城市的公共服务一体化、空间一体化以及生态一体化等方面仍存在较大提升空间。

三 现象与规律

（一）发展环境依然复杂严峻

2020年，吉林省发展中遭遇突如其来的新冠肺炎疫情、历史罕见的台风和雨雪冰冻灾害等特殊困难和挑战。经济社会发展节奏被打乱，受到前所未有的冲击。经济下行压力加大，企业经营受困，社会投资意愿下降，招商

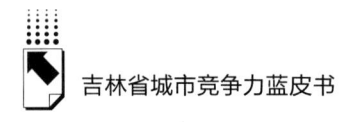

引资难度加大。财政收支矛盾愈加突出，税源增长趋于减少，在宏观经济下行的压力和减税降费政策的双重影响下，存在较大的财政增收压力，"保工资、保运转、保基本民生"需要较大的持续性支出支撑。民生短板依然存在，生态环保整改仍需提升，生态环境治理压力较大。同时，外部发展环境仍较为严峻趋于复杂，经济社会复苏过程中难免遇到不稳定不平衡因素，疫情防控压力不容忽视，经济稳定持续增长需要加强发展基础，发展任务依然艰巨繁重。

（二）城乡发展不平衡仍较突出

县级市存在较大的城乡收入差距，城镇区域对于社会事业的投入一般高于农村地区，农村地区相对在教育、医疗、就业、公共投入等方面资源投入较弱，一些地区仍存在学生流失现象，社会消费水平较低，缺乏较为完善的社会保障和公共服务配套。农村经济社会在地域空间上表现为城中村、近郊农村和远郊农村各区域发展不平衡，区域发展能力逐区递减，与市区相毗邻的县级市较之其他地区发展能力和前景明显优越，中部地区整体上优于东西部地区，而同属一个区域内部的县级市发展不平衡状况也较为明显。从产业建设看也存在不均衡，工业和第三产业更乐于选择环长经济带、交通节点城市和主城区集聚，相比之下其他区域则产业成熟度相对较弱，发展能力和水平相对较低。

（三）城市建设发展内生动力仍有不足

2019年吉林省20个县级市中有19个县级市总人口负增长，人口持续流失。对比中等城市城区人口超过50万的标准，吉林省20个县级市即使将区域内人口全部计算在内，达到50万人的仅有7个县级市。人口市民化转移成本较高，中等城市建设发展需要依托于相对较高的发展速度，而目前县级市在社会服务配套各方面普遍存在不足，教育、医疗、就业等承载条件依然受限，中等城市建设发展任务较重。县级市固定资产投资多集中在基础设施建设上，很多仍处于劳动密集型层面，缺乏科技含量较高的新兴行业，能够运用先进技术设施的大项目数量不足，推动产业升级和结构调整的能力较弱，经济社会发展内生动力不强且持续能力较弱。县级市城区设施建设承载力仍然不够，基础性的水、电、气、路、桥等设施建设尚待完善，文化体育、休闲娱乐、生活消费等公共服务推广水平仍需提高，绿化、美化、清洁等城市管理服务内容还需加强，社会保障的能力水平等尚待提升。

四 趋势与展望

（一）整体发展环境趋于健康稳定

2020年是"十三五"收官之年，吉林省在发展中秉持稳中求进总体思路，深入落实"三个五"战略，加快实施"三大板块"建设，推进"一主、六双"产业布局建设。克服经济下行压力，培育发展新动能，推进经济转型升级，稳定经济社会健康发展，冰雪旅游、生物医药等发展势头强劲。着力夯实农业基础，粮食产量持续稳定，农业现代化进一步巩固。脱贫攻坚贫困县全部摘帽，绝对贫困现象历史性消除。深化改革开放，营商环境持续优化，市场主体活力显著增强，支持实体经济降本减负，促进新型消费增长。2020年，吉林省地区生产总值增长2.4%，规模以上工业增加值增长6.9%。粮食产量超过760亿斤，粮食产量居全国第5，单产居全国第4。2020年吉林省固定资产投资增长8.3%，利用外资增长9.4%，进出口业务发展稳定。

（二）聚力高质量发展成为共识

在新旧动能接续转换、经济转型升级的关键时期，全力推动经济社会高质量发展成为共识。如公主岭市与长春市同城化协同发展，加快产业布局统一，2019年签约3000万元以上项目53个，其中10亿元以上20个，合同引资额1370亿元；延吉市准确把握国家产业政策和投资导向，高标准编制"十四五"规划，优化招商服务，2019年实施5000万元水平以上项目达到70个，项目总投资超过230亿元，规模达到1亿元以上的重点项目共计54

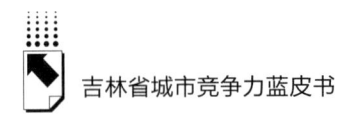

个，其中6个项目达到10亿元；德惠市在引进新项目的同时加强推进落实已建项目，开工和复工5000万元以上重点项目55个；集安市坚持招大引强精准招商，签约亿元以上项目14个，2019年共实施5000万元以上重点项目33个；梅河口市加大产业扶持力度，在更大范围、更宽领域集聚配置资源，推动主导产业实现全要素、全链条式发展。

五 政策与建议

（一）提高应急能力，统筹发展与安全

提高应急处置能力，更好地兼顾发展与安全。发展以安全为前提，增强风险意识和筹谋能力，预防和化解重大风险应具有持续性，巩固发展根基守住安全发展底线，实现高质量发展和高水平安全良性互动。精准科学落实疫情防控，加强疫情监测能力以及对传染性疾病的预警水平，加强疫情和传染病的控制处理能力。不断改善疾病控防和卫生医疗应急体系，持续加强全员参与和联动监控、协同调度的力度与效率，全力做好监测控制、医疗救治以及物资保障工作，加强重点部位防控，强化农村疫情防控工作，加强基层防控力量。推进落实生产安全整改，切实预防重特大事故。加强防灾救灾体系建设，完善自然灾害防治措施制度。加大整治食药安全力度，落实药品全过程管理责任，打造立体化、信息化防控体系。

（二）加快产业调整转型，提升经济发展质量

首先是针对企业技术创新加大引导扶持力度，通过科技服务平台载体推进高新技术企业和科技创新企业的发展集聚。充分利用县级市原有工业新城发挥企业孵化器作用，对科技型和成长型中小微企业建设发展提供支持。推进产学研合作，通过高等院校、科研院所与合作企业三方合力，共促科技成果转化效率提高并完成现实生产力的输出。其次是拓展主导产业规模，拉长产业短板，加大研发投入和新品种的引进力度。落实物流园区项目加快实

施，推动现有商贸业态规模层次提升。从产业培育、政策扶持和制度保障等方面推进现代服务业发展，保障项目落实计划进度。再次应提升服务保障水平，针对企业扩大产能、拓展市场、技术改造等现实需求提高服务效率，推进企业转型升级进度。完善优化专业技术人才引进政策，加强企业发展转型的智力支撑。规范产业发展基金，通过助保金池等载体，多渠道帮助企业融集发展资金、降低发展成本。

（三）统筹城乡融合发展，提升全域城市建设

全面实施乡村振兴战略，统筹城乡融合发展。通过优质高效农业提高农业收入，缩小城乡收入差距。推进农业产业发展，着力培育高效特色产业，支持现代农业产业园区建设。推进畜牧业发展精品化，加快创立农产品区域品牌。推进农产品精深加工产业，一二三产业发展融合联动。推进提升高标准农田建设水平和规模，完善推广农作物全程机械化作业模式，提高大数据平台运用效率，规范完善数据采集、测试和上线运行，加大投资夯实农业物质基础。建立健全城乡融合发展机制，统筹城乡教育科技医疗卫生均衡发展。实施镇区改造提升工程，参照城区标准加强镇区规范化管理。围绕高质量发展，科学规划城市总体布局，加大交通基础设施规划和推进力度，加快完善综合交通物流体系，加大基础设施投资力度，切实破解制约发展的交通瓶颈，扩大有效投资，促进互联互通，充分发挥交通基础设施的连通、带动和激活作用。

（四）加强社会公共服务，拉长文化城市短板

针对人民群众公共服务需求，不断加大投资投入，持续完善县级市文体基础设施建设，加强对包括图书馆、博物馆、美术馆以及文化馆等公共文化场所以及相应文化工程的开发建设。基础投入的同时应注重现代公共文化服务体系建设，提升服务能力和水平，扩大区域影响力和带动力。引导传统文化创造性转化和创新型发展，在持续推进文化设施投入建设的同时兼顾文化惠民服务均衡化，保障人民群众对文化艺术成果的广泛共享。在城乡之间促

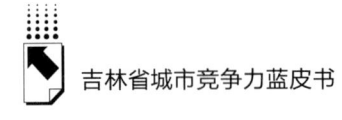

进文化设施服务的均衡建设，提升基层文化中心的综合服务能力。充分利用现有体育场馆的资源条件，广泛开展全民健身文化体育活动。严格监管引导文娱场所积极向上健康文明新风尚。进一步完善文体事业发展机制体系，提升公共服务层次，打造健康城市和文体城市，提升文化城市竞争力。

（五）发展社会事业，保障改善民生

拉长公共卫生方面存在的短板，完善公共卫生服务体系建设，持续稳定提高投入水平，切实落实医药卫生体制改革措施，进一步实现基本医疗服务的均等化，引导优质医疗资源下沉基层，促进城乡各级医疗服务网络不断完善，推进医药服务和抗疫能力水平不断提高。切实落实教育改革，加强教师队伍建设，促进义务教育优质均衡发展，规范民办义务教育发展，办好特殊教育，切实提高职业教育质量，开展职业技能培训和创业培训。深入实施全民参保计划，倾力办好关乎民生利益的实事，关注解决高校毕业生、农民工、城镇困难人员、退役军人、脱贫户等重点群体的就业问题。适时适度提高养老和工伤保险待遇水平，保障合理的最低工资标准，保障失业保险金按标准申领落实，确保城乡特困人员生活标准和最低保障标准能够达到省定指导标准。

参考文献

《吉林省城市竞争力报告（2019～2020）》，社会科学文献出版社，2020。
《吉林省国民经济和社会发展统计公报（2020）》，吉林统计网。
《吉林省政府工作报告（2020）》，吉林省人民政府网站。

地级市竞争力报告

Competitiveness of Prefecture-level City Reports

B.6 吉林省城市竞争力（长春市）报告

姚震寰[*]

摘　要： 在我国区域经济协调发展战略的引领下，随着吉林省"东中西"三大板块战略和"一主、六双"产业空间布局的贯彻实施，长春市经济发展注重提高经济发展质量和效益。继续推进产业转型发展，推动核心竞争力能级跃升；全力保障改善民生，稳步提升城市包容能力；加大开发开放力度，创建开放便捷城市；全面提升环境污染治理水平，打造绿色宜居新型城市；不断优化营商软硬环境，加快构筑城市宜商优势。

关键词： 长春　城市竞争力　转型发展

---

[*] 姚震寰，吉林省社会科学院城市发展研究所副研究员，研究方向为城镇化建设与城市环境。

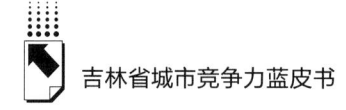

近年来，长春市综合经济竞争力和可持续竞争力排名处于全国上游水平，表现稳定。2020年，长春市综合经济竞争力指数为0.411，列全国第60位，在东北地区和吉林省内均列第1位；可持续竞争力指数为0.411，列全国第44位、东北地区第3位、吉林省内第1位。新常态下，长春市紧紧抓住建设长春现代化都市圈的战略部署，积极打造现代制造业和服务业新格局，为经济发展提供新动力。

一 格局与优势

（一）总体概况

作为吉林转型升级的动力源，长春市围绕东中西"三大板块"战略和"一主、六双"产业空间布局，通过创新引领产业向高端化、智能化、低碳化、绿色化方向发展，在传统产业转型发展的同时，加大新兴产业发展，提高企业与产业的创新效率和产业竞争力。2019年，全市实现地区生产总值5904.1亿元，按可比价格计算，比上年增长3.0%。产业结构持续优化，三次产业比重由2018年的4.2∶48.9∶46.9调整为2019年的5.9∶42.3∶51.8（见表1）。长春市的投资比上年有所下降，2019年，长春市的固定资产投资下降19%。长春市的消费品市场总量增长，2019年，全市实现社会消费品零售总额2066.3亿元，比上年增长3.8%。人民生活水平逐步提升，2019年，全市城镇常住居民人均可支配收入达到37844元，比上年增长7%。

在可持续竞争要素方面，要实现长春经济可持续发展，创新发展成为产业转型升级的关键因素之一，也是产业发展规划的重要内容，长春大力发展"大众创业、万众创新"，在科技成果转化、"双创"基地建设和培养科技型企业等方面不断取得新突破；民生保障力度不断提升，城镇登记失业率控制在4%以内；生态文明建设水平不断提升，始终秉承"生态优先、绿色发展"理念，探索低碳循环发展模式，建设生态文明先行示范区，第四次获评"国家卫生城市",对于新时代我国建设资源节约、环境友好的绿色发展体系,具有重要的现实意义;城市文化建设效果凸显,《长春故事》文化读本进入校园,长影乐团"周末音乐会"成为文化惠民新品牌。未来在我国区域经济协调发展战略的引领下,长春市利用自身区位和资源优势,可实现城市竞争力的整体提升。

表1 2019年长春市基本情况

项目	数据
土地面积(平方公里)	20593.53
总人口(万人)	753.8
GDP总量及增长率(亿元,%)	5904.1,3.0
三次产业比重(%)	5.9∶42.3∶51.8

资料来源:《长春市2019年国民经济和社会发展统计公报》《长春统计年鉴(2020)》。

(二)现状格局

1. 综合经济竞争力排名略有下降,亟须提升经济增量竞争力整体水平

2020年,长春综合经济竞争力指数为0.411,在全国291个城市中排在第60位,较2018年下降13个位次;在东北34个城市中排在第1位,和2018年持平;在吉林省8个城市中排在第1位,和2018年持平。从其分项指标来看,经济增量竞争力指数为0.206,列全国第68位,与2018年相比,下降明显,在东北地区和吉林省继续排在第1位。经济密度竞争力指数为0.426,在全国排名第56位,在东北地区排在第2位,仅次于大连,在吉林省排在第1位。长春综合经济竞争力发展水平略有下降,经济增量竞争力是其下降的主要原因之一,未来长春在优化产业结构、调整产业布局和提高产业技术研发水平等方面仍有较大提升空间,从而提升综合经济竞争力。(详见表2和表3所示)

表2　2020年长春综合经济竞争力及分项指数排名

年份	综合经济竞争力	排名 全国	排名 东北	排名 省内	经济密度竞争力	排名 全国	排名 东北	排名 省内	经济增量竞争力	排名 全国	排名 东北	排名 省内
2020	0.411	60	1	1	0.426	56	2	1	0.206	68	1	1

资料来源：中国社会科学院城市与竞争力指数数据库，吉林省社会科学院城乡发展指数数据库。

表3　2020年长春综合经济竞争力及分项指数排名

年份	经济竞争力 排名 全国 东北 省内	当地要素 排名 全国 东北 省内	生活环境 排名 全国 东北 省内	营商软环境 排名 全国 东北 省内	营商硬环境 排名 全国 东北 省内	全球联系 排名 全国 东北 省内
2020	60 1 1	25 2 1	144 8 2	27 7 1	78 7 1	36 4 1

资料来源：中国社会科学院城市与竞争力指数数据库，吉林省社会科学院城乡发展指数数据库。

2. 可持续竞争力居全国上游水平，表现稳定

长春市在经济平稳运行的同时，注重城市的可持续发展，产业结构、人口密度、城镇就业、社会保障、城镇化水平以及生态环境、公共服务等是城市可持续发展的重要内容。2020年，长春市可持续竞争力指数为0.411，比2018年减少0.106，全国排名第44位，比2018年下降16个位次。其中，人才增量竞争力指数为0.525，全国排名第29位；人才密度竞争力指数为0.429，全国排名第55位，人才密度竞争力是导致可持续竞争力排名下降的主要因素之一。尽管城市可持续竞争力全国排名略有下降，但其分项中人才增量和人才密度水平均居全国上游水平，人才增量表现突出，表明长春着力提升人才引进、培养和创新的能力和水平。从可持续竞争力分项指标来看，社会包容、科技创新和全球联系表现较好，分别位列全国第28、21和36位，经济活力排名也处于全国上游水平。环境韧性排名相对靠后，从其指标维度来看，交通便捷度、气候舒适度（气温、降水、灾害天气和能见度）、环境污染度是导致环境韧性排名靠后的主要指标维度。（详见表4和表5所示）

表4　2020年长春可持续竞争力排名

年份	可持续竞争力 排名			人才增量竞争力 排名			人才密度竞争力 排名		
	全国	东北	省内	全国	东北	省内	全国	东北	省内
2020	44	3	1	29	2	1	55	3	1

资料来源：中国社会科学院城市与竞争力指数数据库，吉林省社会科学院城乡发展指数数据库。

表5　2020年长春可持续竞争力及分项指数排名

年份	可持续竞争力 排名			经济活力 排名			环境韧性 排名			社会包容 排名			科技创新 排名			全球联系 排名		
	全国	东北	省内	全国	东北	省内	全国	东北	省内	全国	东北	省内	全国	东北	省内	全国	东北	省内
2020	44	3	1	66	1	1	224	21	4	28	3	1	21	2	1	36	4	1

资料来源：中国社会科学院城市与竞争力指数数据库，吉林省社会科学院城乡发展指数数据库。

3. 总体来说，长春城市竞争力优势体现在以下两个方面

第一，近三年来，长春综合经济竞争力在全国排名一直处于上游水平，排名变化幅度不大。经济密度竞争力和经济增量竞争力在东北地区和吉林省内优势明显，引领和带动省内其他城市快速发展的作用凸显。一方面，长春在产业发展水平、科技创新能力、人才引进、技术研发等方面，发挥出作为省会城市的优势作用，在产业结构、产品结构日益优化的基础上，引领和带动省内其他城市发展；另一方面，在东北亚区域中心城市建设的背景下，在城市功能空间优化、提升城市整体竞争实力、优化生产力布局等方面表现较好，随着长春不断促进产业分工与合作，产业间实现优势互补，长春的综合经济竞争力将持续向好。

第二，在可持续竞争力指标分项中，2020年，社会包容、科技创新和全球联系均排在全国前40名的位置，是可持续竞争力提升的关键因素。坚持以创新引领发展。在科技创新指标维度中，"科技企业""学术论文发表""大学指数""文化设施"指标得分较高，长春创新发展平台优势明显，高新技术产业发展迅速，发展潜力巨大、发展前景较好，创新驱动成为其经济持续健康发展的重要引擎。同时重视人才培养和高等教育投入，加大了人才

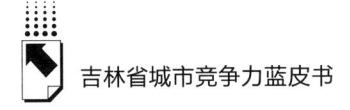

引进的投入力度，逐步提升就业创业平台建设水平。社会包容程度稳步提升，从其指标维度来看，"历史文化""社会公平""开放度"和"医疗健康机构"得分较高，"社会公平"得分最高，表明长春在实现经济总量平稳增长的同时，居民人均可支配收入也在逐步增长，在社会保障程度、就业创业、促进优势产业发展等方面表现卓越。2019年，长春市人均地区生产总值达到78456元（按户籍年平均人口数计算），比上年增长2.6%；社会保障和就业支出125.5亿元，增长2.1%。医疗环境持续改善。"医疗健康机构"指标表现突出，全国排名第36位，表明长春注重居民对医疗环境健康性的需求、医疗基础配套设施的建设和医疗环境等基本公共服务质量的提升。未来长春应继续提升城市的公共服务功能，尽快补齐居住成本等指标维度短板，推动可持续城市竞争力水平整体较快提升。

二 问题与不足

（一）综合经济实力有待增强，营商硬环境亟须改善

2020年，长春的综合经济竞争力指数全国排名略有下降，经济增量竞争力持续制约综合经济竞争力整体水平的提升。主要有两方面原因，一是在东北地区部分城市一味要GDP、要速度、要规模的粗放型发展方式没有根本性转变，创新、绿色、协调、生态、可持续的发展方式没有建立起来，新兴技术产业发展成效没有显现；二是营商硬环境建设的滞后不利于企业经济活动的开展。从综合经济竞争力的解释性指标来看，长春市在生活环境、营商硬环境等指标维度上表现欠佳。受地理条件和交通拥堵等城市病的影响，长春在营商硬环境分项指标中"交通便捷度""航运便利度"得分较低，相对于航运便利度受天然的地理环境和区位优势影响较难改变，长春应着力提升公共服务基础设施建设水平，在交通、电力、网络信息传输、机场设施等方面加大投入力度，通过营商硬环境的整体改善带动长春经济快速发展。长春应着力提升作为省会城市在功能定位、生态环保、产业发展等方面的优势

地位，增强科技创新引领产业发展的作用，进行体制机制改革，从而提升城市竞争实力。

（二）可持续竞争要素发展不均衡，生态城市建设亟待加强

在可持续竞争力指标分项中，长春五项指标发展并不均衡，社会包容、科技创新和全球联系列全国前40的位置，经济活力、环境韧性指数全国排名分别列第66位、第224位，尤其是环境韧性指标，与其他四项指标排名差距明显，成为制约长春可持续竞争力提升的主要因素（见表5）。环境韧性反映城市环境承受度，2020年，长春环境韧性指数排名东北地区第21位、吉林省第4位，城市的交通便捷度、气候舒适度和环境污染度等指标维度得分较低，处于全国下游水平，相对于生态多样性、气候舒适度、自然灾害等受城市先天自然地理条件影响较大的因素，加强环境污染治理是提升长春城市环境的关键。同时，针对可能发生、对社会和公众影响较大的台风、暴雨、暴雪、重污染天气等气象灾害应制定应急预案，提升处理极端天气的能力，保障城市运行安全。可见，缩小环境韧性与其他分项指标的差距，尽快补齐生态要素短板，是提升长春可持续竞争力水平的关键。

（三）生活环境和居住成本短板明显，制约城市竞争力水平提升

城市是人类生产和生活的重要载体，随着城市化率的不断提高，越来越多的人生活在城市，城市功能也随之不断调整和改变，功能的完善和发展形成了不同层级的城市体系。但对于所有城市而言，其居住和生活功能仍是城市发展的基础和前提。只有安居，才能乐业，评价一个城市的竞争力，生活环境是一个重要维度。2020年，长春反映经济竞争力指标之一的生活环境指数为0.382，全国排名第144位，是经济竞争力五项指标分项中排名相对较低的指标分项。其涵盖城市历史文化、医疗健康机构、气候舒适度、环境污染度、市民消费水平、居住成本、健体休闲设施和文化设施8个方面，其中，气候舒适度、环境污染度和居住成本得分较低，尤其是居住成本指标表现欠佳，位列全国第247位，表明长春作为省会城市，聚集了大量优质公共

资源，在公共基础设施和居民消费水平方面享有优势，但在生活环境方面，居民生活质量、环境污染治理水平以及房价收入比等方面仍需不断改进。可见，长春需加紧改善生活环境和降低居住成本，提升城镇居民人均可支配收入，更好满足居民美好生活需求，稳步提升长春城市竞争力。

三 现象与规律

（一）综合经济竞争力小幅下降，经济运行仍处在变革调整期

2020年，长春综合经济竞争力全国排名有所下降。作为吉林省城市体系的头部城市，经济竞争力指标省内排名优势明显，但是在全国35个大中城市的排名有所下滑。经济增量竞争力排名处上游水平，作为省会城市的长春，在基础GDP和人均GDP方面表现较好，成为推动经济增量竞争力提升的重要因素，表明通过产业间的成本效益调整和产品结构优化已经实现效率水平的大幅提升，税收减免等政策优惠已经产生明显作用，产业竞争力和产品的技术含量均有所提升。经济密度竞争力指数0.426，全国排名第56位，表现突出，表明城市产业和人口集聚的潜力得以充分发挥，对资源的集聚能力、利用程度得到提高。从其分项指标排名来看，表现较好的指标维度是当地要素（第25位）、营商软环境（第27位）和全球联系（第36位）。随着全球进入知识与信息经济的时代，营商软环境一定程度影响经济密度竞争力的提升，因此，在保持营商硬环境作为城市发展的重要内容和基础的同时，要以"互联网＋"助推企业间技术合作与产业升级，尤其是借助大数据推动产业转型升级。培育新产业、新产品，除了勇于创新，还应积极投入新工艺、新技术，优化产品结构，建立现代化数据平台，努力实现创新要素共享、创新信息及时更新，提升产业竞争力。

（二）和谐城市要素优势显现，公平包容程度持续加强

2020年，长春可持续竞争力分项指标中，社会包容指数为0.742，全国

排名第 28 位，在可持续竞争力分项中仅低于科技创新（第 21 位），具体从各分项指标来看，历史文化、社会公平、开放度和医疗健康机构优势相对明显，表明长春的公平包容程度持续加强，一方面得益于政府在教育、医疗、公共安全、社会保障和环境保护等方面的财政支持力度不断提升，在促进基本公共服务均等化方面提供政策支持；另一方面也说明在民生工程建设方面，在资金支持、政策保障和社会救助等方面的合力发挥了较大作用。此外，居住成本是制约社会包容度提升的核心因素，房价收入比等指标分项导致其居住成本上升。可见，长春想要继续大幅提升社会包容水平，有必要继续保持社会公平和社会保障等方面的要素优势，依托优质的教育环境和健康的医疗环境推进城市可持续水平提升，同时在居住成本和社会安定方面改变指标表现。同时，在城乡一体化的城市建设中，在经济结构、创新动力、发展动能等方面应持续优化，通过城乡一体化相关政策和改革的创新突破为城乡协调公平发展提供支持，促使和谐城市要素优势持续彰显。

（三）经济活力表现卓越，科技创新优势明显

经济活力反映城市可持续发展的内生动力，2020 年，长春经济活力指数为 0.474，全国排名第 66 位，在东北地区和吉林省内排在第 1 位，近三年来一直位居上游水平，经济活力势头强劲，在东北地区和省内占据绝对优势。具体看其指标分项，经商便利度、产权保护指数和青年人才比例指数表现优异，经济增长率成为主要制约因素，表明长春在积极借助外智外力、吸引留住创新人才、注重软硬措施并举、真诚引资引智等方面成效显著，但在提升产业的效率水平、拓宽就业渠道、提升人均收入水平、改善人民生活质量等方面仍有较大提升空间。科技创新决定未来城市的可持续发展，尤其是在推动长春现代化都市圈建设、推动长春经济高质量发展等方面显得至关重要。科技创新分项指标中，学术论文指数、科技企业指数、大学指数、文化设施指数均表现较好。近年来，长春继续发挥省会城市的优势地位，在搭建创新平台、精心孵化创新项目、促进产学研深度融合、全面壮大科技企业等方面，不断加强营商环境建设和科技创新工作，竭尽全力推动科创企业快速

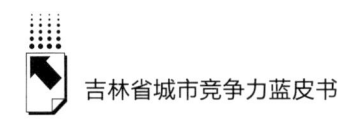

发展。随着科技创新成果的不断显现，用创新发展助推经济高质量发展，城市发展的内生动力将不断增强，持续引领和带动省内其他城市较快发展。

四 趋势与展望

（一）产业结构更趋优化，经济增量稳中求进

在建设长春现代化都市圈的背景下，长春全力稳住工业、促进消费、加快转型、扩大开放，在经济社会平稳健康发展的同时，产业结构更趋优化。一是努力做优做强实体经济，重点企业发展优势明显。绿色产业成为经济增长的重要推手，新建6个千亩以上高标准农田核心示范区、20个绿色有机农业示范区。二是现代服务业发展迅速。在产业布局和产品结构上融合发展，产业分工和功能定位上相互促进、互惠互利，资源配置上实现优势互补，市场一体化进程不断加快。通过创新引领发展、通过技术革新推动产业转型，实现改革创新导向化、规划管理科学化、技术变革前沿化、人才培养专业化，使经济发展拥有持续发展动力。此外，要将长春的夜经济、冰雪经济、网红经济等竞争优势充分发挥出来，在经济增量稳步提升的同时，城市影响力、知名度也日益增强。

（二）文化竞争要素日益优化，将引领可持续竞争力进一步提升

从经济竞争力分项的综合表现和排名看，生活环境指标分项全国排名第144位，其中，历史文化指数0.726，全国排名第46位；文化设施指数0.591，全国排名第21位，这两个指标分项均在生活环境指标中具有绝对优势，从其解释性指标来看，博物馆数量、图书馆数量和人均医疗机构数量在改善居民生活环境方面效果显现，表明长春重视文化产业高质量发展，随着"文化兴市""文化强市"战略的实施，文化旅游、创意设计、影视制作、新闻传媒等极具魅力的文化产业品牌不断涌现，长春市文化竞争优势将日益突出。同时可以看出，长春重视现代文化基础设施建设，使现代文化成为城

市竞争力提升的优势所在；在城市宣传力度、文化设施建设水平、对外开放力度等方面持续提升，并努力做大、做强、做优文化产业，将引领可持续竞争力进一步提升。

（三）软环境建设不断完善，城市营商环境持续向好

2020年，长春营商软环境指数为0.631，全国排名第27位，具体看分项指标，其市场化、产权保护、开放度和经商便利度等指标分项均表现卓越，表明长春重视市场在资源配置中的核心地位，积极进行对外交流与开放，主动服务"一带一路"，探索实施"一带一路"科技创新行动计划；加强知识产权创造、保护和运用；促进企业跨境贸易便利化等。此外，大学指数排名全国第19位，优势明显，作为省会城市，聚集较多高水平大学，有利于长春获取高水平人力资本，促进科技创新及可持续发展。鼓励科技创新和技术进步，鼓励自主研发和技术革新，强调经济与科技的融合发展，培养科技型人才，走技术创新之路，改革管理体制，形成良性循环，在此过程中探索和完善软环境建设，持续优化产业发展模式，打造经济发展新格局。随着长春加快推动产业实现高级化、高端化，促进营商软环境和营商硬环境的协同发展，长春的营商环境将持续向好。

（四）创新发展引领产业转型升级，促进经济竞争力水平提升

可持续竞争力分项中，科技创新指数为0.565，全国排名第21位，在可持续竞争力分项中得分最高，专利申请、学术论文、科技企业、大学和文化设施等五项指标维度均排在全国前50的位置。长春市通过实施科技创新重大专项，聚焦支柱产业、优势产业和战略性新兴产业，重点开展汽车关键零部件、农业种源、智能动车组、光芯片、工业机器人等重大技术攻关，开发一批具有创新性、引领性的新技术、新产品，带动产业转型升级。可见，随着长春深入实施创新驱动发展战略，大力开展"大众创业、万众创新"，创新发展将成为产业转型升级的关键因素之一，进而使科技创新成为长春经济持续向好的重要推手。

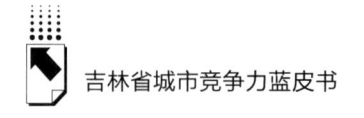

（五）城市面貌持续改观，宜居城市建设成果初显

长春在居住环境、市政设施、生态环境等方面不断取得新进展，城市品质逐步提升。环境污染治理能力不断加强。深入推进生活垃圾分类。充分发挥各区、街道在"两个体系"建设中的主体作用，提高分类知晓率、参与率和投放准确率；巩固"垃圾不落地"收运模式，积极推进再生资源回收利用网络与生活垃圾收运网络"两网融合"，促进生活垃圾资源化利用。长春市将不断推进城市精细化管理、加强全过程综合治理、巩固提升市容环境、深入推进生活垃圾分类、加快推进环卫基础设施建设等。随着上述工作的逐步落实，以及"魅力长春、共建共享"的城市建设管理理念逐渐深入人心，长春的宜居城市建设水平将大幅提升。

五 政策与建议

（一）继续推进产业转型发展，推动核心竞争力能级跃升

在国家新型城镇化建设、吉林省推进区域协同发展的形势下，长春深入落实"一主、六双"产业空间布局的战略举措，通过创新发展引领产业转型升级。具体包括：一是大力推进制造业优化升级。长春在制造业领域尤其是汽车产业、轨道装备、医药、光电子产业方面具有典型的区域经济特征和发展优势，应继续发挥这一区域优势，提升制造业水平，打造现代化产业发展新格局。二是持续开发新技术、新产品，带动产业转型升级，强调经济与科技的融合发展，培养科技型人才，走技术创新之路，改革管理体制，形成良性循环。将科技创新聚焦支柱产业、优势产业和战略性新兴产业，重点开展汽车零部件、农业种源、智能动车组、光芯片等领域的技术攻关。长春应紧紧围绕建设现代都市圈目标任务，进一步优化布局结构、产业结构和产品结构，推进"四大板块""两大基地"建设，从而实现综合经济竞争力能级跃升。

（二）全力保障改善民生，稳步提升城市包容能力

在可持续竞争力要素中，社会包容指标表现较好，但其分项指标中个别指标维度短板依然明显，为了扭转这一发展态势，具体可从以下几个方面着手：一是提升社会保障能力在救助范围、资金投入、救助标准上合理分配，提高城市人均收入增长速度和保护城市户籍人口享受城市福利的公平性是改善民生的关键因素。二是保障就业创业。围绕汽车制造、生物制药等优势产业，发挥政府和市场的作用，利用多元化平台激发创新创业新动能。三是提升基本公共服务水平。居住成本短板明显，房价收入比是衡量居住成本的重要指标维度，作为省会城市，一方面要着力提升城镇居民人均收入水平，另一方面应树立服务型政府的理念，切实改革体制机制。随着长春持续推进实施"幸福长春"计划，营造更加安全稳定的社会环境，不断增强长春市民的获得感、幸福感和安全感，城市的包容能力将得到稳步提升。

（三）加大开发开放力度，创建开放便捷城市

在综合经济竞争力分项中，全球联系全国排名第36位，优势明显。长春应继续加大开发开放力度。具体而言：一是扩大对外经济技术合作。发挥比较优势，在发展中相互促进，形成互补格局。加强城市间的联系，随着交通网络的拓展和城市之间交易成本的缩小，可进一步提升城市的开放能力，拓宽合作领域和渠道。二是提升对外开放水平，积极参与全球竞争和集中优势资源参与国际竞争，推动核心城市群发展，将长春现代都市圈建设成为吉林省创新引领区域经济增长的典型示范区，带动周边城市群建设。三是稳步提升国际货运班列运营质量，实现对外物流、人流和信息流联系的整体推进。畅通"丝路吉林"大通道，逐步扩展"长珲欧"和"长满欧"班列，为吉林省开展亚欧经贸交流合作创造新优势。可以预见，随着长春积极构建全方位开发开放体系，长春对外联系将得到高质量提升，促进其快速融入国内国际双循环。

（四）全面提升环境污染治理水平，打造绿色宜居生活环境

2020年，可持续竞争力指标分项中环境韧性指标维度表现欠佳，长春应在环境治理、提升交通便捷性等方面做出更多努力。具体而言，一方面，长春市应着力提升环境污染治理能力和水平、优化环境治理体系，在空气环境质量、水环境质量和土壤环境质量巩固提升的基础上，继续推进碳达峰、碳中和计划，推进环保督察整改、防范环保风险。另一方面，以加快建设长春现代化都市圈和城市转型为引领，持续推进城市交通基础设施建设，加快环境治理向"市场化、专业化、精细化"发展，打造绿色宜居生活环境。以"生态优先、绿色发展"理念为引领，在应对气候变化、控制主要污染物排放、降低生态环境风险和提高生态系统稳定性等方面加大实施力度，做到人与自然和谐相处，努力打造绿色低碳可持续的区域生态新格局。

（五）不断优化营商软硬环境，加快构筑城市宜商优势

目前，长春市的营商软环境优于营商硬环境，需要进一步优化营商硬环境，促进两者协同发展、稳步推进。具体而言，一是推行实用化、生态化的运行管理模式。充分利用物联网、云计算、移动互联网等新一代信息技术，利用"互联网+"思维和信息化手段，推进审批服务标准化、政务服务便利化，多渠道、多途径提高办理效率和服务水平。二是提升招商引资服务能力。提升交通运输能力，即铁路网的形成、公路网的完善和航空的快速发展，协调统筹公路、铁路、航空等多种运输方式，形成综合交通枢纽，可以有效提升招商引资力度，促进区域间要素较快流动。三是解决好"政府和市场""管理和服务"的关系，通过简政放权的"减法"换取企业和市场活力的"加法"，加快构筑城市宜商优势。

参考文献

倪鹏飞主编《中国城市竞争力报告（No.18）》，中国社会科学出版社，2020。

崔岳春、张磊主编《吉林省城市竞争力报告（2019~2020）》，社会科学文献出版社，2020。

长春市2020年政府工作报告，长春市人民政府门户网站。

《2019年长春市国民经济和社会发展统计公报》，长春市人民政府门户网站。

《2019年吉林省国民经济和社会发展统计公报》，吉林省人民政府门户网站。

B.7 吉林省城市竞争力（吉林市）报告

李焕巧*

摘　要： 2019年，面对国内国际"两个大局"下严峻复杂的发展形势，面对全面振兴全方位振兴、实现高质量发展的目标要求，吉林市始终以习近平新时代中国特色社会主义思想为指引，精准定位发展新阶段、融会贯通发展新理念、科学统筹发展新格局，深入贯彻落实习近平总书记关于吉林工作的一系列重要讲话指示精神，积极坚持稳中求进的工作总基调，攻坚克难、创新进取，人民生活不断改善，社会事业加快发展，全面建成小康社会取得决定性进展，全市经济社会总体保持稳中向好、稳中有进的发展态势。

关键词： 城市竞争力　产业发展　吉林市

吉林市依据经济规模和人口总量位居吉林省第二大城市，面积约为27120平方公里。根据吉林市统计公报，截至2019年底，全市户籍总人口411.6万人，其中城镇人口218.1万人，乡村人口193.5万人。下辖四区（船营区、丰满区、龙潭区、昌邑区）、五县（市）（永吉县、舒兰市、磐石市、蛟河市、桦甸市）、两个国家级开发区（吉林高新技术产业开发区、吉林经济技术开发区）。吉林市的能源矿产资源、生态自然资源非常丰富，为新时代的振兴发展提供了宝贵的物质基础。此外，吉林市的历史人文资源也

---

* 李焕巧，中共吉林市委党校经济学教研部主任、副教授，研究方向为区域经济。

非常丰富,文化底蕴深厚,历史传承、民族文化、京剧书法、红色革命历史为新时代的振兴发展提供了精神动力。吉林市工业基础雄厚,老工业基地留下了较为完整的工业体系和完善的工业基础设施,为振兴发展提供产业支撑。

一 现状与优势

(一)总体概况

1. 地区经济总体运行平稳

2019年,吉林市地区生产总值为1416.6亿元,比2018年增长约1.5%。人均生产总值则实现34335元。随着产业布局的优化调整,三次产业结构渐趋合理,产业比例关系由2018年的10.5∶38.6∶50.9调整为11.5∶36∶52.5(见表1)。实现全口径财政收入约288.0亿元;实现地方级财政收入约97.9亿元;一般预算财政支出约为420.6亿元,相比上年增长约2.1%。全社会固定资产投资总量在根据全国经济普查数据调整修正后,相比上年下降约49%。此外,"十三五"期间,吉林市单位GDP能耗累计降低约7.7个百分点。

表1 2019年吉林市基本情况

项目	数据
辖区面积(平方公里)	27120
总人口(万人)	411.6
地区生产总值及增长率(亿元,%)	1416.6,1.5
三次产业比重(%)	11.5∶36∶52.5

资料来源:《吉林市2019年国民经济和社会发展统计公报》。

2. 农业农村工作高质量推进

第一,农业生产稳中向好。吉林市农、林、牧、渔业一直稳步增长,据统计2019年实现增加值约170.4亿元，相比2018年增长了约1.7%，相比全省平均水平低0.8个百分点。粮食种植面积2019年达到约65.4万公顷，全年粮食实现总产量约428.8万吨。

第二，农业现代化加快发展。桦甸黄牛、蛟河黑木耳、舒兰大米成功入选《中国农业品牌目录》。舒兰市成功入选国家农业绿色发展先行先试试点县，（中国—新加坡）吉林食品区获评吉林省农业高新技术产业示范区。昌邑区的现代农业产业园被确定为吉林省唯一一个国家级的现代农业产业园区创建单位，顺利地成为吉林省第一个以主要粮食作物为产区的国家级园区。蛟河市黄松甸镇入选2020年全国乡村特色产业十亿元镇。此外，吉林中新正大食品有限公司成为国内首批非洲猪瘟无疫小区。

第三，乡村振兴逐步推进。2019年，吉林市启动实施了乡村振兴"一十百千万"工程，并高质量承办了2019年全省实施乡村振兴战略现场推进会议，乡村振兴工作开创了新局面。以中新食品区为核心区域的"国家城乡融合发展试验区"获批。2020年，吉林市根据统一战略部署，集中展开了针对农村人居环境的百日攻坚综合整治行动。根据工作总结汇报，全年共打造了240个省级A级以上示范村。此外，中小河流综合治理、建设"四好农村路"、农村改厕等工作加速推进。同时，农村生活垃圾的现代化机械化收集运输处理体系实现全覆盖。

3. 工业经济实现平稳运行

第一，工业产值持续增加。2019年，吉林市深入开展了"千人助万企"等活动，市、县两级主要领导联系相关重点企业工作得到积极有效地落实。帮扶工作成效显著，原油加工、乙烯、粗钢、水泥等重点产品产量均实现同比增加。如中油吉化原油加工量实现历史新高，达到920万吨。疫情期间，主动帮助吉化、建龙等19户龙头企业共克时艰、砥砺前行，切实保证在严峻复杂多变的新冠肺炎疫情期间不裁员、不停工、不停产。同时，不打折扣地实现税费"减免缓"等精准帮扶措施。在市委市政府、企业和社会各界共同努力下，2019年吉林市实现第二产业增加值约510.3亿元，规模以上工业增加值持续增长约2.2%。

第二，十大行业产值总体呈现"二升八降"。其中，"二升"包括：冶金行业（增长约3.1%）、能源行业（增长约4.6%）；"八降"包括：轻纺行业（下降约17.8%）、医药健康行业（下降约13.3%）、汽车及配件制造行业（下降约51.3%）、机械加工与制造行业（下降约10.8%）、电子行业（下降约13.9%）、建材行业（下降约4.9%）、农副食品加工行业（下降约9.5%）、石化行业（下降约4.8%）。

第三，高新技术产业加快发展。2019年，吉林市从发展实际出发重点着手布局、科学统筹部署，积极打造了电子科技及通信设备制造业等六大类型高新技术产业。产业发展成效斐然，仅六大产业的增加值就占到了规模以上工业增加值的7.2%，相比上一年增加了约1.4个百分点。

4. 民生福祉得到持续改善

第一，城乡居民收入持续稳定增长，城乡差距进一步缩小。2019年，吉林市城镇居民人均可支配收入为30140元，相比上年增长约5.6%；吉林市农村居民人均可支配收入约为14883元，相比上年增长约7.1%。居民收入的增长速度快于GDP的增长速度，收入分配结构不断优化。城镇新增就业人口约为6.8万人，农村劳动力转移就业人口实现约60.2万人次。2019年吉林市开展的职业技能相关培训覆盖面进一步扩大，开展农村劳动力技能培训达15000余人，此外开展创业培训4220人。2019年发放创业担保贷款总额约2.1亿元，成功地扶持了1345名创业者，有效地带动就业5141人。

第二，社会保障建设积极深入推进。截至2019年末，吉林市城乡居民基本养老保险的实际覆盖面进一步扩大，根据初步统计，覆盖总人数已经达到约26.5万人。城镇职工基本养老保险工作逐步推进，覆盖总人数已经达到约76.8万人。吉林市已有224.2万人参加基本医疗保险（其中城镇职工82.2万人、城镇居民141.8万人），新农合参保人数达到171.1万人。截至2019年末，全市约有12.8万人享受到了最低的生活保障，城市居民的低保标准已经提高到每人每月550元，农村居民的低保标准为每人每年4000元。根据统计，2019年共实际发放了住房租赁补贴约1539.5万元，覆盖了约7020户城镇困难家庭，超额完成计划标准。此外，还对市区17个小区、73

万平方米的老旧小区实施了宜居环境综合改造工程。

第三，社会福利事业持续健康发展。至2019年末，吉林市共有72个收养性社会福利事业单位，354个城镇社区公共服务中心。2019年末全市共有616个依法正规发行的中国福利彩票销售站，2019年共销售社会福利彩票金额约为4.1亿元。2019年，接受社会福利事业捐赠约为717.0万元，同期"平安江城"建设也取得了阶段性成果。

（二）现状格局

1. 城市经济竞争力及分项指数排名明显下降

2020年吉林省城市经济竞争力整体在全国处于下游水平，吉林市在省内排名第二，但在全国排名第209位，近五年来吉林市综合经济竞争力大幅度下滑，整体下滑120个位次。从城市竞争力分项指标来看，表现最好的分项指标是当地要素（第44位），其次是营商软环境（第52位），其余几项指标均未能进入全国前100名。吉林市生活环境指数全省第一，全国却排到第110位，说明气候环境、地理位置等原因影响到居住舒适度，吉林全省这一指数表现较差。营商硬环境全国排名第140位，体现了吉林交通等基础设施建设短板对经济竞争能力的制约。全球联系全国排名第144位，体现了吉林经济开放度不高，经济发展所需的外部动力不足。（见表2）

表2 吉林市经济竞争力及分项指标

	经济竞争力		当地要素		生活环境		营商软环境		营商硬环境		全球联系	
	指数	排名	指数	排名	指数	排名	指数	排名	指数	排名	指数	排名
2020年	0.212	209	0.443	44	0.428	110	0.490	52	0.344	140	0.170	144

资料来源：中国社会科学院城市竞争力指数数据库。

2. 可持续竞争力逐年下降，优势明显劣势突出

从相关数据对比来看，在2020年全国城市经济综合竞争力排行榜上，吉林市的可持续综合竞争力的总体表现较为乏力，在全国城市排名

中位列第 115 位，整体处于中等偏下水平。但是从动态、发展的角度看，吉林市城市可持续竞争力仍处于下降通道，比 2016 年下降 25 个位次，比 2017 年下降 7 个位次，比 2018 年下降 55 个位次。从分项指标来看，经济活力指标和环境韧性指标是拉低吉林市可持续竞争力的主要因素，其中经济活力指标排名第 251 位，环境韧性指标居全国第 273 位，处于末尾位置。社会包容（第 35 位）指标和科技创新（第 31 位）指标表现突出，表明吉林经济发展仍有较大潜力（见表3）。且对比城市竞争力指数来看，吉林软环境建设成就斐然，存在一定竞争优势，硬环境建设还有较大提升空间。整体来看，吉林市可持续发展的优势和劣势都十分突出，如何化解这一矛盾，做到优势更优、补齐短板齐头并进，是实现全面振兴的关键。

表3 吉林市可持续竞争力及分项指标

	可持续竞争力		经济活力		环境韧性		社会包容		科技创新		全球联系	
	指数	排名	指数	排名	指数	排名	指数	排名	指数	排名	指数	排名
2020 年	0.258	115	0.212	251	0.181	273	0.706	35	0.491	31	0.170	144

资料来源：中国社会科学院城市竞争力指数数据库。

二 问题与不足

（一）经济下行压力不断加大，城市竞争力下降

吉林市作为吉林省第二大城市，经济总量占全省的比重却在逐年下降，整个"十三五"期间，吉林市的经济增长速度均落后于全省平均增速，尤其是 2017 年、2018 年，落后全省平均水平 2.8 个百分点（见表4）。与此相呼应的是，2018 年，吉林市的综合城市竞争力排名出现大幅度下降，表明吉林经济发展下行压力在不断加大。

表4　2016~2019年地区生产总值增速对比

单位：%

	2016年	2017年	2018年	2019年
吉林省	6.5	5.2	4.4	3.0
吉林市	6.0	2.4	1.6	1.5

资料来源：《吉林省2019年国民经济和社会发展统计公报》《吉林市2019年国民经济和社会发展统计公报》。

（二）产业结构仍待进一步优化，整体经济活跃度不高

近年吉林经济发展面临的困境，归根结底源于体制机制的制约，表现为经济结构失衡和产业结构单一的问题。通过对比近5年来吉林市和全省的三次产业结构比重，可以看到一个明显的趋势，即吉林市的三次产业结构升级明显优于全省平均水平，产业结构渐趋合理，第三产业增加值比重整体呈上升趋势（见表5）。但仍然存在第三产业不够强、内部结构不够优、传统服务业比重偏大、新兴业态发展缓慢等问题。总体来看，产业结构调整相对缓慢，不利于区域经济整体竞争力的提升。

表5　2016~2019年三次产业增加值比重

	2016年	2017年	2018年	2019年
吉林省	10.8∶37.4∶51.8	10.0∶36.6∶53.4	10.3∶36.0∶53.7	11.0∶35.3∶53.8
吉林市	10.7∶40.2∶49.1	10.2∶39.8∶50.1	10.5∶38.6∶50.9	11.5∶35.9∶52.6

资料来源：《吉林省2019年国民经济和社会发展统计公报》《吉林市2019年国民经济和社会发展统计公报》。

区域经济活力的一个重要体现就是民营经济的活跃度。通过逐年加大对民营经济的培育扶持，截至2019年末，吉林市的民营企业工商注册登记户数约达6.9万户，相比2018年增长11.3%；而个体工商户的工商注册登记约为22.2万户，相比2018年增长8.2%。较之于发达地区，吉林市民营经济呈现数量不多、质量不强的特征，难以大幅提升区域经济活力和可持续竞争力。

（三）区域人才吸引力不足，缺乏创新发展动力

人才是产业发展的根本保证，是区域经济社会发展的重要引领。经济基础决定上层建筑，没有雄厚的经济实力作为后盾，在引进人才方面就没有优势可言。吉林市与经济发达地区相比明显处于劣势，近年来本地人才外流严重、对外来人才吸引力不足，产业发展缺乏强有力的人才支撑。以冰雪产业为例。吉林市冰雪资源得天独厚，被誉为"滑雪天堂"，具备做大做强冰雪产业的坚实基础。吉林市多年来发展冰雪体育运动，积累了大量的冰雪体育专业人才，北华大学体育学院、吉林市体育运动学校等专业人才培养机构，多年来为吉林乃至全国培养出大量优秀人才。随着2022年北京冬奥会成功申办，北京、上海、广东、浙江、江苏等省市，包括南方其他的经济发达地区，冰雪运动、冰雪产业迅速发展。但由于其冰雪运动起步较吉林晚，冰雪人才极度匮乏。而黑龙江省和吉林省的冰雪资源、人才相对比较丰富，成为各地抢人大战的目标。据不完全统计，吉林市曾输出1200名专业技术人员，到北京、河北等地当教练员和技术人员。从区域经济发展的角度看，人才竞争从某种意义上说就是政策的竞争、制度的竞争，吉林市冰雪人才紧缺困境，一方面是由于冰雪产业仍处于起步阶段，产业基础薄弱，另一方面就是人才政策和制度设计的不合理，导致区域人才吸引力不足，制约着冰雪产业良性有序发展。

三 现象与规律

（一）新兴产业加速发展，带动产业转型升级

吉林市是全国首批产业转型升级示范区。早在2015年制定"十三五"规划时，吉林市就提出要构建"6411"产业体系，以彻底改变传统工业"一柱擎天、结构单一"的不利局面。经过五年的实践推进，"6411"产业体系建设取得阶段性进展。

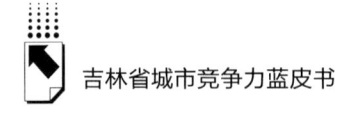

第一，优势产业持续壮大，传统产业通过"补链"、"转型"实现了稳步提升。2019年，一批产业大项目纷纷启动建设并投入运行。其中建龙钢铁的80万吨冷轧钢项目实现建成投产，粗钢产量增长了20%；一汽吉林汽车全面完成了混合所有制改革工作。

第二，农业现代化加速推进。现代农业产业园区、农业产业化龙头企业建设成效显著。

第三，新兴产业加速发展。其中特别是冰雪产业实现了蓬勃发展，坚定不移推动冰雪经济高质量发展。"吉林省吉林市发展'冰雪经济'促进产业转型升级"被列为"国务院第六次大督查发现的典型经验做法"。《吉林市冰雪产业发展规划》等发展规划相继编制完成。吉林北山四季越野滑雪场成为国家雪上项目训练基地。吉林市被评为"冰雪旅游十强城市"和"中国避暑旅游样本城市"。文化旅游产业融合加速推进，全域智慧旅游、金珠花海等文旅项目提速。国际雾凇冰雪节、松花江避暑休闲季等大型文旅活动相继举办。

（二）开放合作能力不断增强，提升经济外向度

第一，积极拓展对外开放交流。2019年，吉林市实现外贸进出口总额约65.0亿元，相比2018年下降约18.7%。其中，出口额实现约41.9亿元，相比2018年下降约28.4%；进口额实现约23.1亿元，相比2018年增长7.5%。充分发挥市保税物流中心外贸窗口平台作用，全年实际利用外资增长10%。此外，对外承包工程营业额实现约6690.0万美元，与99个国家（地区）有经贸往来。

第二，不断深化对内合作发展。一方面，积极拓展加深与浙江省及温州市对口合作，打造9个总投资400亿元的产业园；另一方面，与长春正式签署长吉一体化协同发展框架合作协议，44个合作事项启动实施。

（三）营商环境持续优化，环境制度体系建设不断完善

吉林全面深化改革的基础在于营商环境的进一步优化升级。依据《吉

林省优化营商环境条例》和《吉林省优化营商环境条例实施细则》，吉林市积极结合本地的发展实际情况，深入调研，在依法行政、依法治理框架流程内虚心学习外地先进经验、积极探索本地发展路径，推动制定具有地域特色的科学性、创新性激励发展措施，环境制度体系建设不断完善。近年来，吉林市积极转变提升政府服务型职能、为市场"腾位"，深入实施优化营商环境行动方案、为企业"松绑"，全面深化"放管服"综合改革、为发展"解绊"。截至2020年，通过进一步深化"最多跑一次"的行政职能改革，200余项高频率的政务服务事项逐步顺利实现了流程上的"同城通办"、空间上的"就近可办"。吉林市成功地跻身全国首批"深化民营和小微企业金融服务综合改革"试点城市。

四 趋势与展望

（一）创新能力不断增强，产业转型升级蓄能

创新是产业发展的第一动力。在新形势下，以体制机制创新推动产业供给侧结构性改革，是产业转型升级的必由之路。"十三五"期间，吉林市不断加快科技创新步伐，共扶持发展了96户省科技小巨人企业、216户国家高新技术企业，培育了16个省级以上科技企业孵化器（即"众创空间"），位列中国社会科学院"全国城市科技创新竞争力排行榜"第31名。

（二）生态环境持续改善，美丽江城建设加速

"十三五"期间，吉林市充分发挥地理环境资源优势，积极推进新时代绿色产业的科学转型升级与科学发展，坚持一切从吉林发展实际出发、实事求是地有效打造生态宜居城市。

一是通过狠抓秸秆治理、加强污染物防治、重点行业超低排放改造等，坚决打好蓝天保卫战。二是通过加大水污染治理力度、落实河长制、实施松花湖生态环境综合治理等，持续打好碧水保卫战。三是通过实施矿山生态修

复等重大工程,持续打好青山保卫战。四是通过加强环境风险管控,开展"无废城市"建设,持续打好环境安全保卫战。2019年,环境空气质量优良的天数比例达82.5%,城区水源地水质稳定性达到"Ⅲ类良好"以上水平,水质状况为"良好",自然保护区违法违规问题整改率达到100%。

五 政策与建议

(一)落实扩大内需战略,主动融入新发展格局

构建新发展格局的关键就是首先要形成一个强大的、统一的国内市场,作为一项重要的战略基点就是积极地促进消费、有效地扩大内需。这是新时代吉林市积极融入国家新发展格局的重点战略任务。

1. 要加大投资力度

通过继续加大有效投资,不断助推深化供给侧结构性改革,提高投资效率。通过深入开展"三抓""三早"行动,提高项目建设水平。继续突出主导产业的投资,积极聚焦"十个围绕"工作重点,紧跟并参与吉林省"761"新基建工程建设,科学统筹谋划一批重点产业项目,科学论证上马一批符合上级投资方向的项目。进一步围绕"六大产业集群"建设,调配强干力量、主动出击,创新开展产业链招商、以商招商和专业招商,有效地推动一批重大产业投资项目适时签约落地。

2. 要促进消费升级

做强做活消费市场,充分发挥消费的基础性作用,"以需求牵引供给,以供给创造需求",多措并举让消费"热"起来,让生产"活"起来。着力于振兴实体商贸,紧跟产业消费升级的大趋势,通过举办各类商品促销展销活动,积极推进新型的"东市特色旅游商业街"、"河南街百年文化老街"等知名传统商业街的改造升级项目建设。着力畅通消费各环节,提升本地产品品质,为经济社会持续健康发展提供有力支撑。加快跨境电子商务综合试验区建设,扩大线上消费规模,适应群众多元化需求。着力丰富消费业态,

提振汽车、家电等大宗消费，丰富餐饮、服装等日常消费，大力发展夜间消费，积极发展健康、养老、托幼、家政等成长型服务业。

3. 要建设现代流通体系

打造吉林市的现代商贸物流基地，探索怎样有效地用好两个市场、两种资源的方式路径，积极推进内需与外需的双结合、进口与出口的双提升、引进外资与对外投资的双协调，实现新时代的科学发展。

（二）全面深化改革开放，提升高质量发展活力

1. 全力扶持民营经济

着力于解决民营经济发展中普遍存在的企业融资难、产业转型难、市场开拓难等发展难题，全面深入贯彻落实《关于支持民营企业加快改革发展与转型升级的实施意见》，市委市政府通过多方调研，切实普遍降低企业的日常生产经营成本，夯实强化新技术新力量的科技创新支撑，进一步完善资源和生产要素的有力保障，着力解决长期困扰企业发展的融资难题。通过重点支持"专、精、特、新"型中小企业加快发展，加强政府服务平台建设，落实"产融合作试点城市"和"民营和小微企业金融服务综合改革试点城市"建设。通过深入落实支持企业家干事创业的25项措施，营造全社会支持民营经济发展的浓厚氛围。真正实现"大企业顶天立地、中小企业铺天盖地"，提升经济发展活力。

2. 营造良好的政策环境

营商环境过了关，投资才能"过山海关"。政策环境的营造是营商环境的重要一环。营造良好的政策环境有助于打造服务高地、投资洼地、发展福地。要着力加强事中事后监管。强化信息归集和联合惩戒，加快构建社会信用体系。要用足、用活、用好国家相关政策，在市场准入、建设用地、公用事业收费、产品价格等相关领域加大扶持力度。进一步研究制定相关优惠政策如税收、土地、金融支持等，带动产业项目开发。要健全相关政策法律体系，保护企业和消费者权益，鼓励合法经营、有序竞争，形成良好、有序的市场运行环境。

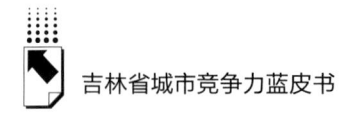

3. 深化开放合作交流

要加强区域交流合作。要主动融入"一主、六双"产业空间布局,加强区域全方位合作,形成共享的产业链,提升城市竞争力水平。要主动融入"一带一路"建设,加强与国内其他省份的横向交流合作,构建开放型产业发展格局。总之不断深化开放合作是实现吉林全面振兴发展的重要动力。

(三)聚力发展产业集群,构建现代产业体系

1. 用好"两只手",坚持政府引导和市场作用的有效统一

一方面,政府加大招商引资力度,重点谋划建设有规模、有品牌效应的项目,力争建设一批能够填补发展空白的产业项目,形成一批具有规模效应和集聚效应、能带动产业集群发展的产业园区。不断完善示范园区(基地)的评选机制,积极申报各级扶持资金。特别是要利用好特色资源,做好资源整合,推动产业集约化、规模化、专业化发展。另一方面,充分利用市场这只"看不见的手"的推动作用,促进产业集群的形成。

2. 迈开"两条腿",加强平台和人才两个基础体系的支撑

一方面,通过加强产业园区建设,打造平台支撑,为产业集群畅通通道,提供良好的发展环境。另一方面,创新和完善人才支撑产业发展体系。产业的发展关键还是要靠人才。一是坚持人才强市战略,做好"两个工程"。通过实施"稀缺人才培育工程",充分发挥吉林高等院校、科研机构较多和人才相对聚集的优势,通过产学研合作、脱产进修等方式培养人才,通过深化校城融合发展促进高端创新创业人才培育。通过实施"重点产业高端人才引进工程",实时关注国家实施的重大人才工程,诚心诚信、筑巢引凤,引导高端科技人才、技术成果等创新发展要素积极地向吉林集聚,激发老工业基地创新创业活力。二是制定并落实相关优惠政策留住人才。落实好人才"18条政策"和"1+3"配套细则,进一步完善住房、子女就学、家属随迁等优惠措施,设立优秀人才引进培养专项资金加强资金保障。尤其是高端经营管理人才和专业人才,作为东北老工业基地的吉林更要下大力气营造环境,比发达地区制定更全面、更人性化的人才政

策,加大引才、养才和留才力度,完善人才支撑体系,强化城市竞争力可持续动能。

3. 铆足"两股劲",强化传统优势产业和发展战略性新兴产业

改变传统的、单一的产业结构,并不意味着要完全放弃传统的优势产业,而是在适应时代和市场新需求的前提下,通过科技改造升级,继续做大做强做优吉林市传统优势产业。这就需要加快传统优势产业的转型升级步伐,使之与战略性新兴产业之间实现良性互动、优势互补,打造发展的新动能,强化城市综合竞争力。根据吉林市三次产业的发展实际,其中,装备制造产业集群领域的发展重点就是要加快推进汽车产业转型升级、加快发展航空制造产业和培育壮大电子信息产业。此外,围绕发展冰雪自然文化、运动项目和旅游产业,通过实施新项目、引进新模式和培育新业态,利用好吉林独特的地理气候资源优势,努力向上占据我国乃至世界冰雪产业价值链的中高端地位。

(四)增强区域协调联动,实现长吉一体化协同发展

落实《长吉一体化协同发展框架合作协议》,实现"长吉一体化"协同发展,是推进落实"一主、六双"产业空间布局的重要举措,也是提升城市群竞争力的重要手段。打造区域经济一体化,首要目标就是使生产要素能够在区域市场内实现自由地流动,使生产要素市场能够真正地实现区域内部的统一、均衡和运转有序,资源配置能达到效率最优、收益最大,最终实现吉林区域经济的协调发展和共同繁荣。

1. 围绕城市发展定位,提升城市综合竞争能力

围绕城市的"四个发展定位",依托吉林市丰富的自然生态资源、悠久传承的历史传统文化、厚重的产业基础和良好完备的基础设施,坚持改革开放,推动经济结构和产业结构的优化升级,推动城市综合实力和竞争能力明显增强。从而成功打造现代产业基地、旅游文化名城、生态宜居城市、创新创业高地,培育发展现代化都市圈,共建长通白延吉长避暑冰雪生态旅游大环线和长吉珲大通道、环长春四辽吉松工业走廊、沿中蒙俄开发开放经济

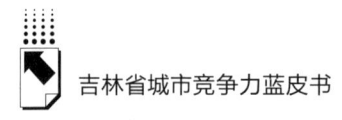

带，努力构建全省高质量发展长吉"新双极"格局。提升经济社会发展质量，确保经济增速高于全省平均水平，缩小与长春的经济差距，努力打造全省经济高质量发展增长极。

2. 围绕城市功能区建设，优化城市空间布局

城市功能区建设可以通过坚持差异化定位，制定各具特色的发展规划，最终实现一体化综合发展。继续因地制宜地规划实施"中心城市发展四大板块"，同时，有效地开发好各板块的区域区位优势、利用好各板块的生态环境优势、发挥好各板块的产业基础优势，从而突出产业支撑力、资源集聚力和创新发展力，成功地打造高质量科学新发展的示范高地，建设好居民生活、产业发展的物质文明和精神文明承载区，构建新时代吉林市"西部融合、南部彰显、北部提升、中部优化"的战略发展空间布局。

3. 围绕资源环境优势，打造县域经济增长极

吉林市可以根据各县域的发展定位和产业布局，提升可用财政资源，继续加大对主导产业、龙头企业和拳头产品的培育力度，积极打造吉林市五个县域经济新的增长极，进一步增强县域经济社会的发展质量和综合竞争实力。

4. 围绕产业融合发展，提升产业链供应链水平

充分发挥比较优势，进一步做实做强做优传统优势产业，并做好与长春市产业融合对接，以产业一体化助推长吉一体化协同发展。

参考文献

倪鹏飞主编《中国城市竞争力报告（No.18）》，中国社会科学出版社，2020。
崔岳春、张磊主编《吉林省城市竞争力报告（2019~2020）》，社会科学文献出版社，2020。
《吉林市人民政府2019年工作报告》，吉林市人民政府网站。
《吉林市2019年国民经济和社会发展统计公报》，吉林市人民政府网站。
《吉林省2019年国民经济和社会发展统计公报》，吉林省人民政府网站。

B.8
吉林省城市竞争力（松原市）报告

张丽娜*

摘　要： 2019年，国内外宏观环境压力骤增，各类风险交织叠加，自然灾害频发，面临如此复杂多变的环境形势，松原市以习近平总书记关于东北振兴讲话精神为统领，将总书记视察松原重要指示转化为强大动力，加快推进供给侧结构性改革，提高经济发展质量，全市经济社会发展取得了明显成效，经济增速稳步回升，但由于受外界环境影响较大，与全国其他地区相比，综合竞争力出现一定幅度的下降。产业结构单一，新动能发展缓慢已成为经济发展的掣肘。未来时期仍然需要以建设"吉林省西部生态经济区"为目标，进一步发挥生态优势，培育经济发展内生动力，促进经济结构转型升级，提高经济发展的竞争力。

关键词： 稳步回升　转型升级　生态经济

松原市地处吉林省西部，位于世界三大草原之一的科尔沁草原与松嫩平原的交汇处，有"科尔沁大草原上的一颗明珠"之称。松原市是1992年由前郭尔罗斯蒙古族自治县、原扶余县（现宁江区）、长岭县、乾安县合并成立的地级市，现为"四县一区"，即前郭尔罗斯蒙古族自治县、宁江区、扶余市、长岭县、乾安县。全市土地面积2.2万平方公里，共有78个乡

---

* 张丽娜，吉林省社会科学院软科学研究所所长、研究员，研究方向为宏观经济和产业经济。

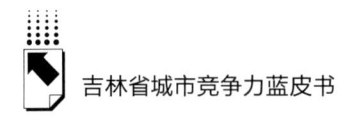

(镇)1123个行政村。现有2个国家级开发区(经济技术开发区、国家农业科技园区)、5个省级开发区(查干湖旅游经济开发区、哈达山生态农业旅游示范区、石油化学工业循环经济园区、前郭经济开发区、海峡两岸生态农业先行合作实验区)。松原市总人口275万,是一个多民族融合的城市,有汉、满、蒙、回等40个民族,民族特色明显。

表1 2019年松原市基本情况

项目	数据
土地面积	2.2万平方公里
总人口	275万人
地区生产总值增长率	2.6%
一、二、三产业比例(%)	26.4:19.6:54

资料来源:《松原市2019年国民经济和社会发展统计公报》。

松原土地肥沃,境内有松花江、松花江干流、嫩江、拉林河流过,是全省"九河下梢",盛产玉米、水稻、杂粮杂豆,是国家大型商品粮基地、油料基地和全国最大的杂粮杂豆集散中心,2019年粮食产量达到719.24万吨,连续九年突破700万吨,为国家粮食安全保障做出了应有的贡献。松原市是典型的资源型城市,矿产资源种类繁多,尤其是油气资源丰富,可以说是"因油而建,因油而兴"。

2019年,国内外形势复杂严峻,各类风险交织变化,松原市以习近平总书记视察松原重要指示精神为统领,将期望转换为动力,持续推进供给侧结构性改革,厚植生态优势,加快转型升级,经济社会保持了平稳发展的态势。但受外界环境和自然灾害等条件影响,以及内生动力不足等原因,松原市竞争力指标出现了一定幅度的下降。2020年综合经济竞争力全国排名第234位,较上年下降了22位,下降幅度较大。综合竞争力在吉林省排名第4位,较上年下降1位;在东北区域内排名第15位,较上年下降7位。2020年可持续竞争力全国排名第210位,较上年下降了28位,在省内排名第4位,前进2位,东北区域内排名第15位,上升10位,说明松原市具有一定的发展潜力，需要不断转化发展动能，激发活力，将优势转变为实力。

一 现状与格局

（一）总体概况

1. 经济发展稳步前进

2019年，松原市继续以"加快建设西部生态经济区"为统领，以建设"绿色产业城市"和"生态宜居城市"为定位，全面打好"稳增长保卫战、调结构攻坚战、促发展持久战"，实现了经济社会的稳步发展，经济增速小幅下降。2019年全市地区生产总值达到729.78亿元，同比增长2.6%（按可比价格计算）。其中，第一产业增加值192.71亿元，增长3.2%；第二产业增加值142.92亿元，增长2.2%；第三产业增加值394.15亿元，增长2.3%。全市全口径财政收入较上年下降17.3%，主要由央企所得税退税造成，而通过多渠道盘活国有资产资源增加非税收入使得地方级财政收入较上年增长6.2%。

2. 农业三大体系加快构建

2019年是松原市启动"乡村振兴三年行动计划"的第二年，各项举措顺利实施，现代农业"三大体系"加快构建，取得了显著效果。一是农业生产体系不断完善。综合生产能力保持稳定，2019年虽然前期遭受了春旱和低温，但后期由于雨水充足，为夺取全年粮食丰收奠定了基础，粮食总产量达到719.24万吨。畜禽饲养总量保持增长，全市新建生猪标准化规模养殖场42个，总数达到1332个，规模养殖比重达到65%以上。全市建设8个牧业大项目，其数量和规模位居全省第一。全市猪肉、禽蛋产量均大幅提高，产量分别为19.14万吨和12.11万吨，分别比上年增长11.0%和22.6%；牛肉产量3.92万吨，增长3.3%。2019年，全市共完成高标准农田建设面积52.5万亩，农机装备水平不断提高，农机总动力达730万千瓦，

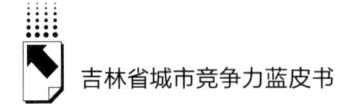

综合机械化水平达94%。保护性耕作推广力度加大，2019年秸秆覆盖还田保护性耕作完成面积333万亩。二是产业体系不断优化。全市农产品加工企业达1535户，其中规模以上农产品加工企业358户，农产品综合加工率达到65%以上。全市省级重点龙头企业39户，市级重点龙头企业180户。全市共有农产品加工示范区3个，建立绿色农产品加工基地15个。"乾安县果蔬现代农业产业园"和"长岭县杂粮杂豆现代农业产业园"两家产业园被认定为市级现代农业产业园，海峡两岸生态农业合作先行实验区被评为省级开发区。三是经营体系不断提升。全市农村土地流转服务体系初步形成，共成立86个农村土地流转服务中心，从事农村土地流转服务的专兼职工作人员1216人，设置农村土地流转服务大厅83个。新增农业经营主体1875个，宁江德智合作社被确定为土地经营权入股产业化省级试点单位。农产品品牌知名度和美誉度不断扩大，查干湖淡水鱼、乾安肉羊获评中国农产品区域公用品牌。

3. 工业发展稳中有进

2019年，松原市全面推进工业转型升级，努力扩大存量，进一步做优增量。一是规模以上工业保持小幅增长态势。规模以上工业增加值同比增长1.8%。主要行业中增长最快的是电力、热力、燃气及水生产和供应业，同比增长24.6%，其次是木材加工和木竹藤棕草制品业及石油和天然气开采业、开采辅助活动，分别增长14.5%和10.7%。二是支持油气产量保持稳定。通过进一步挖掘存量，着力稳油增气，累计完成油气当量480万吨，比上年略高6.5万吨。石油和天然气开采业和精炼石油产品制造业增加值均有小幅提升，同比分别增长2.3%和2.5%。三是大力推进工业转型升级。2019年，围绕工业转型升级战略，全市共有62个项目列入省级工业转型升级重点计划，截至12月末，已有46个项目开（复）工，累计完成投资67.7亿元。四是加快培育新动能。增强科技创新能力，扶持科技企业、平台发展，胜源宏石油技术等9家公司获评国省两级科技企业，国家能源技术研发中心和二氧化碳驱油与埋存试验基地基本建成。

4. 服务业支撑作用增强

服务业总量稳步攀升,对经济增长的支撑能力越来越强。一是服务业发展态势良好。2019年,全市服务业增加值实现394.2亿元,增长2.3%,占GDP比重为54%。在服务业增加值内部结构中,生产性服务业(含批发)与生活性服务业分别占42.7%和57.3%;传统服务业与现代服务业分别占64.2%和35.8%。现代商贸、物流、房地产三大重点产业占比达49%。全市服务业实有市场主体达到17.7万户,占总体比例为84.26%。服务业从业人员占全社会从业人员数比重超过50%,提供更多就业岗位。二是文旅产业优势彰显。旅游业发展如火如荼,2019年接待国内外游客1080.44万人次,同比增长31.8%,全年旅游总收入180.07亿元,增长9.1%。节庆活动丰富多彩,查干湖冬捕节品牌享誉海内外,查干湖"春捺钵"开湖鱼美食节等特色活动顺利开幕。乾安县入选新华网"文化软实力提升优秀城市和文化旅游优选城市"。旅游设施进一步完善,松原市通用航空项目获批全省通用航空业务先行试点和低空旅游试点。三是现代商贸物流业发展持续向好。商贸流通市场体系不断完善,已经形成了以综合和专业批发市场为骨干,大型商业设施、农贸市场、专卖店、步行街、连锁经营店共同发展的新发展格局。建立健全城乡配送体系,努力实施标准化、智慧化运营,被列为全国城乡高效配送试点城市。2019年,全市快递业务量完成1261.76万件,同比增长59.2%;实现快递业务收入1.69亿元,同比增长37.5%。四是金融服务能力明显提升。金融服务产品不断创新,推出"丰收贷"等金融产品32个,加强农村基础金融服务建设,金融服务站村级覆盖率超过60%,松原市获批吉林省金融服务综合改革试点城市。

5. 民生福祉显著进步

2019年松原市委、市政府聚焦民生实事,持续推进经济社会发展成果共建共享,惠及百姓,满足人民对美好生活的向往,提升人民群众的获得感、幸福感。一是城乡居民收入水平显著提高。2019年全市城乡居民收入均有大幅度提高,尤其是农村常住居民人均可支配收入较上年增长9.6%,城镇常住居民人均可支配收入比上年增长6.4%。二是社会保

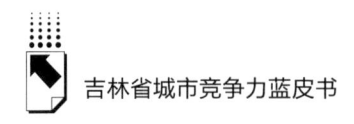

障范围进一步扩大。年末全市城镇基本养老保险覆盖总人数达到37.59万人,比上年增长0.3%。其中参保职工为22.02万人,下降2.4%。全市城乡居民基本医疗保险参保人数达到186.66万人,职工基本医疗保险参保人数达到36.21万人。城乡居民医保整合和退役士兵社会保险接续扎实推进,异地就医结算、医保基金监管工作走在全省前列。三是持续开展困难群体救助活动。始终关注低收入群体的生活问题,及时发放低保救助资金,全年全市共发放城乡低保资金3.19亿元。逐年提高城乡低保标准,2019年城区城市低保标准为570元/月,比上年增长5.0%;农村低保标准为3800元/年,增长5.6%。全年投入医疗救助资金4982.47万元,资助救助城乡困难群众46180人次。开展贫困学生"圆梦大学"救助活动,妥善解决"5·18"地震1968户受灾群众住房问题。四是扶贫攻坚取得实效。通过产业扶贫、基础设施改善、就业创业专项指导等方式带动贫困人口实现脱贫增收,2019年,实现脱贫人口14031人,16个贫困村如期退出,长岭县贫困县"摘帽"通过市级初审认定。全市共立项建设肉羊、生猪、食用菌、牧草、万寿菊、蔬菜大棚、庭院经济、农机、光伏、乡村旅游等各类产业扶贫项目82个。

(二)现状格局

1. 综合经济竞争力下降幅度较大

2019年松原市经济发展保持了基本稳定,但增长幅度较上年出现了一定的回落,增幅下降了2.3个百分点,说明"一油独大"的单一经济结构抵抗外界环境变化风险的能力不足。松原市综合经济竞争力在全国排名第234位,较上年下降22位,处于全国的下游圈。影响综合竞争力的两个直接指标分别为经济密度指标和经济增量指标。经济密度指标表示单位区域空间面积上所创造的生产总值,同时也显示出城市单位面积上经济活动的效率和土地资源利用的程度。从经济密度指标来看,在全国排名第218位,在东北三省34个城市范围内,排名第14位,处于中游水平,在吉林省内位列第三,处于上游水平。从经济增量指标来看,全国排名第272位,在东北区域内排名第25位，在吉林省内位列第6，基本处于中下游水平。经济的增量不足对整体竞争力影响巨大。

表2　松原市综合经济竞争力及分项指数排名

年份	综合经济竞争力	排名			经济增量竞争力	排名			经济密度竞争力	排名		
		全国	东北	省内		全国	东北	省内		全国	东北	省内
2020	0.166	234	15	4		272	25	6		218	14	3

资料来源：中国社会科学院城市与竞争力指数数据库、吉林省社会科学院城乡发展指数数据库。

2. 可持续竞争力出现下降

可持续竞争力代表的是一个城市发展的潜力与后劲。通常通过一个地区的经济活力、环境韧性、社会包容、科技创新和全球联系等指标体现。松原市近几年一直改善环境建设，加大科技创新的支持力度，可持续发展的基础进一步夯实，在东北区域内具有极大进步，但效果与全国其他地区相比并不明显。2020年可持续竞争力在全国排第210位，没有保持住上升的态势，较上年下降了28位，从中位圈跌到下位圈。在东北区域范围内，排名第15位，前进10位；吉林省内排名第4，前进3位。从另一个角度也体现出整个东北地区的可持续竞争力均处于落后地位。从构建可持续竞争力的分项指标来看，经济活力和全球联系指标的落后严重影响了可持续竞争力的提升，这也说明经济活力不足和对外开放水平低已成为松原市经济发展的短板。

表3　松原市可持续竞争力及分项指数排名

指标	可持续竞争力			经济活力			环境韧性			社会包容			科技创新			全球联系		
	排名			排名			排名			排名			排名			排名		
	全国	东北	省内	全国	东北	省内	全国	东北	省内	全国	东北	省内	全国	东北	省内	全国	东北	省内
2020	210	15	4	276			232			235			230			244		

资料来源：中国社会科学院城市与竞争力指数数据库、吉林省社会科学院城乡发展指数数据库。

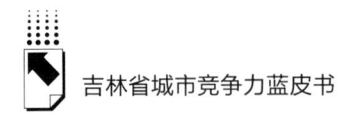

二 问题与不足

（一）产业结构亟须优化

2019年全市服务业占GDP比重为54%，三次产业结构为26.4∶19.6∶54。松原产业呈现"三一二"结构，产业结构不尽合理。主要表现在第三产业比重大但对地方税收的贡献度小，第二产业比重小却是地方税收的主要支撑。构成服务业的主体仍然是住宿餐饮，零售，房地产，居民服务、修理和其他服务业，文化、体育和娱乐业，教育，卫生、社会保障和社会福利业，公共管理和社会组织等生活性服务业，占比高达57.3%；而交通运输、仓储及邮政业，信息传输、计算机服务和软件业，金融业，批发业，租赁和商务服务业，科学研究、技术服务和地质勘查业等生产性服务业，占比仅为42.7%。现代服务业和新兴产业发展不充分，占比仅为35.8%，不能形成优势，增长潜力尚未充分释放，产业转型升级步伐亟待加快。

（二）经济发展活力亟待激发

经济活力是衡量一个城市经济发展是否健康、是否具有可持续性的重要指标。经济发展具有活力，既可以保证这个地区经济平稳健康发展，同时也可以促进经济发展质量的提高，增强其发展的可持续性。提升城市经济活力既需要优良的营商环境、健全的创新制度措施以及强大的青年人才聚集能力，更需要与经济发展质量相关的经济增长率和生产效率指标支撑。从全国排名看，2020年松原市经济活力指标排名第276位，基本处于全国后列。在东北三省位列第20，在省内位列第4。影响经济活力的主要因素在于"一油独大"的产业结构造成近些年来松原市经济增长缓慢，2015年松原市经济增长率开始下降，2018年出现转折上升，2019年又出现回落。而人才匮乏问题长期以来一直没有得到解决，青年人才回巢创业就业的比例较小。加快提升经济发展速度和质量仍是需要长期关注的重大问题，而出台更加具有含金量的人才政策吸引、培养、留住人才，是当前要解决的问题。

（三）生活环境亟盼改善

城市为人类生产和生活提供空间载体，也是创造精神和物质财富的场所。城市的功能随着城市的发展不断地提升和完善。而城市所提供的最基本的功能就是居住和生活，这其中包括气候条件、基本公共设施、居住场所和人居环境等多项维度。综合评价一个城市的生活环境，可以选取历史文化、医疗健康机构、气候舒适程度、环境污染程度、市民消费水平、居住成本等方面指标进行考量。2020年松原市生活环境指标全国排名第263位，在东北三省排名第24位，在省内排名第6位，均处于下游水平，这与松原市的基本公共服务设施、气候环境以及市民消费水平有很大关系。松原市冬季较为寒冷且时间长，气候条件稍显不足。松原市是一座具有深厚历史文化底蕴的城市，具有民族文化、草原文化、宗教文化、石油文化交融共生的典型特征，但缺乏先进的基础文化服务设施，区域内图书馆、科技馆、影剧院、文化馆等公共文化场所较少。医疗服务水平与人民群众的期望还有一定差距。今后需要补齐民生短板，进一步营造人民群众安居乐业的良好环境。

三 现象与规律

（一）当地要素优势需要进一步挖掘

当地要素指标主要包括一个区域的资源、资本、创新和人才等方面因素，同时也是构成一个地区综合经济竞争力的基本要件。通常可以利用资源条件、金融市场融资便利度、专利申请指数、青年人才比例指数、劳动力总数等指标衡量。2020年松原市当地要素指标全国排名第242位，在东北三省排名第24位，省内排名第5位，表现均不理想。松原市金融资源不够丰富，信贷设置门槛较高，民营企业融资较为困难，而通过资本市场进行融资的民营企业更为稀少，信贷融资便利度和资本市场融资便利度均较差。全年全市共申请专利946件，授权专利307件，专利申请水平极低，缺少科技创新活力。松原地处北纬45度的世界黄金玉米带、黄金水稻带，农业资源禀赋优良，素有"粮仓、肉库、鱼乡"之称誉，但目前还处于初加工阶段，农产品附加值较低，资源优势发挥不充分。随着消费结构的升级，绿色农业发展潜能得到充分释放。绿色生态是松原的家底，也是最大的优势，未来时期生态资源优势将成为驱动全市经济社会发展新的巨大的动力。

（二）全球联系需要进一步加强

全球联系指数体现的是一个城市的开放活跃程度与对外联系能力。在经济全球化背景下，一个地区的发展需要与外界建立广泛的交流，互通有无，进行资源、资本、人才、技术等多方面的交换与合作。全球联系指数通过航空联系度、网络热度、科研人员联系度、金融企业联系度、科技企业联系度和航运联系度等指标计算出来，既是综合竞争力的关键因素，也是可持续竞争力的分项指标。松原市是一个内陆城市，对外开放程度一直不高，2019年全市累计实现外贸进出口总值126831万元（人民币），比上年增长6.5%。其中，出口总值125799万元，增长8.8%；进口总值1032万元（人民币），下降70.1%。查干湖机场目前只开通国内航线，科研人员、科技企业和金融企业的对外联系度均不高。2020年松原市全球联系指数全国排名第244位，东北三省排名第27位，省内排名第7位。

四　趋势与展望

（一）创新驱动持续推进，经济动能将加快转换

科技创新是经济社会发展的第一推动力。近年来，从国家到地区都在大力实施科技创新驱动战略，加快提高科技创新能力，促进科技成果转化为生产力。科技创新指数是经济发展实力的体现，主要通过创新资源、创新环

境、创新服务和创新绩效四个指标计算得出。松原市高度重视科技创新和科技人才引进工作，积极开展引才引智活动，与科研院所、高等院校进行合作，成立高端智库和驻京、驻大湾区等地人才工作站，2019年成功举办院士专家松原行等活动9次，引进产业领军人才273人。加速科技成果转化，打造科技服务平台载体，建设完成吉林省科技大市场松原分市场。但由于财力有限，研发投入一直低于全省平均水平。2020年科技创新指数全国排名第230位，在东北三省排名第22位，省内排名第4位。未来时期随着科技创新生态的进一步优化，经济新动能转化将会加速，经济发展的后劲会显著增强。

（二）营商环境明显优化，经济潜力将充分发挥

营商环境包括硬环境与软环境。近年来，松原市高度重视交通基础设施建设，现已形成"水陆空"立体交通网络，境内有长西、长白乌、哈大等6条铁路干线和京哈、大广、珲乌等6条高速、14条国省公路干线，松原查干湖机场2017年正式通航，与北京、上海、青岛、大连等15个大中城市开通航线，松花江沿岸运输码头和渡口达17个，是东北地区重要的交通枢纽和物流集散地。2020年营商硬环境指数全国排名第202位，东北三省排名第24位，省内排名第6位。软环境是企业落户成长的有效肥料。松原市继续深化"放管服"和"只跑一次"改革，实施审批流程再造，确保3个工作日内可开办企业、50个工作日内完成一般投资项目施工许可、10个工作日内办结不动产首次登记。制定了《松原市深入推进民营经济大发展的若干规定（试行）》。积极开展银企保对接活动，为中小企业融资搭建平台。组织召开了"阳光农业绿色企业"、吉林银行服务小微企业政银企保融资对接推进会。30多家企业与银行达成贷款意向，协议金额达8000多万元。同时组织全市有融资需求的企业加入全省线上线下融资服务平台，实行动态管理和服务。营商软环境排名全国第241位，东北三省第19位，省内排名第5位。随着营商环境的进一步改善，经济发展的活力和潜力将会得到激发。

五　政策与建议

（一）确保经济稳步增长

一是确保工业经济平稳运行。突出抓好全市重点调度企业的预警监测和分析研判，提前调度，把握企业运行态势，针对企业生产经营中的问题和困难，提出科学可行的建议和意见，确保重点调度企业平稳增长。二是扩大工业经济增量。加大中小企业成长梯队培育力度，开展有针对性的入规升级指导，孵化培育成大规模企业，形成增量。三是推动民营经济发展。完善落实促进创业创新的若干政策，建立创业服务平台，鼓励和扶持各类人员自主创业，最大限度拓展创业空间。加大企业孵化基地、创业基地、大学生创业园等园区建设力度，丰富创业载体，形成集群效应。加大招商引资力度。依托资源条件、产业基础和劳动力优势，着力引进一批国内外知名的大企业、大集团和战略投资者。

（二）加快经济结构调整

一是加快调整产业结构。发挥油气开采、油气化工、农产品加工等工业产业经济发展主力军的作用，加快培育高新技术产业，积蓄发展新动能，尽快将全市经济结构由"三一二"调整为"三二一"。二是促进农村一二三产业融合发展。围绕农业的产前、产中和产后，加快发展农产品精深加工，生产销售服务、科技服务、信息服务和金融服务，建设农业综合信息网络，构建现代农业全产业链条。三是提高服务业的支撑能力。推动服务业向研发、设计、营销、物流等上下游延伸，大力发展生产性服务业。巩固提升商贸、物流、旅游等传统服务，利用先进信息技术提升服务能级和质量。加快发展家庭服务、健康服务、文化体育等功能性服务，大力发展电子商务、云计算、物联网等新兴服务业。

（三）提升对外开放合作水平

一是加强区域内经济合作协同发展。积极融入哈长城市群的大交通、大枢纽、大平台建设，充分发挥"金三角"黄金区位优势，利用地处中蒙大通道及哈长城市群向北延伸的重要交通廊道战略优势，依托松原国际物流大通道、经济开发区等载体，加强区域商贸物流协作，将其建设成为区域资源配置中心。主动接受长春、哈尔滨的辐射，不断增强区域城镇发展的关联度，形成与哈长城市群其他城镇的优势互补和联动、错位发展新格局，探索哈长城市群协同发展新路径。二是积极参与国际分工合作。加强"中蒙俄经济走廊"陆海丝绸之路经济带建设，大力实施"走出去"战略，构建外向型现代产业体系，深入推进对外开放合作，积极参与国际分工合作，打造"一带一路"我国北方对外开放合作的重要门户。

参考文献

1. 倪鹏飞主编《中国城市竞争力报告（No.18）》，中国社会科学出版社，2020。
2. 2020年松原市政府工作报告。
3. 《松原市2019年国民经济和社会发展统计公报》。

B.9
吉林省城市竞争力（四平市）报告

李 平[*]

摘　要： 四平市的经济社会发展取得新成果，经济总体运行平稳。在全力推进经济高质量发展、供给侧结构性改革、产业结构调整的新形势下，受国内外经济下行压力持续加大等多方面因素的影响，四平市综合经济竞争力与上一年相比有所下降，经济发展的质量和效率有待提升。四平市可持续竞争力发展水平居全国中上游，在省域内排名第三。未来，随着四平市加快推进产业转型升级，培育经济发展新动能、深入实施创新驱动发展战略、推动绿色发展、深化体制机制改革等，四平市的综合经济竞争力和可持续发展竞争力有望进一步提升。

关键词： 四平市　经济竞争力　可持续竞争力　科技创新

四平市位于吉林省的西南部，松辽平原中部，内蒙古、吉林、辽宁三省（区）的交界处，东北振兴哈大发展轴上，同时也是哈长城市群的重要战略支点。四平市因四战四平而闻名，素有"东方马德里"之称。四平市域总面积14382平方公里，现辖铁西区、铁东区、公主岭市（现由吉林省直接管辖）、双辽市、伊通满族自治县、梨树县，以及公主岭国家农业科技园区、公主岭经济开发区、辽河农垦管理区、四平经济开发区、四平红嘴高新技术开发区。

---

[*] 李平，吉林省社会科学院城市发展研究所助理研究员，研究方向为城市发展与产业经济。

2019年，四平市的经济运行总体保持平稳，在推进经济高质量发展、供给侧结构性改革、产业结构调整的新形势下，受到国内外经济下行压力持续加大等多方面因素的影响，四平市综合经济竞争力有所下降，在全国排第271位，处于全国中下游水平，与2018年相比下降42个位次。从经济增量竞争力和经济密度竞争力来看，经济增量竞争力在全国的排名为第286位，经济密度竞争力在全国的排名为第262位，均处于全国的中下游水平。四平市可持续竞争力发展水平居全国中上游，位列全国第50位，与2018年相比有所下滑。其中，人才增量竞争力在全国的排名为第134位，人才密度竞争力在全国的排名为第163位，在全国均处于中上游的水平。

表1 2019年四平市基本情况

项目	数据
土地面积(平方公里)	14382
总人口(万人)	318.2
GDP总量及增长率(亿元,%)	796.2;4.5
三次产业比重(%)	29.3:20.8:49.9

资料来源：《四平市2019年国民经济和社会发展统计公报》《吉林统计年鉴2020》。

一 格局与优势

(一)总体概况

2019年，在国内外经济下行压力不断增大的背景下，四平市通过不断深化体制机制改革，总体上实现经济平稳运行。2019年，四平市实现地区生产总值796.2亿元，与上一年相比增长4.5%。2019年四平市第一产业实现增加值233.6亿元，第二产业实现增加值165.8亿元，第三产业实现增加值396.8亿元，产业结构进一步优化，三次产业结构比重调整为29.3:20.8:49.9。四平市经济发展态势稳中向好，2019年四平市新建、续建5000万元以上的项

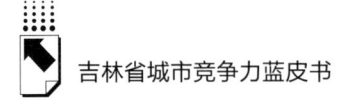

目达到151个，亿元以上项目106个，"项目建设年"攻坚行动取得显著成绩。2019年四平市全口径财政收入为105.2亿元，比2018年增长6.3%，地方财政收入为50.8亿元。2019年四平市城乡居民收入水平得以显著提高，城镇常住居民人均可支配收入达到28290元，比上一年增长6.7%，农村常住居民人均可支配收入为14803元，与上一年相比增长8.5%；在固定资产投资方面，2019年，四平市全社会固定资产投资比上年增长11.2%，全年完成房地产开发投资78.7亿元。2019年，四平市的万元地区生产总值能耗下降5.44%，经济的绿色发展能力有所增长。

2019年，四平市着力补短板强弱项，城乡面貌显著改善。市政基础设施不断完善，紫气大路立交桥、东风路立交桥建成通车。民生工程扎实推进，全力开展"走遍四平"环境整治，对各类的"城市病"进行重点整顿和治理，对各类"小广告"进行了集中清理，切实解决民生问题，新建和改建了一批水冲厕所，并修复了12万平方米的破损路面和人行步道，城市管理水平进一步提升。民生事业稳步实施，2019年四平市共发放养老金36.8亿元，整合了新农村合作医疗和城镇居民医保。与此同时，四平市在就业和脱贫攻坚方面也取得了较好的成绩，2019年四平市城镇新增就业3.2万人，开展脱贫攻坚"十大专项行动"，贫困发生率显著降低，由2015年的5.1%降至2019年的0.074%，35个贫困村退出。

（二）现状与格局

第一，综合经济竞争力有所下降，经济增量和经济密度表现不佳。2020年四平市综合经济竞争力指数为0.091，在全国291个城市中排名第271位，比上一年第229位下降42位，处于全国下游水平。四平市综合经济竞争力在东北三省34个城市中排名第27位，与上一年相比排名下降幅度较大。四平市综合经济竞争力在吉林省内8个地级市中处于下游水平，2020年排名第7位，与上一年相比下降2位。可见，四平市近年来的经济发展虽然取得了一定的成绩，但经济发展的质量和效率还不高，转变经济发展方式仍然是城市未来转型发展的重点方向。

2020年，四平市的经济增量竞争力指数为0.019，全国排名第286位，在东北三省排名第31位，在吉林省内排第8位，在经济增量竞争力方面表现相对较差。2020年，四平市经济密度竞争力指数为0.122，在全国排名第262位，在东北三省排名第26位，在吉林省内排第7位，与综合竞争力表现一致，同样处于全国下游水平。由此可见，在四平市的综合经济竞争力指标中，经济增量竞争力和经济密度竞争力指数和排名均表现不理想，未来仍需在总量和质量上继续提高。

表2　四平市综合经济竞争力指数及排名

年份	综合经济竞争力	排名 全国	排名 东北	排名 省内	经济增量竞争力	排名 全国	排名 东北	排名 省内	经济密度竞争力	排名 全国	排名 东北	排名 省内
2020	0.091	271	27	7	0.019	286	31	8	0.122	262	26	7

资料来源：中国社会科学院城市与竞争力指数数据库、吉林省社会科学院城乡发展指数数据库。

综合经济竞争力的分项指标包括当地要素、生活环境、营商软环境、营商硬环境以及全球联系5个指标。从综合经济竞争力的分项指标来看，2020年四平市当地要素指数为0.281，在全国排名第146位，位于中上游水平，其次是全球联系指数相对较好，在全国排第209位，处于中游水平，生活环境、营商软环境、营商硬环境三个指数的排名相对落后，分别位居全国第241位、第221位和第227位，处于全国的下游水平。由此可见，四平市在营商环境方面还要不断努力，为经济发展提供更好的软硬环境。

第二，可持续竞争力居全国中上游水平。2020年四平市的可持续竞争力指数为0.222，在全国排第150位，处于全国中上游水平。2020年四平可持续竞争力在东北三省34个城市中排名第10位，同样处于东北三省中上游水平。在吉林省8个地级市中排名第3位，仅次于长春市和吉林市。从人才增量竞争力来看，2020年四平市人才增量竞争力指数为0.332，在全国排第134位，在东北三省排第9位，在吉林省内排第3位，表现相对较好。从人才密度竞争力来看，2020年四平市人才密度竞争力指数为0.283，在全国排第163位，在东北三省排第12位，在吉林省内排第3位，同样也处于中上游水平。

表3 四平市可持续竞争力指数及排名

年份	可持续竞争力				人才增量竞争力				人才密度竞争力			
	指数	全国	东北	省内	指数	全国	东北	省内	指数	全国	东北	省内
2020	0.222	150	10	3	0.332	134	9	3	0.283	163	12	3

资料来源：中国社会科学院城市与竞争力指数数据库、吉林省社会科学院城乡发展指数数据库。

可持续竞争力包括经济活力、环境韧性、社会包容、科技创新、全球联系5个分项指标。从可持续竞争力的分项指标排名可以看出，四平市在科技创新和环境韧性方面表现较好，在全国分别排第119位和第121位，对四平市可持续竞争力的贡献较大。在科技创新方面，四平市主要是专利申请指数、学术论文指数以及科技企业指数表现较好。在环境韧性方面，四平市主要是交通便捷度、生态多样性、自然灾害指数等指标表现较好。四平市在全球联系方面表现一般，在全国排第209位，在经济活力和社会包容方面表现相对落后，在全国排名分别为第286位和258位。经济活力指标中，产权保护指数、青年人才比例指数、经济增长率、劳动生产率4个指标相对落后，是导致经济活力排名不高的主要因素。社会包容指标中，四平市的社会公平指数相对落后，在全国排第272位，是影响社会包容指数和排名不高的主要因素。

第三，四平市城市竞争力总体体现出以下几个特征：

一是四平市经济总体运行平稳。2019年面对极其复杂的国内经济发展形势，四平市坚持新发展理念，加快推动高质量发展，着力深化改革开放，全力化解经济社会发展中的各种困难，经济运行总体平稳，经济发展取得了一定进展。但是，2019年四平市实现地区生产总值796.2亿元，经济增速仅为4.5%，仍然处于较低的发展水平，低于同期全国平均GDP增速（6.1%）。同时，四平市的综合经济竞争力在全国的排名也有一定程度的下降，经济增量竞争力和经济密度竞争力在全国排名也处于中下游水平，这说明虽然四平市的经济运行保持平稳,但经济发展态势趋缓,经济发展的质量有待进一步提升,仍需进一步转变经济发展方式,培育经济发展新动能,提高经济发展速度和质量。

二是四平市可持续竞争力相对较好,处于全国中上游水平。四平市2020年可持续竞争力排名在全国处于中上游水平,在东北三省和吉林省内排名也处于上游水平,与综合经济竞争力相比表现相对较好。从可持续竞争力的分项指标排名可以看出,四平市在科技创新和环境韧性方面表现较好,在全球联系方面表现一般,在经济活力和社会包容方面表现相对落后。这与四平市加强污染防治、重视科技创新直接相关。在污染防治方面,2019年四平市全力推进辽河流域治理,连续三个季度位居全国地表水环境质量改善排行榜第一。在科技创新方面,2019年四平市向国家和省申报科技项目33项,列入国家和省科技计划15项,申请资金856万元。

三是四平市营商环境在全国排名不高。在营商环境建设方面,2019年四平市高度重视体制机制改革工作,努力营造良好的经济发展环境,其中"最多跑一次"改革在吉林省实施较早,处于领先行列,与此同时,在推进"多门变一门"和"三集中三到位"方面也取得了显著的成绩,实现了64个部门780个事项进驻四平市政务大厅,在一定程度上激发了四平市的经济发展活力。但是,从全国来看,四平市的营商环境指标表现并不太乐观,2020年四平市的营商软环境在全国排第221位,营商硬环境在全国排第227位,均位于全国中下游水平,在体制机制改革、激发经济发展活力方面未来还有较大的提升空间。

二 问题与不足

(一)综合经济实力有待提高,经济发展质量急需提升

2019年,四平市实现地区生产总值796.2亿元,人均地区生产总值24979元,远低于吉林省人均地区生产总值43475元的水平,这些指标在一

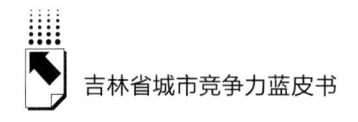

定程度上说明四平市的经济增速明显放缓，经济发展水平还不高。2020年四平市综合经济竞争力在全国291个城市中排名第271位，在东北三省34个城市中排名第27位，在吉林省内8个地级市中处于第7位，四平市的综合经济竞争力有待进一步提高。四平市要改变综合经济竞争力不断下降的趋势，必须加快转变经济发展方式、调整优化产业结构，从而推动四平市综合经济竞争力的提升。

（二）经济活力和社会包容指标表现不佳，制约可持续竞争力加快提升

在可持续竞争力的分项指标中，四平市的经济活力和社会包容两项指标表现不佳，在全国排名均处于中下游水平，成为制约四平市可持续发展的主要因素。2020年四平市经济活力指标在全国排第286位，处于全国下游位置。其中，产权保护指数、青年人才比例指数、经济增长率、劳动生产率排名均较靠后，导致经济活力指数和排名均不高，尤其是经济增长率在全国排第290位。四平的社会包容指标在全国排第258位，比经济活力指标排名表现略好，但仍处于全国下游的水平。四平社会包容指标中的社会公平指数、开放度指数排名较为靠后，是制约社会包容指数和排名提高的主要因素。因此，提高四平市经济发展活力，提高经济增长率，增强社会包容度，是进一步提升四平市可持续发展竞争力的关键所在。

（三）宜商城市指标表现欠佳，提升空间较大

2020年四平市的营商软环境指数为0.189，在全国排第221位，营商硬环境指数为0.216，在全国排第227位，均处于全国中下游水平。从四平市营商软环境各分项指数来看，产权保护指数在全国排第264位，大学指数在全国排第276位，是制约四平市营商软环境提升的两个主要因素。从四平市营商硬环境各分项指数来看，网络信息传输速度在全国排第275位，机场设施指数在全国排第288位，急需通过提升网速以及加快机场基础设施建设等提高营商的硬环境。四平市的营商环境和国内先进地区相比仍有较大差距，在营商环境建设方面还需要进一步加强，从而提高城市的宜商竞争力指数，为经济社会发展提供良好的营商环境。

三 现象与规律

（一）经济发展态势稳中向好，依然处于经济发展质量和效率提升的关键期

2019年四平市实现地区生产总值796.2亿元，比上年增长4.5%，工业总产值比上年增长3.7%，全社会固定资产投资比上年增长11.2%，经济发展态势稳中向好。但从2020年四平市的综合经济竞争力的表现来看，四平市综合经济竞争力指数为0.091，在全国291个城市中排名第271位，四平市的综合竞争力依然不强，未来综合经济竞争力提升还有很大的空间。此外，从综合经济竞争力指标的分项来看，四平市的经济增量竞争力在全国排名第286位，经济密度竞争力在全国排名第262位，排名均较靠后。这说明四平市经济发展方式转型升级还需要更多地努力，经济规模相对不大，产业结构性问题依然突出，未来的经济持续健康发展依然任重道远。未来，要深入推进供给侧结构性改革，加快产业转型升级步伐，推动新时代四平市全面振兴取得更大的突破。

（二）科技创新稳步推进，助力可持续竞争力实现提升

从2020年四平市可持续竞争力分项指标来看，四平市在科技创新方面的表现相对较好，在全国排第119位，对四平市可持续竞争力的提升贡献较大。从科技创新指数的具体指标来看，四平市主要是专利申请指数、学术论文指数以及科技企业指数表现较好。四平市高度重视科技创新工作，在集聚创新要素、激发社会创造力和发展活力方面取得了一定的成绩，为经济高质量发展提供了内在的核心动力。随着四平市创新驱动发展战略的持续深入推进，四平市在提高科技创新水平、自主创新能力，以及科技创新人才的培养

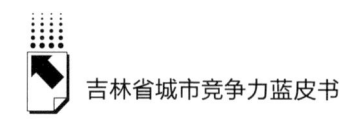

方面取得了一定的成绩，四平市的经济转型发展有望加快，可持续竞争力有望进一步提升。

（三）环境韧性表现较好，城市生活环境明显改善

从2020年四平市可持续竞争力的分项指标可以看出，四平市在环境韧性方面表现较好，在全国排第121位，同样对四平市可持续竞争力的贡献较大。在环境韧性方面，四平市主要是交通便捷度、生态多样性、自然灾害指数表现较好，分别在全国排第29位、第84位和第1位。表明四平市在城市建设和管理领域取得了较好的成绩，交通基础设施建设取得阶段性成果。2019年四平市重点道路、立交桥建设完成并顺利通车，城市地下综合管廊、河流综合整治等重点工程积极开展，"走遍四平"环境整治行动成效显著，对提升四平市居民生活的便捷度和满意度发挥了积极作用，城市生活环境得到了明显的改善，助力环境韧性指数和排名在全国处于上游水平。

四 趋势与展望

（一）深入推进产业转型升级，将稳步提高经济发展质量

四平市以创新为主线，深入推进产业转型升级，稳步提高经济发展的质量和效率。着力推进传统产业转型升级，提升食品加工、冶金建材、基础化工、特色装备等传统重点产业，逐步实施"传统产业+数字化"提升工程。大力鼓励和培育新兴产业发展，推进医药健康等战略性新兴产业加快发展，推进产业数字化转型步伐，推动"互联网+制造业"融合发展。随着大力发展现代物流、繁荣活跃"夜间经济"、探索培育"网红经济"、积极培育生态旅游等服务业，现代服务业产业体系正在加快构建，有望成为四平市新的经济增长点。未来，随着四平市深入推进产业转型升级，将稳步提高经济发展质量，进而进一步提升综合经济竞争力。

（二）创新能力持续提升，经济内生发展动力不断增强

四平市对科技创新高度重视，积极引导和鼓励各领域创新，加大科技成果的转化力度，积极与高校及科研院所合作，积极"走出去"引进先进的技术和管理经验，提升四平市的科技创新水平。四平市先后建成使用了吉林师范大学"双创中心"、吉林省换热系统中试中心、长春应化所创新中心等一批科技创新平台，中国农大梨树实验站等农业科技平台作用得以充分发挥，四平市的高新技术企业、省级科技小巨人企业增幅在省内处于领先地位，此外，7个科技成果转移转化中心也在四平落户，四平市的科技创新集聚效应不断释放，创新能力持续提升。随着上述各项工作逐步取得新进展以及更多的科技创新服务平台的建设，四平市整体创新能力、科技创新驱动经济发展的能力将显著增强。

（三）体制机制改革持续推进，营商环境有望优化

近年来，四平市高度重视体制机制改革，2019年持续推进"最多跑一次"改革，优化了行政审批手续，"放管服"成效显著，激发了经济发展活力，推进"多门变一门"和"三集中三到位"，大部分事项都实现了进驻四平市政务大厅，为企事业单位办理相关手续提供了便利。2019年，四平市圆满地完成了吉林省相关试点任务，如政务服务事项的梳理、工程项目审批制度改革等，并在吉林省内率先推进"无证明城市"改革，城市营商环境得以持续优化。2020年四平市城市信用排名在全国位列第28位，在东北地区位列第2位，在吉林省内位列第1位。随着四平市体制机制改革的深入，营商软硬环境有望进一步优化。未来，四平市仍将进一步优化经济发展相关制度环境。

（四）重视生态环境建设，环境韧性有望进一步提升

四平市作为国家级园林城市、国家级卫生城市和第一批国家生态文明先行示范区，一直高度重视城市的生态环境建设，在发展经济的同时十分

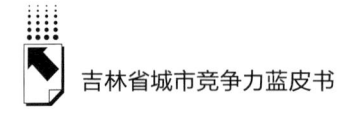

注重生态环境的保护和修复。近年来，四平市以东辽河流域治理为重点，全力开展整治流域的水污染问题，高质量整改了中央和吉林省环保督察反馈的相关问题，地表水环境质量得到了较好的提升，空气质量优良天数比例也较高，域内的生态环境质量取得较大的改善，森林覆盖率达到19.38%，为四平市的经济发展提供了良好的生态环境基础。未来，随着更多、更有力的生态环境保护措施的实施，四平市的生态环境将进一步好转，环境承载能力将明显增强，可持续发展竞争力中的环境韧性指标有望进一步提升。

五 政策与建议

（一）推进产业转型升级，加快构建现代产业体系

近年来，四平市主动承接吉林省"一主、六双"产业空间布局，着力稳定经济增长，促进产业转型升级，经济发展态势稳中向好。为持续推进四平市综合经济竞争力的稳步提升，四平市需要以全产业链的思维谋划产业发展，提升产业链的现代化水平，重点围绕现代农业、基础化工、食品加工、特色装备、冶金建材、医药健康、休闲旅游以及智慧物流八大产业建设产业园区，促进产业集群发展。同时，要注重培育经济增长新动能，加快培育生物技术、绿色环保、新能源等产业，推进人工智能、大数据与各产业的深入融合发展，提升四平市新动能产业发展的层级和影响力，形成支撑四平市高质量发展新的经济增长点。

（二）深入实施创新驱动发展战略，增强经济发展内生动力

四平市是全国首批创新驱动工程示范城市，社会多元主体的发展活力和创造力得到激发，创新驱动取得了一定成绩，未来仍需深入实施创新驱动发展战略。一是着力增强自主创新能力，实施科技型企业培育工程，以问题和需求为导向合理配置创新资源，加强与浙江大学、吉林大学以及重点科研院

所的深度合作，增强原始创新能力，培育一批高新技术企业和科技小巨人企业。二是要加快各类创新平台的建设，围绕四平市的主导产业，建设国家级实验室和研发中心。大力支持高新技术企业与高校、科研机构等开展行业共性技术研发，设立相应的科技创新中心与研发基地，为科技成果的转化和推广营造良好的环境。三是在吸引和留住人才方面，不断完善引进人才和留住人才的体制机制，为人才创新和创业提供较好的环境。同时，在培养人才方面也需积极探索，重点培养自身产业发展所需的专业技术人才。

（三）推动绿色发展，加快美丽四平建设

四平市未来仍需加快转变经济发展方式，以绿色发展作为经济发展的本底，注重产业的绿色生态化转型，构建绿色生态的产业发展体系，助力美丽四平的建设。首先，在水环境保护和治理方面，要加快推进辽河流域相关重点项目的建设进度，加快对市域范围内的重点流域水污染治理，着力改善区域水环境质量，力争在四平市全域范围消除劣Ⅴ类水体。其次，在大气污染治理方面，继续深入实施大气治理保卫战，在污染物的协同控制和区域协同治理方面全力探索有效的路径，力争在市域范围内基本消除重污染天气。最后，在加强生态保护和修复方面，大规模开展国土绿化行动，突出抓好"四边"（山边、路边、村边、水边）植树，建立生态保护红线监管制度，对生态系统保护的成效开展监测评估，保护生态环境。

（四）深化体制机制改革，持续优化营商环境

一个城市营商环境与地方经济的发展息息相关，较好的营商环境有助于吸引企业和人才参与城市的建设，激发城市的经济发展活力，从而对地方的经济发展起到促进作用。四平市未来要全面贯彻国务院《优化营商环境条例》，加大力度深化体制机制改革，进一步激发市场主体的活力。在政务服务改革方面，进一步优化行政审批手续，加快推动"最多跑一次"改革向基层延伸，全面推行"一件事一次办"。四平市要继续重视和鼓励民营企业发展壮大，制定完善的民营企业投资领域清单，尤其是在能源、交通等公共

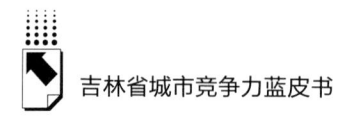

事业领域鼓励民营企业以合理的方式进入，拓宽民营企业的经营范围，大力促进民营经济发展。

参考文献

1. 倪鹏飞主编《中国城市竞争力报告（No.18）》，中国社会科学出版社，2020。
2. 倪鹏飞主编《中国城市竞争力报告（No.17）》，中国社会科学出版社，2019。
3. 《四平市2019年政府工作报告》，四平市人民政府网。
4. 《四平市2020年政府工作报告》，四平市人民政府网。
5. 《四平市2019年国民经济和社会发展统计公报》，四平市人民政府网。
6. 《吉林省2019年国民经济和社会发展统计公报》，吉林统计信息网。
7. 《四平市国民经济和社会发展第十三个五年规划纲要》，四平市人民政府网。
8. 《中共四平市委关于制定四平市国民经济和社会发展第十三个五年规划的建议》，四平市人民政府网。

B.10
吉林省城市竞争力（辽源市）报告

崔 巍*

摘　要： 2019年，辽源市的经济竞争力和可持续竞争力总体有所下降。辽源市的经济社会建设取得了新进展，但仍在产业升级、科技创新、营商环境、民生保障等方面存在问题和不足，需要着力促进产业转型升级，深化营商环境改革，推进创新驱动战略，持续改善民生福祉，从而增强辽源市的综合竞争实力。

关键词： 城市竞争力　科技创新　产业升级　经济活力　民生福祉

近年来，世界经济形势复杂多变、国内经济下行压力加大，经济社会发展面临多重挑战，辽源市委、市政府坚决贯彻落实党中央的重要指示与精神，严格按照省委省政府的部署展开全面工作，根据自身情况，持续推进新发展理念，实现经济转型与高质量发展，稳经济促发展，扎实做好"六稳"工作，积极推动"六保"任务，团结带领全市人民开拓创新，攻坚克难，经济发展提质增效，社会事业全面进步。

2019年以来，辽源市面对相对复杂多变的国内外经济与政治形势，经历了众多考验，实现了经济与社会的全面稳定发展，在一些领域取得了长足进展与突破，既实现了经济发展的路径突破，也逐步解决质量发展问题，同时，让民众的幸福感、安全感不断增强。辽源市牢牢把握发

---

* 崔巍，吉林省社会科学院城市发展研究所副研究员，研究方向为城市发展、科技创新。

展第一要务，以高质量发展为目标，全力提振实体经济。经济竞争力指数上升为0.187，列全国第223位、东北地区第18位、吉林省第3位。可持续竞争力指数为0.145，列全国第234位、东北地区第18位、吉林省第6位。

一 格局与优势

（一）总体概况

2019年是脱贫攻坚收尾，实现全面建成小康社会的重要年份，在这个特殊的历史时期，东北地区也不断进行着经济社会发展的调整，面对错综复杂的国内外形势和不断加大的经济下行压力，辽源市持续推进投资带动经济发展，加快科技成果转化与创新驱动步伐，坚持对外开放，不断完善产业链，提升产业基础带动能力，实现产业可持续发展与创新发展。扎实做好"六稳"工作，全市经济社会发展呈现平稳态势，全年实现地区生产总值410.38亿元，比上年增长2.0%。三次产业比重由2018年的7.4∶56.8∶35.8转变为2019年的9.8∶29.4∶60.8（见表1），第三产业比重已经超过一、二产业，二、三产业共同引领经济增长。辽源市面对经济下行压力，财政收入相对下降，出现一定的增长困难，但在省委省政府的正确领导下，切实保障了民生的发展，实现了一般公共财政的支出比上年增长9.8%。《辽源市2019年国民经济和社会发展统计公报》数据显示："全市固定资产投资（不含农户）比上年增长3.2%。从产业投资结构看，第一产业投资下降25.4%；第二产业投资下降20.9%，其中工业投资下降8.4%；第三产业投资增长20.6%。"辽源市加快推动产业结构调整，持续优化投资结构，2019年，辽源市实施促销费、稳增长，《统计公报》显示："全市城镇居民消费价格总指数为103.3（以上年价格为100，下同），价格水平比上年上涨3.3%。"总体而言，辽源市加快推进产业转型升级，投资和消费均保持稳步发展，共同推动辽源市经济实力稳定发展。

表1　2019年辽源市基本情况

项目	数据
土地面积（平方公里）	5140
总人口（万人）	116.5
GDP总量及增长率（亿元,%）	410.38,2.0
三次产业比重（%）	9.8：29.4：60.8

资料来源：《辽源市2019年国民经济和社会发展统计公报》《吉林统计年鉴（2019）》。

辽源市在创新能力、开放合作、乡村振兴、城乡面貌、环境治理、民生保障等方面均取得了长足进展，成为推动城市经济和可持续竞争力稳定发展的重要因素。一是创新能力显著提升。辽源市坚持以创新驱动高质量发展，大力提升技术创新能力，《辽源市政府工作报告（2019）》公布："辽源市持续推进产学研院企合作，加快科技成果持续转换，实现了68户重点企业与62个高等院校（所）合作，在此基础上逐步落实全省新科创中心的建设，已取得初步成效。在科技项目发展、国家高新技术企业认定、小巨人企业认定方面，都取得了新进展，分别实现了43个、7户与11户的突破。"二是开放合作不断扩大。加大招商引资力度，开展招商活动80余次，成功引进碧桂园等实力企业来辽源进行合作。把握全省"一主、六双"战略布局对辽源的利好，不断推进长春都市圈以及医药健康走廊建设的对接工作，实现区域联动与协同发展。在对外交流合作方面，不断开展与绍兴市的全方面多层次立体式交流与沟通，实现合作共赢。辽源海关如期开关，铝型材、袜制品、农产品国际国内市场占有率不断提高，占全市出口额的86%，在全省8个地级市中名列前茅，取得骄人成绩，进出口总额增速超过全省平均水平，突破12.5%。三是乡村振兴成效卓著。《辽源市政府工作报告（2019）》指出："实现粮食安全与稳定增长，粮食增产达到8%。农业产业化企业不断增加，特别是龙头企业的发展创新高，接近120户。东丰县被评为'国家农产品质量安全县'，东辽县获批建设'国家级现代农业产业园'。"四是环境治理深入推进。坚决扛起政治责任，上争下促，举全市之力整改生态环境突出问题，促进人与自然和谐发展。在河流治理方面取得明显进展，获得国

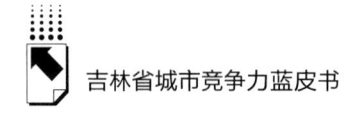

家黑臭水体治理示范城市称号。持续推进污染防治工作，针对河流与环境的生态修复工作也逐步复工，在环境治理方面实现了新的突破，河清断面主要污染物氨氮平均浓度同比下降55.5%。五是城乡面貌持续改善。《辽源市政府工作报告（2019）》数据显示：2019年，辽源市"社会治理方面，特别是城市治理、社会安全保障、刑事治安案件发生比例等方面，都取得了令人满意的效果，第四年获得全国社会治理创新示范市的称号。连续35年无重大森林火灾。辽源市还针对城市风貌、市容建设、交通秩序等方面进行专项治理。在城市和乡村同时开展违章建筑的拆除与人居环境治理工作，城市违建拆除接近240万平方米，完成8个国家级文明村镇建设，50个村被确定为省'百村引领、千村示范'村"。六是民生福祉明显增进。牢牢坚守以人为本的发展理念，不断加大对居民生活的保障力度，使百姓宜居安康，对城市有归属感，满意度提升。落实精准扶贫规划，为实现全面建成小康社会全力奋进，因地制宜，严格执行国家脱贫标准，坚决杜绝返贫现象，实施扶贫落地54项，实现贫困村脱贫10个，按计划完成任务。社会保障水平不断提升。城镇登记失业率为3.3%，推广医养结合养老模式，城区人均拥有养老床位数高于全国平均水平，成功入选国家级居家和社区养老的改革服务试点，提升养老服务水平。同时重视儿童的全面配套服务，完善幼儿园服务水平，提升普惠性幼儿园覆盖率，加大从业人员的管理监督水平。义务教育普及率达到100%，小学适龄儿童入学率和初中学生入学率达到100%，义务教育巩固率达到99.1%，初中毕业生升学率达到97%。完成了辽源市"全面改薄"规划项目。国家公共文化服务体系示范区创建扎实推进。

（二）现状格局

1. 经济竞争力有所下降

2020年，辽源市经济竞争力指数为0.187，实现逐年稳步增长，在全国排名第223位，与上年位次相比下降了28位，在东北地区及省内排名比较稳定，列东北地区第18位，与上年处于同一位次，列全省第3位，较上年下降一个位次，仍居省内前三名。从分项指数来看，辽源市的当地要素指数为0.134,列全国第250位,从全国范围来看排名位居中下游,列东北地区第25位,列吉林省第6位;生活环境数为0.250,列全国第259位,从全国范围来看排名在中下游区域,列东北地区第22位,列吉林省第5位;营商软环境指数为0.024,列全国第287位,从全国范围来看排名临近末端,列东北地区第33位,吉林省第8位,在东北地区和省内排名均靠后,从排名上看,营商软环境成为制约辽源经济竞争力发展的主要因素;营商硬环境指数为0.301,列全国第167位,列东北地区第15位,列吉林省第3位;全球联系指数为0.145,列全国第178位,列东北地区第13位,列吉林省第2位(见表2),从全国范围来看,辽源市营商硬环境和全球联系两项指标排名均在中游,在东北地区及省内排名均在上游。

表2 2020年辽源市经济竞争力及分项指数排名

年份	经济竞争力			当地要素			生活环境			营商软环境			营商硬环境			全球联系		
	全国	东北	省内	全国	东北	省内	全国	东北	省内	全国	东北	省内	全国	东北	省内	全国	东北	省内
2020	223	18	3	250	25	6	259	22	5	287	33	8	167	15	3	178	13	2

资料来源:中国社会科学院城市与竞争力指数数据库、吉林省社会科学院城乡发展指数数据库。

2. 可持续竞争力相对落后

如表3所示,2020年,辽源市的可持续竞争力指数为0.145,较上年有所下降,在全国排名第234位,与上年排名相比,波动较大,下降了49个位次,在东北地区排名第18位,较上年上升了8个位次,在吉林省排名第6位,较上年上升了1个位次。从分项指数来看,本年度,辽源市的环境韧性和全球联系表现出色,处在全国中上游发展位置,社会包容、经济活力和科技创新指数处在全国中下游发展位置,成为制约辽源市可持续竞争力发展的主要因素。其中,环境韧性数为0.420,列全国第125位,东北地区第11位,吉林省第2位;经济活力指数列全国第279位,列东北地区第23位,列吉林省第5位;社会包容指数列全国第270位,列东北地区第30位,列吉林省第 7 位；科技创新指数列全国第 278 位，列东北地区第 29 位，列吉林省第 7 位。

表3　2020年辽源市可持续竞争力及分项指数排名

年份	可持续竞争力			经济活力			环境韧性			社会包容			科技创新			全球联系		
	全国	东北	省内	全国	东北	省内	全国	东北	省内	全国	东北	省内	全国	东北	省内	全国	东北	省内
2020	234	18	6	279	23	5	125	11	2	270	30	7	278	29	7	178	13	2

资料来源：中国社会科学院城市与竞争力指数数据库、吉林省社会科学院城乡发展指数数据库。

总体来讲，辽源市的城市竞争力优势主要体现在以下方面。

第一，从辽源市的经济竞争力来看，虽然在全国的总排名有所下降，但是营商硬环境和全球联系度指数排名均表现良好，成为辽源市经济竞争力主要优势的体现。辽源市的营商硬环境指数表现优秀，在全国位列中游，居于全国第167位，其中，交通便捷度、自然灾害指数在全国排名表现突出，除机场设施指数因客观因素排名略有拖后外，电力充沛度、网络信息传输速度和航运便利度在全国排名均有不俗的表现，这都得益于辽源市在被国家确认为东北地区民营经济改革示范城市后，出台了一系列政策措施，不断深化"放管服"改革，持续改善营商环境，深入推进数字辽源建设，在智慧城市发展、数字政务增效等方面为辽源市良好的营商硬环境夯实基础，此外，在当地要素和生活环境指标中的"间接市场融资便利度"、"直接市场融资便利度"和"健体休闲设施指数"在全国城市排名中位列上游，尤其是生活环境指标中的"居住成本指数"位列全国第13位。这些指标都充分地体现了辽源市经济竞争力的具体优势。

第二，从辽源市的可持续竞争力来看，虽在全国排名相对落后，但环境韧性与全球联系度两项指标在全国城市排名中位列中游，也是辽源市可持续竞争力的优势体现。辽源市环境韧性指标表现出色，在全国城市排名中居于中上游，位列全国第125位。其中，交通便捷度、生态多样性、自然灾害指数三项指标居于全国领先位置，跻身全国前40名，分别列全国第7、24、

39位。电力充沛度、气候舒适度、环境污染度三项指标排名均位列全国中游区域。此外,辽源市的居住成本指数依然在全国领先,全国排名第13位。表明辽源市在宜居宜商环境方面优势显著,增加了辽源市可持续竞争力在环境韧性方面的优势。辽源市全球联系指标也在全国城市排名居于中游位置,列全国第178位,其中,科研人员联系度、金融企业联系度、科创企业联系度三项指标在全国城市排名中均居于上游区域。此外,"科技企业指数"、"产权保护指数"在全国排名中居于前列,可见,辽源市在创新合作方面也具有显著优势。

二 问题与不足

(一)营商软环境指数落后,营商环境有待进一步改善

在经济竞争力的分项指数中,辽源市的营商软环境指数严重落后,在全国、东北及吉林省的排名都临近末位,对经济竞争力的总体提升产生了制约作用。就具体数据而言,2020年,辽源市的营商软环境指数为0.024,在全国290多个城市排名中,列第287位,在东北地区排名第33位,距末位只有一位之差,在全省排名第8位,居于末位;从具体指标来看,辽源市的产权保护指数相对较高,列全国第103位,列东北地区第6位,列全省第2位。但市场化指数、经商便利度指数均排在全国第286位,大学指数、社会安全指数、开放度指数在全国排名均在中下游区域,表明辽源市在涉及营商软环境的多个环节,与其他城市有较大的差距,无论是投资融资方面,还是政策制定与城市发展环境,以及亲商和承诺方面,都有诸多可以持续完善与改进的指数,营商环境有待进一步改善。

(二)科技创新指数骤降,创新能力有待提升

2020年,辽源市科技创新指数骤然下降,导致可持续竞争力全国排名由上年的第185位骤降到第234位,下降了49个位次。辽源科技创新

指数为0.052，在全国290多个城市排名中，列第278位，排名接近末位，在东北地区排名第29位，临近末位，在全省排名第7位，离末位仅一步之遥。从具体衡量指标来看，除科技企业指数位列全国第73位，居全国上游位次外，专利申请指数、学术论文指数、大学指数、文化设施指数在全国排名均居于下游区域。近年来，虽然辽源市坚持以创新驱动高质量发展，大力提升技术创新能力，推进重点企业与高等院校（所）产学研合作，打造全省领先的创新中心与科创平台，实现资源共享；借助合作实现项目突破，在国家级与省级科技项目的申请方面取得进展，同时不断加速科技企业的孵化工作，实现科技成果高效快速转化，力争在科技研发、创新理念方面取得长足的进步，但是仍然存在创新驱动能力偏弱、科技创新投入不足、创新平台不强、创新主体不优等问题，制约着创新能力的提升。

（三）经济活力指数偏低，内生动力有待激发

在经济竞争力分项指数中，辽源市的经济活力指数在东北地区和省内排名居中游水平，但在全国排名临近末位。从分项指数来看，辽源市的产权保护指数表现较好，处于全国前中上游水平，在全国城市排名中位于第103位；青年人才比例指数和全员劳动生产率表现一般，处于全国中游水平，在全国城市排名均在200位以内，经商便利度和经济增长率表现最差，在全国城市排名中处于末端水平，分别列第286位和第276位。表明辽源市的地区生产总值不高，人均收入水平仍有待提升，并且青年人才也流失较多，经济结构不优，体制机制不活，内生动力不足，发展方式和质量效益还有待进一步提升；主导产业不强，特色优势行业不够突出，研发创新能力较弱，产业更新换代能力不足，行业产品质量效益不够均衡，在科技研发人才培养、品牌打造等方面仍然存在短板，产业链和集群竞争优势尚未有效形成，亟须着力提升相关要素表现，加快吸引高端优质要素汇聚，助力辽源市经济高质量发展。

三 现象与规律

(一) 生活环境和营商软环境薄弱,制约经济竞争力的提升

2020年,辽源市的综合经济竞争力指数为0.187,指数和排名均有所下降。从分项指数来看,辽源市的生活环境指数和营商软环境指数偏低,尤其是营商软环境尤为薄弱,成为导致经济竞争力下降的主要因素。近年来,辽源市财政收支矛盾突出,政府债务风险高位徘徊。据《辽源市2019年国民经济和社会发展统计公报》,2019年辽源市完成全口径财政收入32.21亿元,比上年下降9.2%。完成地方级财政收入17.46亿元,比上年下降2.1%。全年完成财政支出133.10亿元,比上年增长9.8%。虽然民生保障投入逐年增加,教育支出17.33亿元,增长2.3%;社会保障和就业支出30.47亿元,增长2.5%;卫生健康支出11.61亿元,增长4.0%。但是城乡建设、生态环保、民生改善、公共服务、社会治理等领域面临突出矛盾;营商环境、融资环境、政策环境、城市环境、干事环境与亲商安商的承诺仍有差距。破除制约经济竞争力的因素,仍要突破改善民生福祉、营商环境的瓶颈。

(二) 科技创新和经济活力落后,成为可持续竞争力的发展短板

2020年,辽源市的可持续竞争力指数下滑幅度较大,从分项指标来看,其短板主要是科技创新和经济活力。从科技创新方面来看,辽源市大力推进科技创新,取得明显的成效,《辽源市2019年国民经济和社会发展统计公报》显示,2019年共有43个项目列入省级科技计划,争取无偿资金2025.8万元。获省科技进步奖3项。拥有国家、省级科技企业孵化器(含众创空间)9个,省级产业技术创新战略联盟2个,省级高新技术特色产业基地(园区)3个,省级中试中心3个,省级科技创新中心4个。全市专利申请量512件,比上年增长38.4%;专利授权量207件,其中,发明

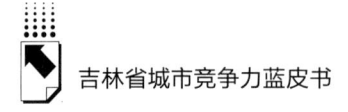

专利授权量30件；有效发明专利拥有量140件，比上年增长20.7%。争取省级专利资金补贴项39项。但在全国范围内，大学指数、专利申请指数、学术论文指数、文化设施指数仍然相对落后。可见，辽源市仍要持续加大推进科技创新的力度，弥补可持续竞争力短板。从经济活力方面来看，经商便利度和经济增长率相对落后，青年人才比例、劳动生产率也不占优势，辽源市也要从基础设施建设、优化产业结构等方面发力解决问题，补齐可持续竞争力的短板。

四 趋势与展望

（一）产业结构日益优化，经济高质量发展呈加速态势

近年来，在工业发展方面，辽源市不断加快工业转型升级步伐，形成"2115555"产业发展格局。实施工业稳增长专项攻坚，产值增量超千万元企业达到19户。实施民营经济三年腾飞计划和中小企业成长计划，民营经济增加值占GDP比重达58.6%，辽源市被国家四部委确定为"东北地区民营经济发展改革示范城市"。在农业发展方面，辽源市不断完善农业三大体系，实现农业农村现代化，高标准农田占全市耕地面积的比重达到30%，粮食生产能力稳定在30亿斤阶段性水平，单产水平多年位居全省前列。科技支撑能力和农机装备水平显著提高，农作物耕种收综合机械化率达到87.5%。农业产业化水平不断提高，农业产业化龙头企业发展到119个，农民专业合作社发展到3219个，农业产业园区发展到210个。东辽县获批建设国家级现代农业产业园，被认定为全国农村一二三产业协同先导区。中德东辽河现代农业示范区辐射带动作用日益增强。在服务业发展方面，辽源市不断增强内生动力，服务业投资年均增长20%以上，旅游总收入年均增长25%。在其他新兴业态方面也取得一定进展，积极推进电商和品牌线上运营与本土优势企业结合发展，农村电商服务站覆盖率达到70%，电子商务交易额超过10亿元。总体来看，辽源市产业转型取得实

效。经济质量效益明显提高，产业结构进一步优化，经济将步入高质量发展轨道。

（二）营商环境建设不断完善，有望引领经济竞争力重新崛起

2020年，辽源市的经济竞争力下滑明显，营商软环境和生活环境是主要制约因素。从当地要素、生活环境、营商软环境、营商硬环境、全球联系这5项分项指数来看，营商软、硬环境在经济竞争力评价指标中占2项，可见，营商环境是衡量一个城市经济竞争力的最关键因素，辽源市营商软环境排名落后，营商硬环境指数表现出色，意味着辽源市经济竞争力具备较大的提升空间。近年来，辽源市被国家确认为东北地区民营经济改革示范城市后，出台了一系列政策措施，不断深化"放管服"改革，持续改善营商环境，推行多元亲商举措。"最多跑一次"事项达到92.4%，网上办事率达70%。企业开办时限压缩至1个工作日以内，网上办事率达70%，审批环节精简36.2%。随着辽源市加速推进构建市场化、法治化、国际化营商环境，以营商环境为重点，努力构建有利于振兴发展的体制机制，谋划实施综合配套改革，加强有效政策供给，将充分激发市场主体活力，引领辽源市经济竞争力重新崛起。

（三）创新驱动加速推进，或将重塑可持续竞争力优势

2020年，科技创新指标乏力，成为辽源市可持续竞争力大幅下降的绝对因素。近年来，辽源市作为全国首批资源枯竭城市经济转型试点市，不断调整产业结构、实施创新驱动战略，发展重点由原来的"六大接续替代产业"调整为农产品深加工、装备制造两大主导产业和高精铝、纺织袜业、医药健康、蛋品加工、新能源五个特色优势产业，推动经济高质量发展。逐步构建了城市可持续发展的动力。《中共吉林省委关于制定吉林省国民经济和社会发展第十四个五年规划和二〇三五年远景目标的建议》中明确指出，"深入实施创新驱动发展战略，激发振兴发展内生动力"，在今后的发展中创新驱动是第一要务。发展动能不断转化，经济增长的动力正从要素驱动、

投资驱动转向创新驱动，辽源市要打造未来发展新优势，必须大力推动科技创新，加快关键核心技术攻关。在关键产业领域创新取得实质性突破，自主创新能力和经济增长的科技含量明显提高，科技成果转化水平、高技术产业产值占工业比重和科技创新对经济增长的贡献率稳步提高，全面加快创新型城市建设，以创新为经济发展的主要驱动力，必将重塑可持续竞争力优势。

五 对策与建议

（一）促进产业转型升级，构建高质量发展新动力

近年来，辽源市产业转型取得实效。经济质量效益明显提高，但在全国城市竞争力的主要指标仍相对落后，辽源的经济发展仍存在经济结构不优、主导产业不强、质量效益不高、产业基础薄弱等短板，产业链和集群竞争优势尚未有效形成，发展方式和质量效益还有待进一步提升。亟待促进产业转型升级，构建经济发展的新优势。首先，全力促进工业转型升级，从供给侧入手，厚植产业根基，突出发展实体经济，优化"2115555"产业布局，以经济的可持续发展与高质量发展为核心，加快产业布局，结合全省的战略进行有效衔接，实现多业并举协同发展，多点联合支撑，多元化精细化创新化发展。不断完善产业布局，特别是注重基础能力和全产业链水平为主攻方向，以项目为支撑，以创新为驱动，加快补链扩链强链，推动产业不断向更高级、更集群、更链条的方向持续迈进，夯实工业发展基础，培育发展新动能，拓宽第二产业的新空间与业态，实现绿色发展、可持续发展的产业转型与新的产业体系建设。其次，针对农业发展要不断寻求新突破，不断转变思路，开拓进取，全力巩固农业基础地位，实施乡村振兴战略，以实现农业农村现代化为目标，立足东辽河源头、长白山余脉、低山丘陵、寒地黑土等自然条件，统筹推进农业生态化、生态产业化，最终实现农业高质量发展，实现农业现代化，完成以现代都市型农业产业体系为核心的、立体的农村

生产经营与产业构建体系的整合发展，全面提升农民的生产生活质量，提升农产品质量与安全保障，加快农业质量与效益的双重发展。不断拓展新的发展方式，推进农村三产融合发展，积极催生农业发展新业态。最后，全面提升服务业发展水平。专业化发展生产性服务业，品质化提升生活性服务业。发挥市场机制作用，激发服务业发展活力，强化特色优势，拉伸发展短板，培育新兴业态，加快推进服务业重点领域发展，全面提升现代服务业发展水平。

（二）深化营商环境改革，激发经济发展新优势

目前，辽源市的营商软环境落后，导致经济竞争力排名下滑，要提升辽源市的经济竞争力，最关键的任务就是深化推进营商环境改革，进一步优化营商环境，扩大开放合作，激发经济发展新动能。一是进行专项行动，围绕城市营商环境进行集中治理，特别是针对办事流程、服务效率、办事时效等方面，进行全面改革，促进企业开办、注销等业务提质增效。实行"一张图合规性审查"，建立区域评估制。完善"数字政府"体系，深化"最多跑一次"改革。二是拓展开放合作广度。深化多层次区域合作，围绕东北振兴战略、产业基础再造工程、地方政府专项债券等政策，融入"一带一路"建设、"一主、六双"产业空间布局等区域发展战略。强化与京津冀、长三角、粤港澳大湾区等区域合作，全力抓好战略对接。积极寻求与绍兴市等发达地区的产业契合点，推进纺织袜业、新能源汽车产业、绿色食品业、浙商工业园、职业教育等与绍兴加强对口合作。三是加大招商引智力度。跟踪市场走向、产业方向、资金流向、企业动向，建渠道、搭平台、找伙伴、结对子，全力抓好市场对接，同时在人才引进，技术流通等方面进行一体化的政策引领，加强人才招揽与优质企业招商两手抓，不断完善辽源市的营商软环境、人才生态环境与企业驻留环境。

（三）推进创新驱动战略，培育可持续发展新动能

近年来，辽源市坚持以创新驱动高质量发展，不断增强创新能力，但科

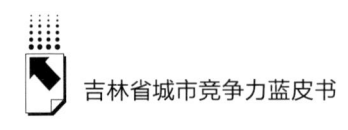

技创新指标排名相对落后，仍然是制约可持续竞争力提升的主要因素。因此，辽源市亟待以智慧辽源为引领，集成各类创新资源，围绕"2115555"产业格局部署创新链，优化配置创新资源，建立创新生态系统，促进产业链、创新链、资金链三链融合。一是推动协同创新体系建设。强化"产学研"深度融合协同发展，不断更新科创理念，完善科创政策体系的可持续支撑，同时实行科创财政补贴和投入增长机制，不断针对企业的研发投入进行政策与资金的引导。二是推进创新资源共享。依托省级中试中心等创新平台，争取国家和省级重大科技专项。争取国家战略性新兴产业发展基金、先进制造产业投资基金。三是加快重点领域创新。推动产业基础高级化，集中力量突破创新瓶颈，打造高精铝、新能源等高新技术产业基地。把企业研发与产业技术升级提升到相当高度，加快制造业技术改造和设备更新。四是推进重点产业数字化转型。着眼于解决企业产业低端、供需脱节问题，以智能升级引领产业链创新，加快传统制造业数字化转型。围绕重点产业集群构建新型智能网络，推进数字技术普及应用，聚焦智能制造、互联互通、技术创新、模式创新等，引领"2115555"产业与5G、区块链、大数据、人工智能等深度融合。五是集聚创新创业人才。以企业发展需求为导向，实行多层次引才方式，深化产教融合，推动人才链、教育链与产业链、创新链有机衔接。打造"大众创业、万众创新"升级版，创造拴心留人好环境。

（四）持续改善民生福祉，构筑和谐宜居生活城市

从经济竞争力和可持续竞争力来看，辽源市涉及民生福祉问题的"社会包容"指标和"生活环境"指标并不算优秀。近年来，辽源市不断加大民生投入，提升社会保障水平，不断提升广大群众获得感和幸福感，但仍需在基础设施建设、生态环境等方面持续改善。一是加强基础设施建设，构建现代综合交通运输体系，完善城乡一体的公共基础设施，强化能源供应保障。二是推进"绿色辽源"建设，构筑绿色可持续的生态宜居新城。同时树立生态文明理念，普及环境污染防治与生态文明建设的知识，加强宣传与科普，统筹生产、生活、生态三大空间，实施留白增绿战略，建设一系列环

境保护工程项目，放大政策的"共振"效应，加快推进生态产业化、产业生态化，推动生产方式和生活方式绿色化，建设天蓝地绿水净的美丽辽源。三是进一步完善社会保障体系。加强劳动就业保障。健全社会保险制度。完善基本社会服务。完善扶困救助、养老服务、健康惠民、教育医疗等惠民措施，增加公共服务的品类，提高服务质量，提升居民的幸福感，提高生活品质，增加居民收入，维护社会和谐，增进人民福祉，使人民有更多获得感。四是健全社会治理体系，完善社会治理、社会信用、公共安全、民主法治体系。立足打造共建共治共享的社会治理格局，统筹推进法治辽源、平安辽源、诚信辽源建设，形成和谐包容新局面。

参考文献

倪鹏飞主编《中国城市竞争力报告（No.18）》，中国社会科学出版社，2019。

《牢记"新担当、新突破、新作为"重要使命以高质量发展开启辽源现代化建设新征程》，辽源市人民政府门户网站，http：//www.liaoyuan.gov.cn/xxgk/dtxw/zwlb/zwyw/202101/t20210104_535443.html。

《辽源市2019年国民经济和社会发展统计公报》，吉林省统计局，http：//tjj.jl.gov.cn/tjsj/tjgb/ndgb/202012/t20201211_7821236.html。

《辽源市政府工作报告（2019）》，辽源市人民政府官网，http：//www.liaoyuan.gov.cn/xxgk/zwxxgkfl/gzbg/202001/t20200116_417753.html。

崔岳春、张磊主编《吉林省城市竞争力报告（2018~2019）》，社会科学文献出版社，2019。

崔岳春、张磊主编《吉林省城市竞争力报告（2019~2020）》，社会科学文献出版社，2020。

B.11
吉林省城市竞争力（通化市）报告

徐 嘉[*]

摘 要： 2019年是深入推进脱贫攻坚与乡村振兴的一年，受国内外经济社会环境的影响，通化市面临更为严峻的经济下行压力，全市凝心聚力、攻坚克难，继续深化体制机制改革，稳中求进，稳中求变，全力促就业，谋发展，寻求发展经济新增长点，在城市竞争力的可持续竞争力分项指标上有所突破，但在经济竞争力方面仍任重道远。

关键词： 通化市 城市竞争力 综合经济竞争力 可持续竞争力

2019年通化市总人口达到214.74万人，相比上一年度减少了1.20万人，城镇化率达到51.61%，继续维持在一个相对高的城镇化发展状态，全市总面积1.56万平方公里，辖7个县（市）区和1个国家级医药高新区、5个省级开发区。作为吉林省重要的向南开发开放窗口，通化市一直肩负着对接经济合作的重任，无论是省内对接长春现代化都市圈，还是省外对接"白通丹"经济带、辽宁沿海经济带，更是作为鸭绿江国际经济合作带核心区，在区位上具有极大发展潜力，同时在加快对外合作开发开放方面具有一定优势。2019年以来，面对日益严峻的经济发展形势和经济下行压力，通化市在稳定经济平稳运行的基础上，加大民生建设投入，关注社会稳定与民生福祉，强化供给侧结构性改革，不断做

---

[*] 徐嘉，吉林省社会科学院副研究员，研究方向为区域经济、城市发展。

大做强优势产业,营造良好的创新创业氛围,为继续稳经济、促民生打下坚实基础。

表1 2019年通化市基本情况

项目	数据
土地面积(平方公里)	15612
全市总人口(万人)	214.74
GDP总量及增长率(亿元,%)	725.8,4.3
三次产业比例(%)	10.4∶32.0∶57.6

资料来源:《通化市2019年国民经济和社会发展统计公报》。

一 格局与优势

(一)总体概况

2019年通化市经济社会整体运行较为平稳,呈现稳中有进、供给侧改革扎实推进的良好局面。实现地区生产总值725.8亿元,比上年增长4.3%,增速比上年提高0.9个百分点。一、二、三产业对经济增长的贡献率分别为3.4%、38.4%、58.2%。三次产业比例由上年的8.5∶38.7∶52.8调整为10.4∶32.0∶57.6,产业结构逐步优化。全年人均地区生产总值为33702元,比上年增长4.9%。全市完成地方财政支出267.3亿元,同比增长7.5%。全年财政支出用于民生方面的投入222.7亿元,同比增长7.4%。其中,教育支出、社会保障和就业支出以及农林水支出仍为主要支出,同比增长1.9%。完成全社会固定资产投资372.2亿元,比上年增长10.9%。全市实现社会消费品零售总额445.4亿元,比上年增长3.0%,消费市场总体相对稳定。在社会发展方面,通化市城镇常住居民人均可支配收入28394元,比上年增长5.6%;农村常住居民人均可支配收入13497元,比上年增长8.6%,农村高于城镇3.0个百分点。社会保障体系进一步完善,全市企业职工基本养老保险覆盖人数达到61.3万人,比上年增长3.2%。在公共

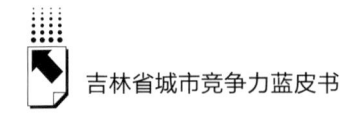

服务方面也有一定进步,共有艺术表演场所8个、艺术表演团体6个、群众艺术馆2个、文化馆10个、公共图书馆8个、图书馆藏书103.4万册。扶贫攻坚行动取得成效,全年实现减贫4267人、退出贫困村18个。通化市在民生福祉、公共文化、卫生、医疗、教育服务等方面下足了功夫,使民生得到了改善,实现了全社会稳定健康发展。

(二)现状格局

1. 综合经济竞争力表现呈现下降趋势,经济下行压力较大

根据表2数据,通化市经济下行压力较大,无论是经济密度竞争力还是经济增量竞争力都不容乐观。这与近两年东北地区的经济社会发展环境息息相关,也不是短时期能够改变的,只能加快转变经济增长方式,加快供给侧结构性改革。2020年由于中国城市竞争力报告的测算指标选取发生了一些变化,因此指数数据和往年相比稍有差异,但整体反映地区城市竞争力强弱变化与排名情况还是相对客观的。2020年通化市的综合经济竞争力指数为0.134,比上年度高0.046,有所提升,但从排名来看,无论是全国、东北,还是吉林省内,排名停滞不前甚至下降,这表明综合经济竞争力在全国总体表现一般的前提下,通化市并未取得太大进展。在全国291个城市中排在第249位,处于下游水平;在东北34个城市中排在第20位,居于中游水平;在省内8个城市中,与上年持平,均位列第6位。进一步分析综合经济竞争力可以发现,经济增量竞争力,吉林省整体表现一般,通化市则较上年下降了25位,在东北也下降了10位,在这种情况下,居然在省内上升了1位,可见近年来吉林省经济增量增长相对困难。根据表3数据,2020年中国城市竞争力报告在指标体系的设计中,针对经济竞争力设计了当地要素、生活环境等5个分项指标,可以更加全面地展示城市经济竞争力的发展情况。通化市在生活环境分项指标上表现较为优异,指数为0.305,在全国排名第215位,在东北三省排在第18位,在省内尤其突出,排在第3位。生活环境指标由历史文化指数等8个二级指标构成。可以发现,这些指标从医疗、文化、健康、体育、居住、环境等多方面进行衡量,基本涵盖了之前宜居城市指标体系的大

部分指标,证明通化市过去一年在关注市民生存质量与生活服务方面取得了令人满意的成绩。其中较为突出的是居住成本指标,房价收入比为0.953,排名全国第99位。气候舒适度指数0.749,排名全国164位,而吉林省其他7个城市的这项指标均排在200位之后。同样优秀的还有环境污染度指数为0.236,排在全国第145位,也领先多个省内城市。在其他经济竞争力分项中,当地要素和营商硬环境2项均在省内排名第4位,在东北三省也处于中游水平,当地要素指标相对反映的是城市人才、劳动力以及资本与科研等要素分配情况;营商硬环境则反映了城市的基础设施建设情况,主要包括交通便捷程度、电力及信息网络传输情况、航运情况等。这两个方面表现处于中等水平,表明通化市在经济建设的硬实力和软实力方面,都具备较为成熟的营商环境与投资环境,有利于招商引资,引进人才,创新创业发展。

表2　2020年通化市综合经济竞争力及分项指数排名

年份	综合经济竞争力	排名 全国	排名 东北	排名 省内	经济增量竞争力	排名 全国	排名 东北	排名 省内	综合效率(密度)竞争力	排名 全国	排名 东北	排名 省内
2020	0.134	249	20	6	0.043	268	23	5	0.164	239	17	6

资料来源:中国社会科学院城市与竞争力指数数据库、吉林省社会科学院城乡发展指数数据库。

表3　2020年吉林省各城市经济竞争力分项指标

城市	经济竞争力 指数	排名	当地要素 指数	排名	生活环境 指数	排名	营商软环境 指数	排名	营商硬环境 指数	排名	全球联系 指数	排名
长春	0.411	60	0.527	25	0.382	144	0.631	27	0.439	78	0.495	36
吉林	0.212	209	0.443	44	0.428	110	0.490	52	0.344	140	0.170	144
四平	0.091	271	0.281	146	0.277	241	0.189	221	0.216	227	0.121	209
辽源	0.187	223	0.134	250	0.250	259	0.024	287	0.301	167	0.145	178
通化	0.134	249	0.194	213	0.305	215	0.072	280	0.291	173	0.029	283
白山	0.156	241	0.059	282	0.111	284	0.274	151	0.268	199	0.144	179
松原	0.166	234	0.153	242	0.241	263	0.163	241	0.263	202	0.089	244
白城	0.077	277	0.103	264	0.079	287	0.066	281	0.136	270	0.121	208

资料来源:中国社会科学院城市与竞争力指数数据库、吉林省社会科学院城乡发展指数数据库。

表4　2020年通化市经济竞争力分项指标

城市	经济竞争力 全国排名	东北排名	省内排名	当地要素 全国排名	东北排名	省内排名	生活环境 全国排名	东北排名	省内排名	营商软环境 全国排名	东北排名	省内排名	营商硬环境 全国排名	东北排名	省内排名	全球联系 全国排名	东北排名	省内排名
通化	249	20	6	213	22	4	215	18	3	280	29	6	173	16	4	283	32	8

资料来源：中国社会科学院城市与竞争力指数数据库、吉林省社会科学院城乡发展指数数据库。

2. 可持续竞争力出现下行趋势，环境韧性竞争力相对较好

2020年通化可持续竞争力排名结果显示，可持续竞争力的指标体系，特别是分项指标和第三级指标选取，都发生了变化，变成了经济活力、环境韧性、社会包容、科技创新和全球联系，其中经济竞争力里面也包括全球联系，这个指标是经济竞争力与可持续竞争力的共同参考指标。但相较经济竞争力来看，通化市可持续竞争力表现更为低迷，排名出现较大降幅。其中部分原因是受到指标体系改变的影响，但其他共性指标也反映了可持续竞争力整体相对落后的情况，全国排名从第83位下降到第221位，在东北三省的排名也从第9位下降到第17位，省内排名下降2位，位列第5。可持续竞争力指数为0.159，远低于上年的0.339。从可持续竞争力分项指标看，排名相对乐观的是环境韧性竞争力，指数为0.381，全国排名第149位，东北三省排名第12位，省内排名前3位，其他均乏善可陈。分别是经济活力指标全省排名第7位，科技创新指标全省排名第6位，社会包容和全球联系指标，全省排名第8位。以上各项指数在全国排名均在200位以后。通过分析指标体系，表现尚可的环境韧性指标体系的二级指标包含了交通便捷、电力充沛、生态多样性、环境污染度和自然灾害指数，这些与经济竞争力中的营商硬环境和生活环境有较大交叉，而通化市的经济竞争力指标中，也同样是生活环境与营商硬环境指标表现良好，所以互为佐证，再次证明通化市过去一年在宜居环境、生态建设、民生保障、公共服务等方面表现良好，取得了满意成效。表现最为薄弱的社会包容和全球联系指标，分别对应的是社会开放与公平安全指标以及企业联系金融企业联系度和网络热度指标。三级指标显示，影响社会包容分项的主要是社会安全指数（0.474，全国排名第273位）和开放度指数（全国排名第227位）。影响全球联系分项的三级指标分别是航空联系度指数0.010，全国排名第274位，网络热度指数0.212，全国排名第267位。在一定程度上说明了通化市要想提升可持续竞争力指数与排名，需要在开放招商力度、网络影响力与营销力度、城市安全环境等方面多做一些有针对性的努力。

表5　2020年吉林省城市可持续竞争力指数全国排名

城市	可持续竞争力 指数	排名	经济活力 指数	排名	环境韧性 指数	排名	社会包容 指数	排名	科技创新 指数	排名	全球联系 指数	排名
长春	0.411	44	0.474	66	0.290	224	0.742	28	0.565	21	0.495	36
吉林	0.258	115	0.212	251	0.181	273	0.706	35	0.491	31	0.170	144
四平	0.222	150	0.062	286	0.425	121	0.248	258	0.207	119	0.121	209
辽源	0.145	234	0.088	279	0.420	125	0.224	270	0.052	278	0.145	178
通化	0.159	221	0.056	288	0.381	149	0.223	271	0.098	238	0.029	283
白山	0.131	245	0.229	244	0.154	279	0.495	95	0.049	282	0.144	179
松原	0.171	210	0.114	276	0.274	232	0.291	235	0.107	230	0.089	244
白城	0.087	265	0.040	290	0.040	289	0.285	243	0.102	234	0.121	208

资料来源：中国社会科学院城市与竞争力指数数据库、吉林省社会科学院城乡发展指数数据库。

表6　2020年通化市可持续分项指标

城市	可持续竞争力 全国排名	东北排名	省内排名	经济活力 全国排名	东北排名	省内排名	环境韧性 全国排名	东北排名	省内排名	社会包容 全国排名	东北排名	省内排名	科技创新 全国排名	东北排名	省内排名	全球联系 全国排名	东北排名	省内排名
通化	221	17	5	288	31	7	149	12	3	271	31	8	238	25	6	283	32	8

资料来源：中国社会科学院城市与竞争力指数数据库、吉林省社会科学院城乡发展指数数据库。

3. 综上，分析数据指标可总结通化城市竞争力整体表现

首先，经济社会大环境决定了经济增量与经济增长率持续走低，维持稳中前行的局面实属不易，通化市积极升级传统优势特色产业，积极开拓增长

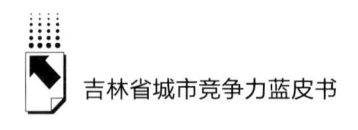

新动能，取得初步成效，后续表现看好，随着营商软环境和全球联系的改善，通化市的经济竞争力会有长足提升。

其次，可持续竞争力也受到经济竞争力的影响，特别是新调整的指标体系涵盖了经济活力等因素，因此，经济竞争力表现低迷，也间接导致了可持续竞争力的排名大幅度下降。但同时指标客观反映了通化市在民生社会发展与公共服务事业等方面取得了长足进展，后续在科技创新与社会包容及全球联系等指标体系上进行深入细致的工作，可持续竞争力的提升还有很大空间。

二 问题与不足

（一）经济增长内生动力较弱，总量增加难度大

通化市经济竞争力反映在经济增量上无论是指数还是排名都较低，经济增量竞争力指数0.043，在东北排在第23位，在全省排第5位，在全国排名较上年度下降5位，经济下行趋势较为明显。2019年，通化市实现地区生产总值725.8亿元，实现全口径财政收入103.2亿元，增速比上年回落8.1个百分点。税收收入33.5亿元，同比下降10.8%。全市外贸进出口总额为27.5亿元，比上年下降20.3%。其中，实现进口总额18.9亿元，比上年下降17.5%；实现出口总额8.7亿元，比上年下降25.0%。三次产业比例由上年的8.5∶38.7∶52.8调整为10.4∶32.0∶57.6，产业结构逐步优化。但与全省第三产业特别是服务业发达城市相比还存在差距。特别是全市医药、食品、冶金三大行业实现增加值134.5亿元，同比增长0.7%，三大行业占全市规模以上工业增加值的比重为80.9%。通化市文化、教育、体育、卫生等公共服务业的比重较小，影响了城市整体服务功能的完善和提升。通化市的经济结构调整一直在进行，每年都有新进展，但转变经济增长方式是一个长期过程，尤其伴随着近年来国际国内经济形势的影响，进出口贸易受到较大冲击，财政收紧，各地招商引资难度加大，要不断寻求创新发展，开

发原始创新提升经济发展新动力，不断转化成适合通化发展的内生动力。把握科技创新这个改革发展的原始动力，不断为产业效率提升和经济发展提供驱动力。创新能力强弱，成果转化能力的优劣，都潜移默化影响着当地经济的发展。创新能力的滞后，意味着未来经济发展的新动力很难形成，很多方面的改革就会受到制约。因此，通化市在未来相当长的一段时间内，要始终把产业结构的调整、经济高质量发展同创新联系在一起，在创新发展上迈出更加坚实的步伐，增强企业发展的内生动力。

（二）可持续竞争力多项分项尚待提升，科技创新与全球联系亟待加强

通过前文对可持续竞争力分项指标的总结分析，不难看出，可持续竞争的 5 个分项中亟待提升的几项分别是经济活力、社会包容、科技创新与全球联系。其中科技创新是通化市较为有发展潜力的分项，而全球联系因为经济竞争力与可持续竞争力都以该项为参考指标，因此影响力较大，应获得更多关注。进一步分析科技创新分项和全球联系分项的三级指标，可得出如下结论：首先，科研人员联系度、金融企业联系度、科创企业联系度这三个影响全球联系分项的指标，后两个吉林省城市表现相对稳定，主要是科研人员联系度产生了较大影响，而其与合作论文发表数量有直接关系，该项指标指数通化市只有 0.101，全国排名第 270 位。因此可以看出，加强科研人员培养，加强科研合作与交流，是提升全球联系可持续竞争力的有效途径之一。其次，网络热度指标跟谷歌趋势和百度趋势息息相关，通化市该项指数只有 0.212，全国排名第 267 位，亟待提升。最后，科技创新分项中专利申请指数通化市为 0.118，全国排名第 248 位，文化设施指数 0.043，全国排名第 248 位，这些都直接影响了科技创新分项的竞争力。[①] 后续进一步加强智慧城市建设，重视互联网数字 5G 的开发与利用，提升市民的信息化认识与利用水平，加强公共文化设施的搭建，注重人才的培养与高技能创新人才的引

---

① 本文中所有指标体系构建采用中国社会科学院城市与竞争力指数数据库指标体系。

进，改变创新驱动力不足的局面，要动员更多的企业家、更多的市场空间来推动创新，要构建更多的创新平台和环境氛围，聚集创新要素，提高创新速度，以实现科技创新与对外合作交流提升的新局面。

三 现象与规律

（一）民生建设投入力度加大，环境韧性提升可持续竞争力

在通化市的可持续竞争力中，独具优势且进步较为明显的就是环境韧性竞争力分项，主要表现在交通便利的改变、生态多样性的完善、环境污染控制度较好等方面。另外经济竞争力方面，生活环境和营商硬环境也是通化市的优异指标，主要包括了医疗健康与市民消费水平以及健体休闲设施等方面。通化市在公共服务、民生福祉方面做足功夫，加大投入，加快改革步伐，提升服务水平。2019年，全年财政支出用于民生方面的投入达222.7亿元，占地方财政支出的比重为83.3%，同比增长7.4%。其中，教育支出、社会保障和就业支出以及农林水支出仍为主要支出，全年共支出124.2亿元，同比增长1.9%。通化市的绿色资源较为优越，在生态城市建设方面一直是政府关注的热点，在国家级的评选中，均取得了优秀成绩，获评全国美丽山水城市、森林康养基地试点建设市等，城市建设与城市风貌得到了肯定。完成生态新城规划设计方案，新建续建棚户区安置房2753套，完成老旧住宅小区改造16.7万平方米。继续围绕秸秆焚烧进行限制与研究，降低焚烧危害，改善空气质量，提升宜居环境。在全省率先建成基层医疗卫生信息管理系统、建立行业综合监管制度、实施国民营养计划，建成农村文化小广场23个，建成市滑冰馆。社会公共服务与民生福祉的逐步推进与完善，是通化市可持续竞争力与经济竞争力发展的亮点，实现了宜居城市与和谐城市的跨越式发展，在财政困难，资金筹措难度大的情况下，通化市以扎实的工作，为人民服务的实干精神，完成了逆境中的上扬。

（二）重点领域改革初见成效，产业结构调整稳步推进

通过城市竞争力营商软环境及当地要素和社会包容、经济活力等分项指标，发现经济增长率以及劳动生产率，开放度指数、资本市场融资便利指数等都与竞争力的提升有关。这些指数均与产业结构和经济发展，以及经济社会的重点领域改革挂钩。因此，要提升城市竞争力水平，就要不断加大改革力度，加快调整步伐。2019年，通化市持续深化重点领域改革。特别是在政府办事服务效率方面下足了功夫，政务服务事项清单标准化率达到100%，一体化平台政务服务事项办结率达到99.9%，为打造良好的经济社会软环境进一步夯实基础。深化农业供给侧结构性改革，通化县获评省"振兴发展优胜县"，集安市、柳河县获评省"争先晋位优胜县"。通化县入选国家农村产业融合发展示范园区，被确定为省乡村振兴战略试验区。另外，在智慧城市建设方面，通化市也获得创新成果奖的殊荣。在税费改革方面，通化市也在积极行动，为企业和群众减负14.2亿元。重点产业优势产业取得长足进展，医药产业科技成果转化率提升，产业升级步调明显加快，创新型产业集群获得高速发展，第三产业内部结构稳步调整，支柱行业逐步显现。批发零售业稳步发展，成为全市服务业支柱行业。旅游业各项指标增长迅速，对服务业整体拉动作用明显。

四 趋势与展望

（一）抓招商促消费，营造良好软实力发展环境

营造环境，增强发展活力。深入贯彻实施支持中小企业发展、鼓励创业创新、简化企业注册登记手续等一系列政策，营造规范的市场环境，打造合理高效的竞争规则。鼓励"大众创业、万众创新"，鼓励科技创新，发展公益性、社会化、开放式众创空间。继续进行体制机制改革，为稳经济促增长创造条件，严把市场准入关，利用倒逼机制提升行业发展水平，提高行业标

准。针对经济发展需要提供助力的人才、土地、金融、税费等方面，给予足够的支撑，打造良好软环境，为招商引资打好基础。在促进消费上下功夫，提高内需，扩大消费，提升居民消费意愿。放眼全国优势地区，谋求合作，实现平台、技术、人才、资金的全方位对接合作，包装优势产业项目，寻找长三角、珠三角等发达地区的合作伙伴，实现共赢。积极参加招商融资活动，筹备参加系列"吉林行"、友好城市走进通化等活动。提高招商质量，提升项目完成度，实现持续合作，形成良好反馈，推动招商引资规模、结构、质量、效益的全方位提升。

（二）加强对外合作与交流，融入"一带一路"形成大开放格局

发挥通化市的区位优势，实现区位优势利益最大化。以区位优势换经济发展优势，启动全面对外开放，加速沿边开发开放合作。充分发挥全省的产业空间布局政策优势，推进白通丹经济带、鸭绿江开发开放经济合作带建设。在通道建设方面，港口合作继续深化，扩大对接辽宁与天津诸多港口的业务合作，特别是园区合作、物流合作，利用好政策红利，实现资源高效集中配置，打造产业集群，提升转化率。同时，利用好沿边试验区的建设利好，推动集安边境经济合作区尽快升级提格，多点开花，打造真正的鸭绿江开发开放经济带核心区。把握好与对口城市的合作机会，从政府、企业和民间三个角度切入，与台州深度对接。形成无论是资本市场还是产业行业、人才市场、项目建设、基础合作，都实现互助交流合作，形成双赢，提升城市影响力与知名度。同时针对国际友好城市诸如俄罗斯马加丹市、韩国首尔市松坡区等，也应保持良好沟通与积极交流。

五 政策与建议

（一）重点培育发展优势产业，加强科技创新投入力度

一是针对特色主导产业建立重点实验室、企业研发基地、科创孵化平台

等。包括通化市具有优势的医药行业、酒类行业等，科技服务平台的完善与支撑非常重要。二是加大优势产业的技术保护力度和知识产权保护力度。推进"质量强市""品牌兴市"发展战略，加强知识产权保护，整合各类品牌资源，唱响"通化"品牌。三是继续加强成果转化。科技研发水平再高，还是需要转化来产生价值，不断组织院校与企业，专家与企业的对接服务，一方面扩大交流提升科研水平，另一方面提升成果知名度，运用好中国通化·长白山国际医药健康产业发展论坛成果，建立医药健康产业专家智库服务机制，借助专家团队提质升级医药优势品种。四是加强人才储备，特别是高技能高素质的专业人才的培养与引进。为双创提供良好的发展环境，让人才愿意来，能留得下，还能有施展才华与能力的空间，形成创业集群效应，打造创业特区。五是围绕传统优势产业进行深耕培育。以医药、酒类和人参农产品为代表，强化技术水平优势，要以中国医药城和国家新型工业化医药产业示范基地为引领，制定有针对性的政策，提升医药健康产业高质量发展水平；加强人参标准化种植基地建设，提升品质、保障质量；完善人参产品质量监管体系，建立人参种植标准化、产品安全性监督评价平台，提升人参产业高质量发展；继续做大做强葡萄酒行业，实施产业融合发展，围绕葡萄酒进行农业、工业、旅游业、服务业以及文化产业的全方位集成产业链条，打造知名品牌，无论是酒类品牌还是地域品牌都要形成丰富的地域特色，培育融合特色，持续提升品牌价值。

（二）拓展融资渠道，助力实体经济转型发展

一是合理控制债务，无论是现有债务的增长速度和增量，还是风险阈值，都要严格控制在一个合理及可以把控的范围内，阶段性清理债务存量，降低政府债务风险等级，设立债务预警红线和预警机制。二是加大政府主导项目市场化效率，主要是从融资角度切入，鼓励社会民间资本参与到与民生息息相关的基础设施建设与公共服务等方面，制定好合作方式与管理方式。鼓励项目以"政府推动、企业为主，市场运作、社会参与"为总体思路，运营将主要采用PPP模式，由政府投融资平台与社会资本合作，让社会资

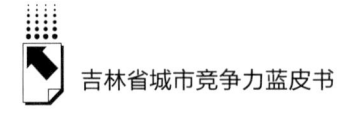

本参与解决建设资金不足问题。三是强化金融工具与金融行业对实体经济的促进作用。一方面提高防范金融风险的预警能力，另一方面提升化解金融风险的能力，都要求不断稳定区域金融行业的发展。特别是要注意防范产能过剩领域的授信风险，不断根据产业结构与市场情况优化金融配置，改善资金投放方式，促进产业结构优化升级。四是加强本地资本市场的建设与完善，谋划建设通化市金融街区，引进天使投资等各类基金与货币市场投融资平台，根据本地产业和企业的状况与需求，拓展金融服务业内容，加强对中小微企业、科技型服务业、高新技术产业等优势产业的资金支持力度，提供丰富的融资平台，为支持通化市打造吉林省东南部特色金融街区，为建设吉林省向南开放窗口提供强有力的金融支撑。

（三）优化城市宜居环境，提升城市治理水平

宜居城市是吸引人才、实现招商引资、提升城市品质、增强城市竞争力的坚实基础，也是多维度多元化的指标体系，要从多方面入手，实现城市居住人文社会自然生态经济环境的综合治理。一是考虑到通化市人口逐年减少，老龄化加剧，养老服务业日益重要，应获得大力扶持和发展。做好老年人的公共服务，把智慧养老与居家养老充分融合，可选取城市中心区域进行试点，形成社区街道与养老服务中心的有益结合，打造吉林省康养城市，健全管理机制，培养服务人才，培育优质康养连锁机构，鼓励旅居养老产业落地生根，做大做强，形成较为完善的多层次养老服务体系，满足老年人的多样化复杂化需求。二是注意环境污染治理与绿色能源发展，打造良好的生态环境。加大技术改造力度，大力发展循环经济、低碳经济。加大力度引导企业走自主创新之路，提升节能产品研发和自主创新能力，进一步提高能源利用效率，降低单位产品能耗。特别是在钢铁、建材、火电等高耗能行业中，组织实施以节能、减排、增效为目的的节能改造，有效减少生产过程中污染物的形成，不断推动高耗能产业的技术进步，确保通化市工业经济可持续发展。三是加强城市规划、建设、管理三方面和谐发展。提纲挈领贯彻精致城市方针，以人为本，优化城市规划布局，提升城市基础设施水平和城市承载能力。因地制宜地进行城市品质与城市功能定位,守住土地红线,强化生态环保底线,科学合理做好国土空间功能的布局与规划,不断完善城市各项服务功能,提高居民宜居感受,提升城市品位,完成生态新城设计,完善路网改造与5G布局。四是全面加强社会治理。让城市居民住得安心、放心、舒心,就需要相关部门费心、用心、关心。形成畅通高效的信访通道,让百姓有渠道和政府进行沟通,化解社会矛盾,依法办事,公平公正公开。针对社会治安、社会环境,要严抓严打,扫黑除恶,建立长效机制,保障人民群众的人身与财产安全。同时,持续关注食品药品安全,关注饮用水空气质量等生态指标,不断完善群众生活环境,提高生活质量,打造安全高效稳定放心的宜居社会环境,提升城市治理水平。

参考文献

1. 倪鹏飞主编《中国城市竞争力报告(No.18)》,中国社会科学出版社,2020。
2. 崔岳春、张磊主编《吉林省城市竞争力报告(2019~2020)》,社会科学文献出版社,2020。
3. 《通化市2019年国民经济和社会发展统计公报》。
4. 2020年通化市政府工作报告。

B.12
吉林省城市竞争力（白山市）报告[*]

王天新[**]

摘　要： 2020年以来，白山市大力推动绿色发展，持续优化营商环境，不断加强民生保障，城市经济社会建设取得了明显进步，目前主要在要素集聚、科技创新、环境建设等方面存在短板和不足，导致城市综合经济竞争力提升较慢、可持续竞争力排名落后。未来白山市应积极把握发展机遇，充分发挥独特优势，强化绿色转型、科技助力及环境建设，推动城市综合竞争力实现更快提升。

关键词： 城市竞争力　科技创新　营商环境　白山市

面对日益复杂多变的国内外发展形势，白山市着力推进完成多项改革创新任务，城市经济社会保持平稳健康发展。2020年，白山市的综合经济竞争力列全国第241位、东北地区第17位、吉林省第5位；可持续竞争力列全国第245位、东北地区第22位、吉林省第7位。可以说，白山市的经济社会建设取得了较为丰硕的成果，但经济竞争力和可持续竞争力仍有很大的提升空间，需要继续着力汇聚人才、资本、技术等创新要素资源，持续优化提升城市营商环境和宜居环境，加快构筑具有白山市特色的核心竞争优势。

---

[*] 本文是吉林省社会科学院规划项目"科技助力吉林省城市管理综合执法研究"的阶段性成果。
[**] 王天新，吉林省社会科学院城市发展研究所助理研究员，博士，研究方向为城市经济。

一 格局与优势

（一）总体概况

白山市深入贯彻省委省政府"三个五"发展战略、中东西"三大板块"建设和"一主、六双"产业空间布局要求，全面启动了中国绿色有机谷·长白山森林食药城（以下简称"一谷一城"）建设，经济保持平稳健康增长。2019年，白山市实现地区生产总值761.41亿元，比上年增长3.8%，三次产业比重由2018年的8.0∶45.1∶46.9转变为10.8∶27.7∶61.5（见表1），产业结构调整持续加快，第三产业成为引领白山市经济发展的主体力量；全市固定资产投资比上年增长2.2%，其中，基础设施投资增长57.7%，民间投资增长2.5%，固定资产投资力度不断加大；城市营商环境进一步优化，2019年为企业减负5.6亿元，民营经济主营业务收入达到1185亿元，增长7.3%。总体来讲，白山市加速推动产业转型升级，大力支持项目投资和建设，不遗余力优化发展环境，为城市提升综合竞争实力打下了坚实基础。

表1　2019年白山市基本情况

项目	数据
土地面积(平方公里)	17505
总人口(万人)	116.5
GDP总量及增长率(亿元,%)	761.41,3.8
三次产业比重(%)	10.8∶27.7∶61.5

资料来源：《白山市2019年国民经济和社会发展统计公报》《吉林统计年鉴（2020）》。

在可持续竞争要素方面，白山市的创新动能不断积聚，2019年列入国家、省级科技发展计划项目25项，国家高新技术企业达到24家，"小巨人"企业达到30户。开放合作持续深化。2019年，全市实现进出口贸易

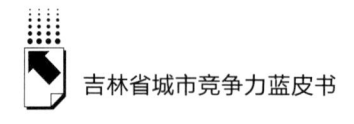

总额20.67亿元，比上年增长25%。环境保护力度加大。白山市全力整改中央和省级环保督察反馈的问题，深入推进大气、水、土壤污染防治，环境空气质量优良率达到96.4%，临江市、抚松县入选中国最美县域榜单，长白县连续3年位居全国百佳"深呼吸小城"榜首。民生保障进一步增强。白山市保持将新增财力80%以上用于民生，重视提升教育、医疗、文化等公共领域服务，扎实推进平安白山建设。可以说，白山市在激发创新活力、深化对外开放、加强环境整治、提升民生保障等方面均取得了明显进步，但体现在可持续竞争力指标体系中，相关要素表现仍有进一步改善的空间。

（二）现状格局

1. 综合经济竞争力不强，综合增量和综合效率相对落后

2020年，白山市的综合经济竞争力指数为0.156，列全国第241位，较上年提升了7个位次；列东北地区第17位，较上年下降了2个位次；列吉林省第5位，较上年提升了2个位次。从综合经济增量来看，近5年白山市的综合增量竞争力指数由0.096降至0.053，全国排名下滑了22位，2020年列全国第260位、东北地区第18位、吉林省第3位；从综合经济效率来看，近5年白山市的经济密度竞争力指数由0.207降至0.187，全国排名下滑了39位，2020年列全国第227位、东北地区第16位、吉林省第5位（见表2）。白山市的综合增量和综合效率表现均落后于全国城市和东北地区城市的平均水平。

表2　2020年白山市综合经济竞争力指数及排名

年份	综合经济竞争力指数	排名 全国	排名 东北	排名 省内	经济增量竞争力指数	排名 全国	排名 东北	排名 省内	经济密度竞争力指数	排名 全国	排名 东北	排名 省内
2020	0.156	241	17	5	0.053	260	18	3	0.187	227	16	5

资料来源：中国社会科学院城市与竞争力指数数据库、吉林省社会科学院城乡发展指数数据库。

2. 在综合经济竞争力分项指标中，营商软环境表现突出，当地要素、生活环境表现不佳

从综合经济竞争力的分项指标来看，2020年，白山市的营商软环境竞争力列全国第151位、东北地区第11位、吉林省第3位，表现明显优于其他分项指标；当地要素竞争力列全国第282位、东北地区第30位、吉林省第8位，处在下游发展位置，其中，资本市场融资便利度、学术论文指数、劳动力总数分别列全国第232位、第285位和第269位，表明白山市在资本、创新、人才方面的要素表现落后于全国大部分城市；生活环境竞争力列全国第284位、东北地区第29位、吉林省第7位，其中，医疗健康机构指数、市民消费水平指数、文化设施指数排名比较靠后，成为影响白山市生活环境竞争力表现的主要因素（见表3）。

表3 2020年白山市综合经济竞争力分项指标排名

年份	当地要素 排名			生活环境 排名			营商软环境 排名			营商硬环境 排名			全球联系 排名		
	全国	东北	省内	全国	东北	省内	全国	东北	省内	全国	东北	省内	全国	东北	省内
2020	282	30	8	284	29	7	151	11	3	199	22	5	179	14	4

资料来源：中国社会科学院城市与竞争力指数数据库、吉林省社会科学院城乡发展指数数据库。

3. 可持续竞争力居全国下游，人才增量和人才密度仍需提升

2020年，白山市的可持续竞争力指数为0.131，列全国第245位，处在下游发展位置；列东北地区第22位，较上年提升了1个位次；列吉林省第7位，较上年下降了2个位次。从人才增量来看，近5年白山市的人才增量竞争力指数由0.148升至0.243，全国排名下降了12位，2020年列全国第241位、东北地区第22位、吉林省第6位。从人才密度来看，近5年白山市的人才密度竞争力指数由0.206升至0.208，指数表现基本持平，全国排名下降了12位，2020年列全国第237位、东北地区第20位、吉林省第7位（见表4）。可见，白山市的人口增量竞争力升幅不够，人口密度竞争力指数虽然与以往持平，但由于全国大部分城市的该项指数均有明显提升，因而白

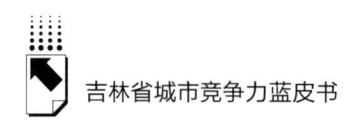

山市的该项指数保持不变,也意味着一定程度的退步,使得可持续竞争力表现总体处于下降状态。

表4　2020年白山市可持续竞争力指数及排名

年份	综合经济竞争力指数	排名 全国	排名 东北	排名 省内	人才增量竞争力指数	排名 全国	排名 东北	排名 省内	人才密度竞争力指数	排名 全国	排名 东北	排名 省内
2020	0.131	245	22	7	0.243	241	22	6	0.208	237	20	7

资料来源:中国社会科学院城市与竞争力指数数据库、吉林省社会科学院城乡发展指数数据库。

4. 在可持续竞争力的分项指标中,社会包容表现最佳,环境韧性、科技创新表现较差

从可持续竞争力的分项指标来看,2020年,白山市的社会包容竞争力指数为0.495,全国排名进入前100位,在东北地区和吉林省内更是名列前茅,相关要素延续了以往的优势表现;环境韧性竞争力则表现不佳,处在全国下游发展位置,在东北地区和吉林省内的排名也比较靠后,从构成维度来看,电力充沛度和气候舒适度的表现较差,分别列全国第250位和第286位,成为关键制约因素;科技创新竞争力表现依旧落后,各级排名均几近或处在末位,其中,专利申请指数、学术论文指数、大学指数、文化设施指数的得分均较低,表明白山市仍需在强化创新驱动方面做出改进和提升。

表5　2020年白山市可持续竞争力分项指标排名

年份	经济活力 全国	东北	省内	环境韧性 全国	东北	省内	社会包容 全国	东北	省内	科技创新 全国	东北	省内	全球联系 全国	东北	省内
2020	244	12	2	279	29	7	95	6	3	282	31	8	179	14	4

资料来源:中国社会科学院城市与竞争力指数数据库、吉林省社会科学院城乡发展指数数据库。

总体来讲,白山市的竞争力优势主要体现在以下三个方面:

第一,白山市的社会包容指标优势明显,对拉动可持续竞争力发挥了关键作用。2020年，白山市的社会包容竞争力表现亮眼，不仅在全国和东北地区排名靠前，在吉林省内更是位列前三强。从构成维度来看，白山市的社会安全指数列全省首位，扫黑除恶专项斗争取得了阶段性成效，这些都促进了白山市的社会发展保持安全稳定，也成为其社会包容竞争力优势的重要来源。

第二，白山市的营商软环境竞争力有明显改善，省域排名进入前三强。2020年，白山市的营商软环境竞争力表现出色，除了社会安全指数表现列全省首位，市场化指数和开放度指数也表现较好，在吉林省内的排名均进入前三强。这主要得益于白山市近年不遗余力推进营商环境建设，切实为市场主体经营降本减负、解决融资难题，激发了市场主体的发展活力，因而促进营商软环境竞争力在全省地级市中名列前茅。

第三，白山市的全球联系指标表现平稳，有助于增强城市综合竞争力。在现行指标体系中，全球联系在综合经济竞争力和可持续竞争力的分项指标中均有涉及。2020年，白山市的全球联系竞争力指数为0.144，列全国第179位、东北地区第14位、吉林省第4位，表现较为平稳。自2019年以来，白山市进一步强化开放合作，不仅积极引进重大项目、知名企业及创新平台，还加速完善城市交通体系，使得对外联系方面的要素表现较以往有更加明显的改善。未来随着白山市加快打造高质量对外开放平台，完善交通和通信基础设施，促进域内外人才、技术和信息交流，白山市的全球联系有望进一步加强，将助推城市综合竞争力获得提升。

二 问题与不足

（一）当地要素指标表现较差，制约综合经济竞争力提升

从近5年的数据来看，白山市的综合经济竞争力全国排名下滑了32位，2020年依然处在全国下游发展位置。从分项指标来看，生活环境和当地要素指标表现较差，排名几近全国末尾。特别是当地要素，白山市的该项竞争

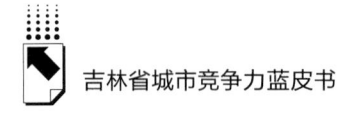

力指数为0.059，列全国第282位、东北地区第30位、吉林省第8位，是制约综合经济竞争力提升的关键因素。从当地要素竞争力的构成维度来看，白山市的信贷市场融资便利度和青年人才比例指数表现相对较好，分别列全国第139位和第150位，但资本市场融资便利度和劳动力总数指数在全国排名比较靠后，分别列全国第232位和第269位，同时，代表创新性要素的学术论文指数和专利申请指数也表现不佳，分别列全国第285位和第227位。可见，白山市亟须加大力度吸引创新、资本和人才要素，进一步改善当地要素表现，这将有助于推动城市综合经济竞争力实现提升。

（二）科技创新指标表现不佳，导致可持续竞争力排名靠后

2020年，白山市的可持续竞争力排名靠后，近5年的全国排名也下降了19位，总体表现落后于全国大部分城市。从分项指标来看，白山市的社会包容指标表现最优，在全国、东北地区和吉林省内均排名靠前；全球联系指标表现平稳，保持在中游发展位置；经济活力和环境韧性指标排名靠后，处在全国下游发展水平；科技创新指标表现不佳，列全国第282位、东北地区第31位、吉林省第8位，成为影响可持续竞争力排名的主要因素。根据科技创新指标的构成维度，白山市的专利申请指数、学术论文指数、科技企业指数、大学指数和文化设施指数分别为0.165、0.089、0.100、0.025、0.004，均落后于全国和东北地区城市的平均水平，其中，大学指数和文化设施指数的位次落后明显，说明在现行指标体系中，大学教育和公共文化服务对白山市科技创新的影响最为明显，并且这两方面的欠缺还可能对白山市引育高水平人力资本产生制约，从而影响到城市未来的创新发展。

（三）生活环境竞争力和环境韧性竞争力不强，亟待补齐短板和不足

根据现行指标体系，白山市的环境相关要素表现欠佳，导致生活环境竞争力和环境韧性竞争力排名靠后，亟待补齐要素短板和不足。在生活环境方面，2020年，白山市的该项竞争力指数为0.111，列全国第284位、东北地区第29位、吉林省第7位；从具体构成维度来看，作为东北地区中小城市，

白山市在医疗健康机构、文化设施方面掌握的资源较少，市民消费水平也相对较低，同时在气候舒适度方面的劣势也非常明显，排名几近全国末尾，这些都导致白山市的生活环境竞争力表现不占优势。在环境韧性方面，吉林省仅有少数城市的排名相对靠前，反映出全省大部分城市的环境承载力均不强，2020年，白山市的环境韧性竞争力指数为0.154，列全国第279位、东北地区第29位、吉林省第7位。在具体构成维度中，白山市得分最高的是自然灾害指数，在全国、东北地区及省内排名均居首位；交通便捷度、生态多样性和环境污染度的优势也较为明显，分别列全国第31位、第53位和第92位；短板主要为气候舒适度和电力充沛度，其中，气候舒适度属于自然地理环境因素，由于该维度表现难以改变，故电力充沛度成为白山市需要强化提升的关键因素。

三　现象与规律

（一）综合经济实力不强，依然处在转型升级的关键期

从综合经济增量来看，2020年，白山市的该项竞争力指数略有提升，列吉林省第3位，但在全国的排名比较靠后，表明吉林省城市GDP连续五年的平均增量总体不高，白山市的经济增量优势不明显，仍面临"老三样"产业动能衰减、"新五样"产业尚未壮大、新旧动能接续转换不快等困难和问题。从综合经济效率来看，白山市的经济密度竞争力在全国城市中处于中下游发展水平，目前对地缘和资源优势利用得仍不够充分，地均GDP相对较低，经济发展空间也有待拓展。可以说，全面推进绿色转型升级、优化转变经济结构和发展方式依然是白山市增强经济竞争力的重中之重。

（二）社会包容要素表现出色，具备提升可持续竞争力的基础

2020年，白山市的社会包容竞争力排名靠前，发展水平领先于吉林省大部分城市。从具体构成维度来看，居住成本指数、社会安全指数、社会公平指数得分均较高，居于全国中上游发展水平，排名均进入了省域前三强。

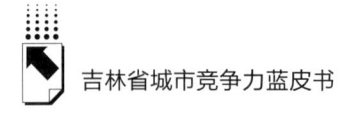

可见，白山市作为区域中小城市，虽然在掌握生产、生活资源方面比不上中心城市的虹吸效应，但自身也具备明显的特色优势，比如住房成本低、生活压力小、收入差距不大、社会治理较为完善等。白山市的历史文化指数和开放度指数也表现较好，分别列全国第145位和第97位，这一方面得益于白山市注重历史文化资源，另一方面也有赖于近年不断加快生态文化旅游项目建设。白山市的医疗健康机构指数得分则较低，列全国第234位、吉林省第7位，成为制约社会包容要素表现的薄弱环节，未来有待进一步改善和提升，从而促进社会包容要素的竞争优势得以延续。

（三）经济活力竞争力全省领先，但仍居全国下游发展位置

2020年，白山市的经济活力竞争力指数为0.229，列东北地区第12位、吉林省第2位，但从全国城市情况来看，白山市的该项指数排在第244位，仍处在下游发展位置。从具体构成维度分析，2020年，白山市的劳动生产率得分相对较高，接近于全国城市该项得分的平均线，列全国第147位、吉林省第2位；经济便利度和产权保护指数表现居中，分别列全国第176位和第162位，均列吉林省第4位；经济增长率表现较差，虽然在吉林省列第2位，但在全国处在下游发展位置，得分仅接近于全国城市该项均值的一半；青年人才比例指数得分最低，表明当前白山市的青年劳动力缺口仍然较大。由此可知，白山市的经济活力竞争力不强，在很大程度上受到青年人才和市场主体动力的制约，亟须加大力度招引各类人才，创新施策激发市场主体活力，从而在保持经济活力竞争力全省领先的同时，也在与全国其他城市的竞争中体现出优势。

四 趋势与展望

（一）"一谷一城"建设加快，将为绿色发展注入强大动力

近年来，面对省内外发展环境的重重压力和挑战，白山市充分发挥区位

和资源优势，全面启动了"一谷一城"建设，产业转型升级效应逐步显现。2020年，白山市"新五样"产业占GDP和财政收入比重分别达到了62.1%和55.2%，与恒大、农夫山泉、娃哈哈等知名企业深化战略合作，推进硅藻土资源整合，完成施慧达、葵花药业新厂主体建设，有序推进风情旅游带、旅游综合体等重大项目，现代服务业提档升级也在不断加快。"十四五"时期，白山市具备后发崛起、跨越赶超的基础和条件，随着"一谷一城"建设加快，多种业态深度融合发展，白山市有望在绿色产业领域形成新的增长点，为城市经济高质量发展注入强劲动力。

（二）营商环境持续向好，将助推城市经济建设加快

近年白山市的营商环境建设取得了积极成效，2020年，营商软环境竞争力位列省域三强，营商硬环境竞争力也处于全省中游发展位置，在多个构成维度中，白山市的开放度、市场化、经商便利度表现较好，交通、信息基础设施优势也在逐步显现。具体而言，白山市进一步推进"放管服"和"最多跑一次"改革，在基础设施、社会事业等领域大幅放宽市场准入条件，切实为民营企业减负降费，还适时推出了"大众创业、万众创新"小程序，上线运行了"白山营商365"App，大幅提升了企业和群众的获得感；再者，白山市还大力推进互联互通建设，加快构建大交通体系，交通优先发展日趋显现成效，相应地，交通便捷度和航运便利度得分也相对突出，分别列全国第31位和第115位、吉林省第5位和第2位。未来随着白山市持续加强软环境和硬环境建设，营商环境红利有望加速释放，对于助推城市经济竞争力提升也将发挥出更大作用。

（三）要素资源不断汇聚，科技创新竞争力提升可期

2020年，白山市的科技创新竞争力排名落后，无论在全国、东北地区还是在吉林省内，都几近排在末尾，根据现行指标体系分析，这既归因于白山市缺少高校及创新成果，也与公共文化设施欠缺有关。对此，白山市深化与高校院所合作，持续开展"院士白山行""百所高校进白山"活动，进一

步加大对创新创业的扶持力度，并且重视引进高层次人才，在一定程度上促进了创新要素集聚及创新主体发展。未来随着白山市持续在引育创新人才及公共文化建设方面加大投入力度，势必能够加速汇聚高端创新要素资源，城市科技创新竞争力也有望获得提升。

（四）民生保障日益强化，社会包容竞争力优势有望延续

近年来，白山市的社会包容要素表现一直领先于吉林省大部分城市，这主要得益于白山市始终保持将新增财力的80%用于民生建设，持续促进城市社会环境获得明显改观。2020年以来，白山市继续优化社会包容要素表现，一是深入推进法治白山、平安白山建设，城市整体治安状况保持良好态势；二是重视历史文化资源保护和利用，确保城市历史文化指数和开放度指数在省内排名靠前；三是积极推进健康白山建设，促进优质医疗资源有序下沉，极力改善医疗健康机构指数表现较差的现状。可以预计，随着白山市持续加大民生投入，深入推进公共服务领域改革，城市社会环境、文化环境及医疗环境将会获得更好改善，势必促进社会包容竞争力继续保持全省领先。

（五）生态建设力度加大，城市宜居特色日益凸显

2020年，白山市的生活环境竞争力和环境韧性竞争力落后，反映出环境相关要素表现不佳，除了气候舒适度这一自然地理环境因素存在明显劣势，与经济社会发展相关的基础性因素也得分较低。对此，白山市在政府工作中重点加强了相关部署，比如，在带动消费方面，提出大力挖掘批零住餐等传统消费潜力，加快"线下"实体经营与"线上"网络经营融合发展；在医疗服务方面，进一步深化"三医"联动改革，加快建设医养综合体；在城市用电方面，进一步降低用电成本，提升"获得电力"服务水平；此外，白山市还着力推进山水林田湖草生态修复、"一江十河"治理和黑臭水体整治、绿化造林和森林抚育等工作，力争在环境污染度、生态多样性维度上延续现有优势，2020年还获评国家生态文明建设示范市。"十四五"时期，随着城市生态和民生相关项目陆续投资建设，白山市的公共资源优势将

加快显现，环境相关要素表现有望贴近区域中心城市，白山市的宜居特色将日益凸显。

五　对策与建议

（一）推进绿色转型升级，加速提升经济发展活力

2020年，白山市的综合经济竞争力升至全省中游水平，未来仍需继续利用好省市叠加政策，推进"一谷一城"建设，加强产业多极支撑，提升城市经济发展活力。首先，应大力推动特色产业发展，突出城市经济亮点。重视开发特色农产品，加快发展农产品电商和网络直播，提升农产品品牌认知度；加快中高档矿泉水开发，深化企业合作，推进全产业链发展；支持大中小医药企业集群发展，加快抚松人参和靖宇中药材省级产业园、长白山道地药材交易中心建设，提升大健康产品和服务供给能力；推进矿产新材料特色园区建设，加强技术创新和产品研发，促进产业提档升级。其次，应强化服务业引领作用，加快在多领域培育新增长点。大力推动新一代信息技术在服务业场景落地应用，推进物流、金融、总部经济等生产性服务业向中高端发展，培育壮大线上医疗、线上直播等新模式新业态，促进形成新增长点。最后，应进一步扩大开放合作，充分借力域外资源发展本地经济。一方面，依托长春现代化都市圈各类国家级平台，嫁接白山市要素资源，共同完善本地特色产业链；另一方面，加快推进与浙江湖州对口合作项目和园区建设，加速提升白山市的经济产业活力。

（二）突出发展冰雪经济，构筑城市特色竞争优势

"十三五"期间，白山市旅游产业效益持续增长，城市知名度和美誉度不断提升，"十四五"时期，应继续发挥文旅资源优势，突出发展冰雪经济，构筑城市发展新优势。首先，丰富冰雪旅游产品供给。白山市应大力发挥龙头项目的引领和拉动作用，规划推出冰雪旅游新路线，开发冰雪旅游新

节点，从冰雪运动、休闲度假、娱乐商业等多业态多环节丰富冰雪产品和服务。其次，大力发展乡村冰雪旅游。支持利用乡村文化资源和特色风情，打造民族特色型、传统村落型等多种类型的冰雪旅游载体，塑造建设具有白山特色的冰雪小镇。再次，支持冰雪经济区域联动发展。主动链接白山市近地的特色冰雪资源、滑雪场和主要旅游景点，串联集合冰雪、康养、红色、边境、民俗文化等多种内容的精品路线，实现对省域冰雪相关资源进行创新整合开发。最后，加强冰雪营销创新。白山市应积极承办冰雪赛事、冰雪论坛、大型节庆活动，探索与优质网络综艺、电影剧组、旅拍达人等合作，从而吸引线上线下游客及社会各界关注和投资白山市的冰雪经济发展。

（三）强化科技助力作用，持续积聚创新发展动能

一直以来，白山市深入实施创新驱动发展战略，着力激发社会发展活力和创造力，但就提升科技创新竞争力而言，仍需在培育创新主体、深化创新合作、提升"双创"服务等方面做出进一步努力。具体而言，一是应支持企业加大科技创新投入，在"新五样"产业领域研发储备一批科技成果，并加快在白山市落地转化形成产业效益；二是应支持本地企业、创新平台与省内外科研院所共建创新网络，促进域内外创新要素资源向白山市的重点产业领域聚集融合，从而增强城市科技和知识产出能力；三是应完善"双创"政策支撑体系，支持建设服务于白山市特色产业的创新创业基地，加快提升项目孵化、运营管理、投融资、政策咨询等综合服务能力，为科技人员、高校毕业生、返乡下乡农民工等各类"双创"主体提供就业创业服务和保障；四是应加大力度引进产业紧缺型和科技创业型人才，同时加强对本土人才进行培育，为白山市创新发展夯实多层次多类型的人才基础。

（四）优化提升营商环境，增强市场主体投资预期

2020年，白山市的营商软环境和硬环境竞争力表现较好，对于提振城市经济发挥了重要作用，未来应继续优化提升营商环境，稳定市场预期，吸引更多市场主体选择白山市投资兴业。在优化政务环境方面，白山市应继续

深化"放管服"和"最多跑一次"改革,加快实现全部政务事项网上办理,同时确保重点政策的连续性和稳定性,打造政府良好公信力。在优化市场环境方面,应严格落实好市场准入负面清单,减少对外贸外资企业的投资经营限制,针对"四新经济"主体调整优化市场准入标准,进一步加大减税降费力度,增强市场主体获得感。在优化法治环境方面,应认真落实《吉林省优化营商环境条例》,完善行政处罚、行政强制、行政检查权力清单,杜绝随意执法,同步推进"互联网+监管"与"信用白山"建设,逐步实现"守法不扰、违法必究"的精准监管。在优化人文环境方面,积极营造全域支持投资兴业和对外开放的发展氛围,同时充分借助各类经贸交流活动和平台,对白山市招商引资政策、重大项目、发展潜力等进行宣传推介,增强各类市场主体对投资建设白山的向往和信心。

(五)补齐生态宜居短板,全面提升城市环境品质

近年白山市不断加大生态建设力度,持续优化城市宜居环境,相关工作取得了长足进展,但根据竞争力评价指标体系,城市环境相关的要素表现仍有一定的提升空间。在生态环境方面,白山市应加大力度防治大气、水、土壤污染,进一步改善空气质量和水环境质量,有效保障农用地和建设用地土壤环境;持续加大城市环境整治力度,巩固黑臭水体治理成效,加快城市绿化建设。在生活环境方面,白山市应进一步强化民生保障力度,加快完善城市教育、文化、医疗等公共机构配置和服务功能,支持引入新模式新业态,提升居民生活便利度;深入实施城市更新行动,推进城镇老旧小区改造,进一步完善市政基础设施,促进白山市环境品质获得更好提升。

参考文献

倪鹏飞主编《中国城市竞争力报告(No.18)》,中国社会科学出版社,2020。
《2020中国城市科技创新竞争力报告》,中国社会科学院城市与竞争力研究中心网

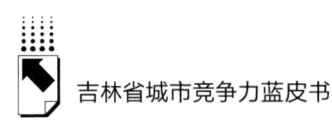

站，http：//gucp.cssn.cn/yjcg/zcjy/202011/t20201106_5212457.shtml。

《白山市2019年国民经济和社会发展统计公报》，吉林省统计局网站，http：//tjj.jl.gov.cn/tjsj/tjgb/ndgb/202012/t20201211_7821101.html。

崔岳春、张磊主编《吉林省城市竞争力报告（2018～2019）》，社会科学文献出版社，2019。

《千峰翠色满城谷！白山走绿色转型高质量发展之路探析》，彩练新闻网站，https：//www.cailianxinwen.com/manage/homePage/getNewsDetail？newsid=241700。

《政府工作报告——2020年1月8日在白山市第八届人民代表大会第四次会议上》，中国经济网，http：//district.ce.cn/newarea/roll/202003/02/t20200302_34378352.shtml。

《政府工作报告——2021年1月12日在白山市第八届人民代表大会第五次会议上》，中国经济网，http：//district.ce.cn/newarea/roll/202103/01/t20210301_36346945.shtml。

《政府工作报告——2020年1月12日在吉林省第十三届人民代表大会第三次会议上》，吉林省人民政府，http：//www.jl.gov.cn/zw/jcxxgk/gzbg/szfgzbg/202001/t20200120_6625530.html。

B.13
吉林省城市竞争力（白城市）报告

吴 妍*

摘 要： 2019年白城市经济下行压力加大，经济增速放缓。城市综合经济竞争力下降明显，城市可持续竞争力总体水平保持基本稳定。落后的经济发展水平、城市发展的内生动力不足、营商环境竞争力表现不佳等问题的存在影响了白城市竞争力总体水平的提升。白城市践行"生态立市、绿色发展"理念，经济发展蓄势转型，精准脱贫成效显著，深化改革优化营商环境，积极融入国家发展重大战略，为白城市发展奠定了良好基础，也迎来重大发展机遇。

关键词： 综合经济竞争力 可持续竞争力 白城市

2019年是决胜全面建成小康社会的关键一年。2019年全球主要经济体经济增长放缓、通胀上升，国际经济、政治环境日益复杂。受复杂的国际国内环境影响及自身发展难点制约，白城市经济下行压力加大，经济增速放缓。2019年，白城市地区生产总值按可比价格计算，增速为零，这也是2014年以来，白城市地区生产总值首次出现零增长。从城市竞争力全国排名看，相比2018年，2020年白城市综合经济竞争力由第254位降为第277位，可持续竞争力由第210位降为第265位。面对诸多问题困难，白城市委、市政府以习近平新时代中国特色社会主义思想为指导，迎难而

---

* 吴妍，吉林省社会科学院城市发展研究所副研究员，研究方向为科技创新与区域发展。

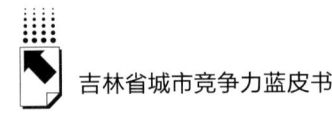

上，以建设吉林西部生态经济区为主线，紧紧围绕中心大局，团结奋斗、共克时艰，全面建成小康社会取得新的重大进展，全面振兴全方位振兴迈出坚实步伐。

表1　2019年白城市基本情况

项目	数据
总人口(万人)	188.5
GDP及增长率(亿元,%)	491.55,0
三次产业比例(%)	25.3∶16.4∶58.3

资料来源：《白城市2019年国民经济和社会发展统计公报》。

一　格局与优势

（一）总体概况

1. 经济发展蓄势转型

2019年白城市地区生产总值为491.55亿元，居于吉林省末位。经济发展内生动力不足一直是困扰白城市经济发展的主要问题。白城市委、市政府在习近平新时代中国特色社会主义思想指导下，深入贯彻党中央国务院、省委省政府的决策部署，上下齐心，创新发展理念，积极寻求破解办法。"实施'早见效稳增长''五项攻坚'专项行动，抓存量、扩增量、提质量，先行指标运行平稳，主要指标在高基数上触底反弹，质量效益总体向好。"[①] 2019年白城市规模以上工业增加值增长4.4%，规模以上工业企业累计实现利润总额同比增长13.4%，季盛宝、福佳科技、飞鹤乳业、罗赛洛明胶等重点企业稳中有升，梅花一期产值近16亿元；外贸进出口总额77797万元，同比增长12.8%，其中，出口额65836万元，同比增长29.7%；地方级财

---

① 《2020年白城市人民政府工作报告》，白城市人民政府网站。

政收入增长 7.1%。①

2019 年白城市委、市政府积极筹谋重大项目建设落实，成效显著。梅花二期、洮北九新燃料乙醇、镇赉新大地生物有机肥、通榆善能生物质热电联产等项目开工建设，百琦中医药产业园、洮南敖东利培酮安、重通成飞风电叶片等项目竣工投产。2019 年白城市积极落实农牧业高质量发展"五大行动"，实现农林牧渔业增加值 129.11 亿元，按可比价格计算比上年增长 2.7%；粮食产量突破百亿斤，增长 5.3%，实现"八连增"。大力推动农业服务业转型提质，完成瑞光农贸市场升级改造，中农冷链物流进展顺利，全国唯一的国家级杂粮及制品质量监督检验中心竣工落成；通榆吉运集团晋升国家级农业产业化重点龙头企业。

2. 精准脱贫成效显著

2019 年白城市集中开展"两个百日攻坚""七大专项行动"，形成了"扎实细致、攻坚克难、甘于奉献、众志成城"的白城脱贫攻坚精神。继续完善"双带四增"产业扶贫模式；着力解决"两不愁三保障"突出问题，危房改造、安全饮水、村卫生室全部达标，贫困患者分类救治、慢病管理、家庭医生签约服务全面实施，贫困人口参保、贫困学生资助政策精准落实。镇赉、洮南成功摘帽，大安、通榆、洮北通过市级初审。全市贫困发生率降至 0.12%。

3. 城乡面貌持续改观

近年来，白城市公共服务基础设施建设不断加强，提升了城市承载能力，城市功能不断增强。白城市在实施城市规划建设中坚持"精心、精细、精品"理念，巩固老城改造成果，提升城市管理水平。2019 年白城市开工建设污水管网提质增效、道路照明节能改造等基础工程；市滑冰馆竣工；城市阅读驿站投入运营；经开区亚行城市发展项目、商旅特色文化小镇建设加快实施。实施城市综合整治工程，推行网格化精准管理，竭力保持"天天是新城"。深入开展"全国文明城市"创建，4 个县（市）被列为全国新时

---

① 数据来源：《白城市 2019 年国民经济和社会发展统计公报》。

代文明实践中心试点。海绵城市试点通过国家验收，荣获全国"优秀海绵城市"称号。

（二）现状格局

1. 综合经济竞争力下降明显

白城市受经济增长乏力影响，综合经济竞争力下降幅度较大。2020年白城市经济竞争力在全国排名第277位，较2018年退后23位；在东北34个城市中排名第29位，较2018年下降13位；在吉林省内排名仍居末位。

从经济竞争力分项指数排名来看[①]：

白城市生活环境排名最为靠后，在全国291个城市中仅仅排在第287位，在东北34个城市中排在倒数第5位，在吉林省8个城市中排名末位。影响生活环境排名的因素中，白城市的气候舒适度指数和市民消费水平指数全国排名均在第287位。受地理环境因素影响，白城市的气候舒适度短时间内无法得到有效改善。而市民消费水平指数排名靠后，表明白城市经济发展水平明显落后于国内大多数城市，经济发展任重道远。

白城市营商软环境全国排名第281位，在东北三省34个城市中排在第30位，吉林省内排名第7位。在营商软环境的影响因子中，经商便利度指数全国排名第275位、市场化指数全国排名第273位、产权保护指数全国排名第252位、开放度指数全国排名第227位，这几项指数全国排名相对靠后，表明白城市市场经济体系建设有待进一步完善，市场化改革需继续深化；白城市社会安全指数和大学指数全国排名位于中位数附近，指标表现相对较好。白城市营商硬环境全国排名第270位，东北三省排名第34位，吉林省排名第8位。营商硬环境的影响因子主要包括交通便捷度、电力充沛度、网络信息传输速度、航运便利度、自然灾害指数等。白城市营商硬环境在东北三省和吉林省排名均居于末位，这表明白城市基础设施水平较为落后，基础设施建设还需进一步加强。

---

① 本文指标分类标准主要来自中国社会科学院城市与竞争力指数数据库。

白城市当地要素指数全国排名第264位，东北三省排名第28位，吉林省排名第7位，指标表现略好于生活环境和营商环境排名。信贷市场融资便利度和青年人才比例是决定当地要素竞争力差异的关键变量。白城市这两个因素表现不尽如人意，导致白城市当地要素排名落后。

表2　2020年白城市经济竞争力及分项指数排名

年份	经济竞争力			当地要素			生活环境			营商软环境			营商硬环境			全球联系		
	全国	东北	省内	全国	东北	省内	全国	东北	省内	全国	东北	省内	全国	东北	省内	全国	东北	省内
2020	277	29	8	264	28	7	287	30	8	281	30	7	270	34	8	208	19	5

资料来源：中国社会科学院城市与竞争力指数数据库、吉林省社会科学院城乡发展指数数据库。

2. 可持续竞争力总体基本保持稳定

2020年，白城市可持续竞争力全国排名第277位，在东北三省34个城市中排名第29位，吉林省排名末位。与2018年相比，虽然全国排名有所下降，但是在东北三省及吉林省城市中排名基本保持不变。

从白城市可持续竞争力分项指数排名看：

全球联系指数表现相对较好，在全国291个城市中排名第208位，在东北三省34个城市中排名第19位，在吉林省8个城市中排名第5位。这得益于全球联系指数中的科研人员联系度和企业联系度排名较为靠前，这几个指标的全国排名均在100位以内。科技创新指数全国排名第234位，东北三省排名第23位，吉林省排名第5位。相比白城市可持续竞争力其他分项指标全国、东北三省及省内排名均靠后，全球联系和科技创新指数排名表现相对较好，一方面体现出白城市高等院校的发展为白城市经济社会发展做出了贡献，另一方面说明白城市重视高新技术企业和科技型企业的培育发展，取得一定成效。

社会包容指数全国排名第243位，东北三省排名第25位，吉林省排名第5位。分析社会包容指数的影响因素，可以看出白城市"交巡合一"、"一村一警"工作较为出色，社会安全表现较好，历史文化资源也较为丰富，居住成本不高；但是，医疗机构数量和医疗质量不高，开放度也处于省内落后状态。

经济活力全国排名第290位，这主要受近几年GDP增速连年下降、青年人口流失等因素影响，经济活力不足。环境韧性在东北三省和吉林省排名均居末位。在影响环境韧性的因素中，白城市气候舒适度排名较为靠后，这主要由白城市所处地理位置和气候特点决定，短期内难以改变。虽然白城市环境韧性整体排名较为靠后，但是白城市环境污染度指数相比环境韧性的其他分项指数表现较好，可见白城市狠抓污染防治，深入贯彻落实"绿水青山就是金山银山"理念，建设天蓝地绿水清的美丽白城，成效显著。

表3 2020年白城市可持续竞争力及分项指数排名

年份	可持续竞争力			经济活力			环境韧性			社会包容			科技创新			全球联系		
	全国	东北	省内	全国	东北	省内	全国	东北	省内	全国	东北	省内	全国	东北	省内	全国	东北	省内
2020	265	28	8	290	33	8	289	34	8	243	25	5	234	23	5	208	19	5

数据来源：中国社会科学院城市与竞争力指数数据库、吉林省社会科学院城乡发展指数数据库。

二 问题与不足

（一）落后的经济发展水平制约经济竞争力整体提升

受历史和区位因素影响，较长一段时期内，白城市经济发展水平在吉林省内处于落后水平。2019年吉林省8个地级市GDP排名白城市居于末位。2019年吉林省GDP增速（按可比价格计算）为3%，而白城市GDP增速为0，落后于全省增速。有学者研究表明经济增量竞争力是导致综合经济竞争力差异的主要原因[1]，白城市GDP总量和GDP增长率表现欠佳，必然影响白城市综合经济竞争力水平。

---

[1] 倪鹏飞主编《中国城市竞争力报告（No.18）》，中国社会科学出版社，2020。

从《2019年白城市国民经济和社会发展统计公报》公布的数据来看：2019年白城市第二产业增加值下降4.0%，第三产业增加值增长幅度为0；全社会固定资产投资比上年下降59.6%；一般预算全口径财政收入比上年下降3.6%；城镇常住居民人均可支配收入为25631元，而吉林省城镇常住居民人均可支配收入为32299元。可见，白城市经济发展的主要指标在吉林省内均处于中下游水平，经济发展整体水平较为落后，这必然制约白城市经济竞争力提升。

（二）城市可持续发展的内生动力不足

经济活力反映城市可持续发展的内生动力。白城市经济活力全国排名第290位，在291个城市中排在倒数第二位，在吉林省排在末位，在东北三省排名位次仅高于辽宁省阜新市。从影响城市经济活力的核心要素人口情况来看（如表4所示），近年来白城市年末户籍人口总数一直呈现下降趋势。2015年白城市年末户籍人口总数为196.7万人，而到2019年末户籍人口总数为188.5万人，5年间减少了8.2万人。人口的减少带来一系列社会经济问题。白城市人才增量竞争力全国排名第252位，人才密度竞争力排名第267位，都处在比较落后的水平。青年人才比例的全国排名也在200名以后。人口减少、青年人才不足，人才增量竞争力低，影响白城市经济活力的提升。此外，产业结构不合理、产业转型升级难，尤其是近年受国内外因素影响，制造业发展滞后，经济效率不高等问题一直没得到有效解决。城市可持续发展的内生动力不足，如何破解难题，提升经济活力，对于城市未来可持续发展至关重要。

表4 2015~2019年白城市年末户籍人口总数

年份	年末人口数（万人）	年份	年末人口数（万人）
2019	188.5	2016	193.5
2018	189.9	2015	196.7
2017	190.9		

资料来源：2015~2019年白城市国民经济和社会发展统计公报。

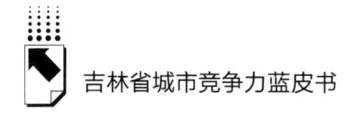

（三）营商环境竞争力表现不佳

白城市营商软环境全国排名第281位，东北三省34个城市中排在第30位，吉林省排名第7位；白城市营商硬环境全国排名第270位，东北三省排名第34位，吉林省排名第8位。营商环境竞争力整体排名靠后，表现不佳。虽然近年来白城市积极作为，狠抓营商环境建设，取得显著效果。但是与先进地区相比，无论营商软环境还是营商硬环境竞争力都差距较大；即使是从吉林省内情况看，白城市营商环境竞争力也是排在末位。良好的营商环境对城市经济社会发展有正向的促进作用，反之亦然。营商环境竞争力尤其是营商软环境竞争力表现不佳，这意味着城市经济社会发展的"软环境"缺乏竞争力，必然制约城市竞争力的提升。

三 现象与规律

（一）白城市与省内首位城市差距不断扩大

2018年，白城市综合经济竞争力指数为0.044，全国排名第254位；省会长春市综合经济竞争力指数为0.087，全国排名第47位，长春市综合竞争力指数比白城市高0.043，排名位次领先207位。而从2020年情况看，白城市综合经济竞争力为0.077，全国排名第277位，虽然综合经济竞争力指数增加了0.033，但全国排名位次下降了23位；长春市综合经济竞争力指数为0.411，比白城市高0.334，长春市综合经济竞争力全国排名第60位，虽然在全国排名位次下降，但是领先白城市217个位次。与2018年相比，无论是综合经济竞争力指数还是综合经济竞争力全国排名，白城市与长春市的差距都在扩大。2018年，白城市可持续竞争力指数为0.209，长春市可持续竞争力指数为0.517，比白城市高0.308；白城市可持续竞争力全国排名第210位，长春市则排名第28位，领先白城市182位。2020年，白城市可持续竞争力指数为0.087，全国排名第265位；长春市可持续竞争力指数为

0.411，全国排名第44位；虽然可持续竞争力指数和全国排名位次，白城市和长春市都有下降，但是白城市和长春市的差距在扩大，长春市可持续竞争力指数比白城市高0.324，全国排名领先白城市221个位次。综上所述，白城市与省内首位城市长春市的差距没有缩小，反而在不断扩大。

（二）生态立市、绿色发展促进城市可持续发展

作为吉林省西部地区重要的生态屏障，白城市生态资源较为丰富。白城市本着"生态立市、绿色发展"的发展理念，扬长避短，突出生态保护、绿色发展。一是狠抓环境污染治理。对中央和省环保督察及"回头看"反馈问题的整改、信访案件办理，全部达到序时进度和目标要求；加强污染源头治理，建立环境执法与司法联动机制。二是高度重视生态白城建设。推进河湖联通配套建设，植树造林、治理草原、修复湿地三头并进；大安嫩江湾被列入创建5A级景区预备名单，镇赉环城国家湿地公园正式授牌；白城市荣获"全国绿化模范城市"称号，标志着生态白城建设跃上新台阶。

（三）第一产业对GDP贡献超过第二产业

与省内其他地级市有所不同，2019年白城市三次产业比例为25.3∶16.4∶58.3，第一产业所占比重超过第二产业；第一产业增加值为124.18亿元，超出第二产业增加值43.78亿元。这也是2006年以来，白城市三次产业结构首次第一产业所占比重高于第二产业所占比重。从《2019年白城市国民经济和社会发展统计公报》公布的数据看：2019年白城市农林牧渔业增加值129.11亿元，按可比价格计算比上年增长2.7%，这是2016年以来连续4年稳步增长。粮食种植面积比上年增加6.97万公顷，粮食总产量比上年增长5.3%；牧业增加值比上年增长6.8%；渔业增加值比上年增长5.4%；农业机械总动力比上年增长4.2%。白城市规上工业增加值增长了4.4%，但是建筑业增加值则同比下降22.8%。与2018年相比，建筑业增加值的大幅度下降，拉低了第二产业所占比重。

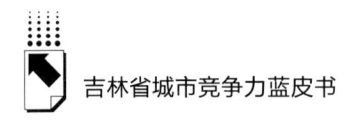

四 趋势与展望

（一）积极融入国家重大战略，迎来发展重大机遇

白齐兴生态经济合作区是为推动东北区域合作提出的战略构想，拟规划范围包括白城市和黑龙江齐齐哈尔市、内蒙古兴安盟全境，地域面积约12.8万平方公里，主要建设内容包括基础设施互联互通、生态环境共建共保、绿色产业协同发展、扶贫开发和区域发展双轮驱动、新型城镇化同步推进、公共服务和社会治理一体化等六个方面[1]。白城市积极推动白齐兴跨省生态经济合作区上升为国家战略。2019年国家发改委等4部委印发了《东北地区西部生态经济带发展规划》，将白齐兴生态经济合作区整体纳入发展规划，为白城市经济社会发展带来了重大发展机遇。可以预计，在国家"量身定做"的振兴政策支持下，白城市未来发展前途可期。

（二）深化改革，营商环境不断优化

2019年白城市在"第九届环球总评榜"评选中，获得"2019中国（区域）最具投资营商价值城市"，这是对白城市深化改革、努力优化营商环境工作的肯定。近年来，白城市深刻认识到营商环境对经济社会发展的重要影响，积极深化改革，狠抓营商环境建设，力图为企业和投资者提供公平公正、民主法治、诚实守信、安定有序的发展环境。白城市下放行政职权审批权限，大幅压缩审批时限，推广"一窗受理、集成服务"工作模式；开展行业信用专项治理行动，实施事业单位信用分类监管。全面加强诚信体系建设，城市信用指数在全国排名大幅提升，跃居吉林省首位[2]。

---

[1] 《白齐兴生态经济合作区》，吉林省人民政府网站，http：//www.jl.gov.cn/szfzt/2018lh/mcjs/201801/t20180125_4475945.html。

[2] 《2019年白城市人民政府工作报告》，白城市人民政府网站，http：//www.jlbc.gov.cn/ztzl_3381/2020bclh/zfgzbg2020/202001/t20200113_737433.html。

五 政策与建议

(一) 加快产业结构转型升级,培育经济增长新动能

长期以来,白城市经济发展水平在吉林省处于比较落后的地位,受此影响城市综合经济竞争力整体水平不高。产业结构不合理、经济增长动力不足,一直制约着白城市经济社会发展。有鉴于此,优化产业结构,培育经济增长新动能,应是未来相当长的一段时间内,白城市经济发展的主要任务和重点任务。第一要积极培育农业产业化重点企业发展。农牧业生产在白城市具有举足轻重的地位,实现农牧业高质量发展也符合国家及省对白城市发展的要求和定位。农业产业化企业在推动农业现代化进程中作用明显,积极培育农业产业化重点企业也是推进农业现代化的有效途径,对实现农业高质量、高效率发展起到积极带动促进作用。二要积极谋划落实重大项目建设。白城市经济发展水平不高,经济实力不强,单靠企业自身积累发展,想要实现赶超,难度太大。为此,白城市要科学制定产业发展政策,用好用活国家及省政策,积极争取符合白城市未来发展方向的重大项目在白城市落地生根。三要淘汰落后产能,降低高耗能行业所占比重。从2019年统计公报公布的数据来看,白城市六大高耗能行业同比增长2.3%,不降反升,这也反映了白城市降低高耗能行业所占比重工作形势严峻。四要积极培育科技型企业和高技术企业发展。高技术企业和科技型企业代表未来发展方向,要未雨绸缪,积极培育发展科技型企业和高技术企业,为白城市持续健康发展提供新动力。

(二) 积极培育和引进人才,夯实人才基础

人才是经济社会发展的根本。随着经济发展进入新常态,发展动力由投资驱动型逐渐向消费和创新驱动型转变。无论是夯实内需基础,还是企业发展,抑或贡献税收,人才都是先决条件。从全国范围看,经济发达、产业密

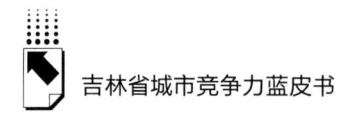

集、消费市场发达、就业机会较多、生活环境品质高的地区对人才持续吸引力较高。白城市本土人才流失严重，高层次的人才尤其是高层次研发人才难以引进。企业普遍存在"缺人"的问题，企业面临高层次人才匮乏、专业技术人才和实用技能型人才短缺的突出问题，对正常开展科研与生产经营活动带来不小的影响。人口减少和人才不足也导致经济活力不足，经济社会发展后劲不足。为此，一要鼓励企业、高等院校、科研机构加强人才、学科建设，培育创新人才，提升科技创新能力。支持白城师范学院等高等院校与省内高等院校科研机构加强交流联系，围绕学科、专业配置优势资源，努力培养出更多的研究人才。支持白城市内高校、科研院所结合白城市产业发展需要和企业发展需要，加强产教融合、产学研合作，培育产业创新人才。二要支持以龙头企业、科技企业为主体，培育以解决生产环节工艺难题、提升工艺设计能力为主的企业创新人才；引导企业和职业技术培训机构完善合作机制，培育一批动手能力强、解决问题快的"车间"创新人才。三要开展科技管理人才培训提升相关活动，加强与发达地区科技管理部门的交流，提升白城市科技管理人才素质，培育一批适合新时代发展的科技政务服务人才。

（三）持续优化营商环境

虽然白城市营商环境建设取得显著成效，但是营商软环境竞争力和营商硬环境竞争力在全国及省内排名靠后，白城市营商环境建设任重道远。一要加快推进通信及网络基础设施建设，提升网络传输速度。二要积极争取政策资金支持加强交通基础设施建设，尤其是高铁和机场设施建设，增强白城市交通便利度和对外联系能力。三要继续深化改革，优化营商软环境。要进一步深化行政管理体制改革，打破机构设置条块模式，优化服务环境，加快审批速度，简化审批流程，提高管理效率；要重点着力提高基层政府治理能力，确保各项政策落地显效；增强涉企收费的透明度。

参考文献

［1］倪鹏飞主编《中国城市竞争力报告（No.18）》，中国社会科学出版社，2020。
［2］《2019年白城市人民政府工作报告》白城市人民政府网站，http：//www.jlbc.gov.cn/ztzl_3381/2020bclh/zfgzbg2020/202001/t20200113_737433.html。
［3］《白城市2019年国民经济和社会发展统计公报》，吉林省统计局网站，http：//tjj.jl.gov.cn/tjsj/tjgb/ndgb/202012/t20201211_7820944.html。
［4］崔岳春、张磊主编《吉林省城市竞争力报告（2019～2020）》，社会科学文献出版社，2020。

县级市竞争力报告

Competitiveness of County-level City Reports

B.14 吉林省城市竞争力（集安市）报告

李冬艳*

摘 要： 集安市位于吉林省东南部，是全国最大的人参产区，其独特的地理位置、优越的生态环境、富有特色的历史文化赋予集安极强的城市竞争力。本报告在系统总结集安市格局与优势的基础上发现不足与问题，找出现象与规律并提出对策与建议。集安市在未来的发展过程中应着力优化产业结构，做大集安经济总量；培育新动能，加快新型经济发展；以人民为中心，强化和谐城市建设；巩固脱贫攻坚成果，全面实施乡村振兴战略；进一步完善人才政策，强化可持续发展支撑动能。

关键词： 可持续竞争力 综合竞争力 集安市

---

* 李冬艳，吉林省社会科学院农村发展研究所副研究员，研究方向为区域经济与农村发展。

集安市是我国十大边境城市之一，位于吉林省通化市。2020年全市总人口23.6万人，有汉、朝鲜、满、回等25个民族。集安素有"吉林的江南"之美誉，是世界文化遗产地和中国历史文化名城。

表1　2018年集安市基本情况

项目	数据
辖区面积（平方公里）	3341
总人口（万人）	21.2
GDP及增长率（亿元，%）	77.47，-10.8
三次产业比重（%）	7.6∶12.6∶79.8

资料来源：《吉林统计年鉴（2019）》。

集安市独特的地理位置、优越的生态环境、富有特色的历史文化以及全国最大人参产区赋予集安极大的城市竞争力。集安市整体属北温带大陆性气候，岭南具有明显的半大陆海洋性季风气候特征。四季分明，春风早度，秋霜晚至。境内老岭山脉自东北向西南横贯全市，形成一道天然屏障，是吉林省平均降水量最多（年降水量800~1000毫米）、积温最高（年积温3650℃）、无霜期最长（150天左右）、风速最低（年平均风速为1.6米/秒）的县级市，素有"吉林小江南、国家生态园"之美誉。以鸭绿江为界，集安市与朝鲜慈江道满浦市隔江相望，鸭绿江国境铁路大桥把我国的梅集铁路与朝鲜铁路连接贯通，被誉为"世界最短国际列车铁路线"。距鸭绿江国境铁路大桥不远处的集安公路口岸边境国门，是目前东北地区整体跨度最大、建设标准最高的边境国门，被誉为"东北第一国门"。口岸国门下的中朝集安—满浦界河公路大桥横跨在鸭绿江上，桥的另一边是朝鲜满浦市，这座桥是鸭绿江上唯一一座由朝方出资出力修建的公路桥，具有特殊的意义。集安历史悠久，文化底蕴厚重，高句丽王城、王陵及贵族墓葬等我国高句丽历史遗产是中国文化遗产，也是世界文化遗产。集安是世界优质人参产区，是我国最大的林下参基地，是边条参的中国唯一生产地区。"新开河"品牌是我国人参行业唯一的中国驰名商标。除了人参，集安还富有系列驰名全国的资源和特产，盛产山葡萄（冰葡萄酒）、五味子（五味子酒）、系列蜂产品、系列林蛙产品等。

一 格局与优势

（一）总体概况

1. 经济运行质量全面提升

2018年全市地区生产总值实现77.47亿元，扣除一次性因素，较上一年增长-10.8%；地方级财政收入实现3.7亿元，扣除一次性因素，按可比口径计算增长2.0%；规模以上工业总产值实现24.0亿元，按可比口径计算增长9.0%；土地供应量、铁路货运量、银行贷款发放量等一些反映经济走势的指标都全面向好，分别增长156.7%、23.5%、10.4%。持续扩大有效投资，项目建设提质提速。全年实施固定资产投资项目63个，完成投资37亿元，同比增长24.7%。公路口岸等26个项目竣工。中国·清河（澳洋）野山参国际交易中心等21个亿元以上项目落户集安，到位资金34.5亿元，同比增长15.0%。累计争取上级资金22亿元，同比增长10.0%。全年发放引导资金2479万元，新增个体工商户2991户、小微企业692户、规模以上企业6户、股份制企业1户；设立人才开发基金1000万元，引进优秀高校毕业生36名。

2. 特色产业发展实现突破

大力发展旅游产业，高标准编制《全域旅游发展总体规划》，实施了夹皮沟"果·宿"等项目，国家全域旅游示范区创建工作顺利通过省级验收，集安市荣获中国气候旅游市称号、成功入选第四批全国旅游标准化试点单位。着力提升旅游服务能力，香洲花园酒店等投入使用，新建游客服务中心3个，改建旅游厕所9座，全域旅游服务中心投入运营，豆谷离宫酒店被评为全国休闲农业与乡村旅游五星级示范企业。率先在全省开展数字旅游建设，旅游云数据中心、公共服务平台上线运营，基本实现"一部手机在手、畅游集安无忧"。实行旅游惠民政策，高句丽文物古迹景区免费接待市民及游客6万余人次。全年旅游综合收入实现58.6亿元，同比增长23.9%。全力抓好人参产业发展，国家人参现代农业产业园创建成功，人参安全优质生产农药减施综合技术获国家神农中华农业技术二等奖，康美新开河被认定为国家人参加工技术研发专业中心，百济堂参业被认定为吉林省科技小巨人企业，益盛药业国家重大新药创制课题"振源胶囊科技成果转化项目"成功立项。加快鸭绿江河谷山葡萄产业带建设，新引进葡萄酒庄2个。着力推进战略新材料产业，16.5万吨石墨精矿深加工项目竣工投产，1万吨石墨烯生产线项目完成厂房建设。

3. 改革开放迈出新步伐

深化农业农村改革，完成农村土地登记、确权及颁证工作；开展农业集体产权制度改革省级试点，2019年完成了农村集体产权清产核资工作。国有林场改革由试点到全省稳步推进，以优异成绩通过省级验收。继续推进医药卫生体制改革，市医院被确定为省级公立医院薪酬制度改革试点单位。国地税征管体制改革顺利完成。政府机构改革全面启动。持续深化营商环境改革，通过"放管服"和建立最多"只跑一次"制度，实现了到政府办事"只跑一次"目标。加快推进边合区建设，核心区路网、引道引桥等基础设施竣工，边合区获批为省级边境经济合作区，公路口岸通过国家验收。开发区迁址扩区快速推进，清河新区总规、控详规完成编制，中国·清河（澳洋）野山参国际交易中心主体完工。着力加强开放通道建设，集通高速公路全线贯通，集青公路完成工程总量的91%，头财、清财公路竣工通车，集桓高速公路正在办理前期手续，支线机场进入实地选址流程。

4. "三大攻坚战"取得新成效

精准脱贫攻坚战成效显著，全年完成97户167人脱贫、3个贫困村摘帽。污染防治攻坚战效果明显，51个中央环保督察交办案件已办结49个，21个重点问题已销号17个。全面落实"河长制"，水环境得到有效保护。着力加强生态建设，荣获国家生态文明建设示范市称号，是东北三省唯一入选城市。启动国家森林城市创建，完成各类造林4.4万亩，新增省级生

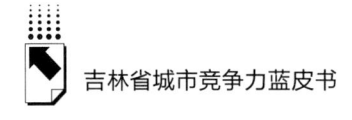

态乡镇3个、生态村4个、绿美示范村屯1个，连续65年无重大森林火灾。持续防范化解重大风险，积极妥善处置存量债务，综合债务率降至36.38%。

5. 民生保障取得新进展

2018年通化市城乡居民可支配收入增速差距在缩小，农村常住居民人均可支配收入同比增长7.5%，比城镇常住居民人均可支配收入同比增长7.0%多0.5个百分点。大力扶持就业创业，发放创业贷款3238万元，全年城镇新增就业6205人，农村劳动力转移就业4.5万人。不断提升社会保障能力，城市低保标准提高到每月450元，农村低保标准提高到每年3600元，发放各类补助资金7655万元。持续改善群众居住条件，投资5.51亿元，改造棚户区446户、7万平方米，新建安置楼11.2万平方米，改造农村危旧房540户、室内厕所611户；发放廉租住房租赁补贴200万元。实施农村饮水安全巩固提升工程19处，解决了2.04万人饮水安全问题。全面改善办学条件，清河中学教学楼、腰营学校幼儿园主体工程完工，22辆中小学标准化新校车投入运营。着力优化医疗环境，完善家庭医生签约服务，建档立卡贫困人口与特殊家庭签约覆盖率达100%。不断丰富群众文体生活，新建基层综合文化服务中心20个、农村文化广场16个。

（二）现状格局

1. 可持续竞争力持续强劲

如表2所示，2018年由于集安市的文化城市竞争力、知识城市竞争力、生态城市竞争力继续保持全省领先水平，集安市可持续竞争力在2017年强劲基础上，继续保持上升势头，全省排位第2，比2017年跃升1位。而集安市与排在第1位的延吉市可持续竞争力的主要差距是信息城市竞争力的差距。2018年集安市信息城市竞争力水平继续维持在3星级水平，而延吉市为5星级，排全省第1位。集安市和谐城市竞争力水平由于城市安全控制较好，星级档次水平升为3星。

表2　2015~2018年集安市在吉林省县级市中可持续竞争力排名及分项指标等级

年份	可持续竞争力		知识城市竞争力	和谐城市竞争力	生态城市竞争力	文化城市竞争力	全域城市竞争力	信息城市竞争力
	指数	排名	等级	等级	等级	等级	等级	等级
2015	0.95	3	++++	+++	++++	+++++	++	+++++
2016	0.97	2	++++	++++	++++	++++	+++	++++
2017	0.89	3	++++	++	++++	++++	++	+++
2018	0.89	2	+++++	+++	++++	++++	++	+++

资料来源：中国社会科学院城市与竞争力指数数据库、吉林省社会科学院城乡发展指数数据库。

2. 综合增量竞争力进一步提升

从表3可见，尽管集安市2018年综合经济竞争力水平出现波动，综合经济竞争力水平指数由上一年排位第8，下降到第11位，但是综合增量竞争力进一步提升，全省排位进一步提高，由上一年第9位上升到第8位。经济整体指标不断向好，推动集安市综合经济竞争力水平不断提升。与此同时，综合效率竞争力水平保持稳定，排位保持不变，仍然在全省20个县级市中排第14位。

表3　2015~2018年集安市在吉林省县级市中综合竞争力情况

年份	综合经济竞争力		综合增量竞争力		综合效率竞争力	
	指数	排名	指数	排名	指数	排名
2015	0.19	15	0.18	16	0.12	13
2016	0.32	12	0.56	11	0.12	13
2017	0.27	8	0.41	9	0.10	14
2018	0.25	11	0.41	8	0.10	14

资料来源：中国社会科学院城市与竞争力指数数据库、吉林省社会科学院城乡发展指数数据库。

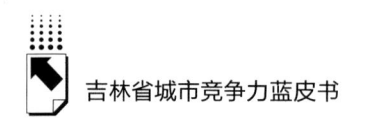

二 问题与不足

(一)经济回升速度仍然较慢

"十三五"时期,集安市经济总量不断增加,但受前期经济指标挤水分影响,2018年GDP按可比价格计算,比上一年减量10.8%。GDP增量(绝对值)在全省位次没有变化,仍然处于下游的第15位水平。与GDP增量指标一样没有变化的是GDP与工业二氧化硫排放比值指标,排名第5位,仍然属上游水平。海关统计的集安市全年出口额为5066万元,排名全省倒数第3位,这些都表明集安市经济发展速度放缓,尽管2018年取得良好的成果,但是效率仍然有较大提升空间。反映在全市的经济发展实际情况是经济结构不合理,没有形成大规模的支柱产业,规上企业规模也较小。

(二)社会发展水平有待进一步提高

集安市社会发展水平提升空间很大。提高社会保障水平、改善民生与社会发展要求还有较大差距。2018年,人均社会保障、就业和医疗卫生财政支出指数为0.68,位居全省第7位。尽管近些年集安市的民生和社会事业发展水平有较大幅度的提高,已经处于全省20个县级市的上中游水平,但是仍然有较大的发展潜力,这也是今后全市社会主要发展方向。

(三)全市财政收支矛盾仍然尖锐

2018年,全市地方财政收入37144万元,排名全省倒数第5位,处于全省下游,人均财政收入1752元,全省排位第7,处于中游。集安市由于经济总量较小,财政收入总量也较少。日益加大的民生刚性需求不能得到有效满足,一些关乎人民群众切身利益的问题不能得到有效解决等。

（四）全域城市竞争力较低

2018年，代表全域城市竞争力的两个指标——公路里程和全域平均公路里程，分别位居全省县级市的第16位和第14位，公路里程较少是制约集安市经济发展的重要原因之一，2019年9月集安市结束没有高速公路的历史。城市居民收入24350元，在全省20个县级市中居第11位，农村居民人均收入13808元，在20个县级市中居第10位，城乡人均收入比指数为0.68，低于榆树、蛟河、舒兰、临江、扶余、和龙，居民收入水平有较大的上升空间。

三 现象与规律

（一）进入"双循环"发展格局，全面调整发展方式

进入以国内大循环为主体、国内国际双循环相互促进的新发展格局，在百年未有之大变局背景下，中国经济发展将发生深刻变化，对吉林省、对集安市经济发展将产生深刻的影响。集安市需要在全面建成小康社会、完成脱贫攻坚的新发展阶段，面对新发展格局、树立新发展理念，全面调整经济发展方式。进入新发展阶段，必须按照习近平总书记的"两山理论"要求，一切发展都要以绿色发展为统领，改变经济传统发展方式，让绿水青山变成金山银山。

（二）城乡发展仍然不平衡不充分，脱贫攻坚成果与乡村振兴有效衔接任务艰巨

2018年，集安市城乡人均收入比指数为0.68，在全省20个县级市中排第7位，城乡发展仍处于不平衡不充分阶段。城镇居民收入与全省20个县级市中排第1位的延吉市的33865元相比，相差9515元，近30%；农村居民收入与全省20个县级市排第1位的延吉市的14525元相比，相差717元，

约5.0%。中共十九届五中全会及国家"十四五"规划,为脱贫攻坚成果与乡村振兴有效衔接设置了5年过渡期,足以说明,脱贫攻坚成果与乡村振兴有效衔接任务的艰巨性。集安市与全省其他县市一样,"十三五"期间乡村快速发展,脱贫攻坚取得丰硕成果,贫困乡村全部摘帽。但是由于城乡差距不是一朝一夕所能够全部解决好的,尽管乡村面貌变化显著,公共设施建设水平普遍提高,城乡居民收入增速差距开始缩减。但是城乡发展的差距仍然存在。医疗保障、收入水平、教育卫生等发展不平衡不充分的事实存在。脱贫攻坚成果的持续保障任务仍然艰巨,与乡村振兴有效衔接困难重重,乡村振兴任重道远。

(三)强化项目优化结构,发展后劲不断增强

"十三五"期间,集安市组织实施5000万元以上重点项目268个,其中边合区、望江楼电站等10亿元以上项目13个,益盛汉参化妆品扩能改造和保健食品生产线等亿元以上项目47个。全市大力开展招商引资,通过以商招商、"腾笼换鸟"等方式,相继引进了江苏澳洋集团、河北麦咭翁酒业等企业,累计完成招商引资415.4亿元。与此同时,集安市产业结构持续优化。大力发展特色产业,成功创建国家人参现代农业产业园和省级农业高新技术产业示范区,冰葡萄酒获国内外大奖51项,集安人参、山葡萄产区被认定为中国特色农产品优势区,集安市荣获中国椴树蜜之乡称号。着力推进工业发展,嘉元绿宝环保环卫生产加工一期等项目竣工投产,益盛药业入选2019年度中国中药企业百强排行榜和中华民族医药百强品牌企业,云峰发电厂获评全国文明单位。扎实开展"五转"行动,累计新增个体工商户7609户、小微企业1768户、"四上"企业53户、股份制企业5户,爱心药业在上海E板挂牌、百济堂参业在深圳前海股权交易中心挂牌。加大企业扶持力度,制定出台关于加快工业、旅游等重点产业发展和进一步加快民营经济发展的实施意见,设立专项引导资金8000万元,累计为企业融资60多亿元、减免税费9.06亿元。大力发展全域旅游,累计投资7.47亿元,实施全域旅游服务中心、国门景区等项目21个,高句丽文物古迹景区晋升为国

家 5A 级景区；集安市荣获全国森林旅游示范县、中国气候旅游市、全国旅游标准化示范单位称号，入选 2020 中国县域旅游发展潜力百强县、中国最美县域榜、中国乡村旅游发展名县。

四 趋势与展望

（一）积极参与"双循环"，经济运行总体向好

夯实经济发展基础，保障发展质量。大力实施投资拉动战略，着力推动益盛化妆品人参精深加工产业联合体等重点项目，筑牢高质量发展强力支撑点。发挥好区位、资源、产业等优势，依托边合区、国家人参现代农业产业园等平台，高质量谋划包装项目，精心策划招商活动，着力引进一批行业领军、技术领先的实力企业。大力实施产业带动战略，做大做强旅游、健康产业，培育壮大矿产新材料、外经外贸产业，巩固提高现代服务、装备制造产业，加快推进滨江风貌区、中国·东北（澳洋）道地中药材产业园、国家人参检验检测中心、大自然石材产业园等项目建设，不断提升产业发展层次、质量和效益。大力实施创新驱动战略，充分利用大数据、云计算、物联网、人工智能等前沿技术，推进益盛药业、康美新开河、佳信通用等企业研发应用，促进数字经济与实体经济深度融合发展。加快科技创新，依托人参研究所、山葡萄酒研发中心，加强与科研院所合作，推动技术攻关与应用。积极开展"大众创业、万众创新"，力争引入一批科技创新人才，为高质量发展提供智力支持。

（二）进一步深化各项改革，经济发展环境明显改善

深入推进各项改革。持续深化农村宅基地改革，积极探索宅基地流转方式，盘活利用闲置宅基地，推动土地资源利用最大化。创新推进农垦企业集团化改制，确保国有资产保值增值、不流失。稳步实施财税体制改革，强化预算标准体系和项目库建设，规范预算执行，提升预算管理科学化精细化水

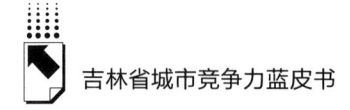

平。扎实做好医疗保障制度改革，完善科学补偿机制和医疗服务价格调整，加强医联体建设，力争早日让群众在家门口享受优质医疗服务。加快开发开放步伐。边合区管委会挂牌成立，引道引桥、路网、客检、货检等基础设施全部竣工，出境免税店完成装修，公路口岸正式开放。大力推进清河新区建设，清河（澳洋）野山参国际交易中心人参市场、澳洋太平洋酒店投入运营，清河镇被评为全国人参特色小镇、全国"一村一品"示范村镇和全国文明村镇。着力优化营商环境。紧紧瞄准企业和群众的"最痛之点""最盼之处"，抓住关键，补齐短板，推动营商环境优上加优、好上加好。纵深推进"放管服"和"最多跑一次"改革，持续拓展"一件事一次办"覆盖范围，完善"一窗受理、集成服务"审批机制，杜绝窗口办事员"两头跑"、办事群众"跑两头"现象，真正做到"前台统一受理、后台分类审批、综合窗口出件"。加快推进数字政务建设，高标准完成第三批政务数据信息归集，打破信息壁垒，实现数据共享，推动更多政务服务事项实现"一网通办"。大力开展"无证明城市"创建，完成《证明材料取消清单》《证明材料保留清单》，最大限度让企业和群众享受便利化服务。

（三）坚持推进"一主、六双"战略，全力打造全省向南开放窗口

"十四五"期间，按照省委省政府所赋予的地级市经济社会管理权限，集安市要继续对外开放，坚持推进"一主、六双"高质量发展战略，按照集安市"十四五"规划要求，结合吉林省及通化市"十四五"规划中的产业空间布局，对接医药产业、旅游产业，因地制宜制定详细方案，抓好落实，形成集安市全面开放新格局。着力加强开放通道建设，集通高速建成通车，集青、头财、麻太、双榆以及铁路口岸、老虎哨口岸、青石口岸完成升级改造，集桓高速已开工，东北边境风景道列入国家"十四五"规划和交通运输部"十四五"发展强国战略。集安市深化重点领域和关键环节改革，积极主动融入"一带一路"建设，重点抓好国家级边境经济合作区申报和跨境经贸交流中心、中朝互市贸易区等建设，打造鸭绿江对外开放经济带的重要节点城市。进一步畅通开放通道，加快推进集桓高速、东北边境风景

道、支线机场等项目建设。稳步实施机构改革，25个政府部门、15个乡镇（街）完成机构设置和职能调整。在全省率先完成农村土地确权和集体产权制度改革，土地确权20.96万亩，核实农村集体资产4.73亿元。国地税管理体制改革、国有林场改革和公车改革顺利完成，市医院被确定为省级现代医院管理制度改革试点单位。

五 政策与建议

（一）优化产业结构，做大集安经济总量

大力发展特色产业，在成功创建国家人参现代农业产业园和省级农业高新技术产业示范区的基础上，做强人参产业。发挥集安山葡萄中国特色农产品优势区的优势，打造集安山葡萄产业，通过发展山葡萄酒、冰葡萄酒山庄带动山葡萄产业发展。着力推进工业发展，扎实开展"五转"行动。出台相关政策支持推进个体工商户、小微企业、"四上"企业、股份制企业发展，支持爱心药业在上海E板挂牌、百济堂参业在深圳前海股权交易中心挂牌。加大对企业扶持力度，进一步完善加快民营经济发展政策，扩大专项引导资金，增加对企业融资补贴、减免税费。大力发展全域旅游，实施全域旅游服务中心、国门景区等项目，推动高句丽文物古迹景区晋升为国家5A级景区。坚持"增量崛起"与"存量变革"并举、有效投资和消费升级共进，打通内循环，促进双循环，推动经济总量合理增长和质量快速提升。一是全力抓好项目建设。坚持项目为王、投资为要，落实项目包保责任制，充分发挥项目秘书、项目中心作用，实行挂图作战，压茬推进，切实把稳增长的增量落实到项目建设上来。加强项目储备，紧盯国家和省政策导向、资金投向，谋划包装重大产业、科技创新和民生保障等项目。二是务实开展招商引资。高质量编制《招商项目推介书》，围绕产业链和资源优势，瞄准重点地区、知名企业，招大引强、招新引优，着力引进一批"补链、扩链、强链"的大项目、好项目。创新招商方式，主动联系对接，深入洽谈交流，

力促意向项目早签约、签约项目早落地、落地项目早开工、开工项目早达产达效。健全招商引资激励机制，完善考核奖励办法，鼓励全员招商，切实提高招商引资实效。三是深挖居民消费潜力。大力实施放心消费行动，适时发放消费券，举办名优产品展销会、汽车展销会等活动，规范发展"夜间经济"，紧盯五一、国庆等重点时段，围绕旅游、购物、餐饮等关键环节，进一步激发消费潜力。着力发展电子商务，积极推进国家电子商务进农村综合示范项目建设，打造乡镇电子商务公共服务中心和农村电子商务站点。

（二）培育新动能，加快新型经济发展

一是全力抓好工业经济。加大对骨干企业的扶持力度，推动益盛、博祥、佳信通用、康美新开河等企业发展壮大。推动益盛化妆品人参精深加工产业联合体、金益矿业年处理50万吨金银及多金属采选矿等项目开工建设，博祥药业桑黄中药饮片及仓储车间、百济堂人参发酵技术及人参产品生产线、东升矿业碇子沟铁矿等项目投产达效，凉水滩蒲公英饮料上市销售，推动古马岭金矿与万国黄金、守信矿业战略合作取得实质性进展。二是加强科技创新，完成振源胶囊、心悦胶囊二次开发，完成国家高新技术企业创新中心和省级科技创新中心建设。加大金融扶持力度，稳步开展"助保金池"业务，主动做好政银企保对接。三是大力发展旅游产业。统筹域内旅游资源，积极发展全季旅游，持续扩大乡村游覆盖面，做精做细红色游，逐步补齐冰雪游短板，进一步丰富旅游产品体系，构建国家全域旅游示范区新格局。加快旅游项目建设，重点推进高句丽民俗文化风情园、红色记忆百花千树园、青少年红色教育实训基地、国门景区配套设施、高山泳池休闲旅游、云峰湖景区与鸭绿江联航联运、通沟河流域美丽乡村建设旅游开发等项目。实施旅游服务质量提升行动，推进金田恒业置业五星级酒店和高端民宿、紫都苑宾馆扩建项目开工建设，雅苑宾馆、万亿·集美时光公寓投入运营。强化旅游宣传营销，筹办最美边境线马拉松、金秋枫叶节、冰葡萄酒节等节事活动，全面提升旅游热度。着力抓好旅游市场专项整治，重点打击"黑导游""黑车"等乱象，从严规范旅游市场秩序，维护集安旅游良好形象。

（三）以人民为中心，强化和谐城市建设

强化社会保障能力。积极促进居民增收，全面落实就业创业政策，增加城镇新增就业人数，推进农村劳动力转移就业，发放创业担保贷款，加大临时救助力度，发放低保补助、生活补贴等资金。持续扩大社会保险覆盖面，不断增加城乡基本医疗保险参保、城镇职工养老保险参保。全力改善群众居住环境，增加投资改造棚户区、农村危房和新建农村卫生厕所。着力保障饮用水安全，设立农村安全饮水新改建工程，保障全市人民喝上安全水、放心水。推动社会事业全面发展。积极改善办学条件，对校园校舍进行改造。大力发展职业教育。强化医疗卫生事业，投资新改建 PCR 实验室、医疗卫生机构，推进中医院晋升为二级甲等医院。加快发展文化事业，投资在全市范围新建全民健身活动中心和基层文化体育场所。全面开展"平安集安"创建，扎实推进依法治市，确保社会大局和谐稳定。全力保障群众合法权益，依法妥善化解"无籍房"权属登记、委培生安置等疑难问题。全面做好民族团结工作。

（四）巩固脱贫攻坚成果，全面实施乡村振兴战略

2019 年，全市 10 个贫困村、619 户 1199 人在现行标准下全部摘帽脱贫。巩固拓展脱贫攻坚成果，必须始终保持攻坚态势，压紧压实包保责任，完善防止返贫监测和帮扶机制，培育壮大脱贫产业，确保脱贫群众稳脱贫、不返贫。扎实巩固脱贫攻坚成果，继续实施平地栽参、光伏发电等脱贫项目。要全面完成国家脱贫攻坚普查入户登记工作，加强中心城镇建设，促进农业人口就地就近城镇化。全面落实乡村振兴战略，加快完善现代农业"三大体系"建设，实现农业集约发展、可持续发展。深入开展农村人居环境整治行动，重点实施垃圾和污水处理、"四好农村路"、厕所改造等工程，进一步优化农村公共基础设施。围绕全国乡村治理体系建设试点创建工作，推动法治、德治、自治有机融合，不断提高农村社会治理系统化、规范化、标准化水平。强化生态文明建设，进一步丰富"两山"理论实践创新基地

内涵，扎实开展各类污染防治行动，积极推进自然保护区、湿地保护区、森林公园等生态功能区建设，保护生物多样性，完善生态系统，让生态屏障更加牢固，形成健康文明的生产生活方式。着力夯实农业基础。深入落实藏粮于地、藏粮于技战略，按照全省规定指标新建高标准农田，积极完成11.8万亩粮食生产功能区和重要农产品生产保护区划定工作。加强新型农业经营主体培育。强化品牌创建，构建农产品质量安全追溯体系，培育农业产业化龙头企业、"两品一标"农产品。大力发展特色产业，围绕人参、葡萄等特色资源，加大基地建设、产品创新、品牌打造力度，重点抓好国家人参现代农业产业园和特优区建设，加快推进国家人参检验检测中心、莱逸生物科技人参及中草药深加工等项目。着力抓好鸭绿江河谷山葡萄产业带建设，推进通葡酒庄实现开工，麦吉翁酒庄投产达效。

（五）进一步完善人才政策，强化可持续发展支撑动能

一是健全完善人才政策体系。成立市人才工作领导小组，构建市委统一领导、组织部门牵头抓总、成员单位各司其职的"大人才"工作格局。出台《关于加强人才工作的意见》等10个配套办法、31项改革举措，构建了人才工作"1+10"政策体系。建立包保工作制度、绩效考核机制，针对各职能部门工作实际，制定差异化的人才工作绩效指标，考评结果纳入全市年度绩效考核评价体系，并作为考核干部、评价领导班子的重要依据。二是不断拓宽引才渠道。制定《事业单位急需紧缺人才引进指导目录》，在全省县域率先开辟事业单位招聘"绿色通道"，对引进的高校优秀毕业生给予优厚政策待遇。柔性引进省内外知名专家学者，组建人参产业和高句丽文化产业两个顾问团队，推动主导产业发展。三是强化人才服务保障。设立全省首家县级人才开发基金，每年投入1000万元并持续扩大规模。发放奖励资金、购房补贴等。为引进高层次人才发放"集安英才E卡通"，为落户在集人才打造一处温馨舒适的"家"。设立集安市人才服务中心，进一步提高全市人才引进、培养、服务、保障等工作科学化水平。制作人才政策动漫宣传片和来集人才工作展示片，在通化市、集安市电视台黄金时段播出。在《中国组织人事报》《吉林日报》等报刊发布域外人才来集安市就业创业的典型案例，努力营造"尊重人才、尊重知识、尊重创造"的浓厚氛围。

参考文献

1. 倪鹏飞主编《中国城市竞争力报告（No.19）》，中国社会科学出版社，2020。
2. 国家统计局吉林调研总队、吉林省统计局：《吉林统计年鉴（2019）》，中国统计出版社，2019。
3. 国家统计局吉林调研总队、吉林省统计局：《吉林统计年鉴（2020）》，中国统计出版社，2019。
4. 崔岳春、张磊主编《吉林省城市竞争力报告（2018~2019）》，社会科学文献出版社，2019。
5. 崔岳春、张磊主编《吉林省城市竞争力报告（2019~2020）》，社会科学文献出版社，2020。
6. 《集安市政府工作报告（2019）》，集安市人民政府网站。
7. 《集安市政府工作报告（2018）》，集安市人民政府网站。

B.15 吉林省城市竞争力（延吉市）报告

丁 冬*

摘 要： 本文首先通过延吉市国民经济和社会发展的综合情况阐述其当前格局与优势。在此基础上，报告紧密结合可持续竞争力各项总指标以及分项目指标数据计算结果，剖析当前地区发展过程中存在的优势与短板。通过分析与对比，发现当前延吉市科技、教育以及社保投入后劲不足，生态城市竞争力短板仍然明显存在。基于现状与存在的短板，报告分析了当前延吉市社会经济发展中的现象与规律，并探索发展趋势。最后，对延吉市未来更好地可持续发展提出建议，即创新城市管理模式，推进产业间融合与互动；生态与经济发展融合，提升综合经济竞争力；建立健全社会保障体系，增强社会可持续稳定和谐能力。

关键词： 竞争力指标 可持续竞争力 乡村振兴 延吉市

延吉市位于吉林省东部，距离吉林省省会长春市约350公里，是延边朝鲜族自治州的首府。如表1所示，2019年延吉市辖区面积为1748平方公里，总人口55.64万人。

---

* 丁冬，吉林省社会科学院农村发展研究所助理研究员，研究方向为乡村振兴与"三农"问题。

表1 2019年延吉市基本情况

项目	数据
辖区面积（平方公里）	1748
总人口（万人）	55.64
GDP及增长率（亿元，%）	319.95，1.6
"三产"比重（%）	1.3：35.4：63.3

资料来源：《2019年延吉市国民经济和社会发展统计公报》《吉林统计年鉴（2020）》。

2019年，伴随国际国内经济形势与市场环境的复杂多变，延吉市经济下滑压力剧增。延吉市坚持以习近平新时代中国特色社会主义思想为指导，科学统筹推进经济社会发展，抓住机遇、迎接挑战。主要围绕建设美丽延吉奋斗目标，着重提升经济发展的质量效益，民生福祉持续改善，社会事业加快发展，全面开启社会主义现代化建设新征程。与上一年相比，延吉市综合竞争力指数的位次保持不变，依然保持前三位；可持续竞争力综合指标在20个县级市中蝉联第一，绝对值指标达到了4.612，超过排名第二的集安市（指数值4.359）0.253分。其中，开放便捷的信息城市（第1）、知识城市（第2）与多元一本的文化城市（第3）这些子项目的优势较突出。

一 格局与优势

（一）总体概况

2019年是全面深化改革的关键年，也是"十三五"规划实施的攻坚之年。延吉市通过实施生态保护、精品打造、协同发展，促进农业绿色发展引领地区乡村振兴，以推动农业高质量发展为主题，以深化农业供给侧结构性改革为主线，以改革创新为根本动力。

首先，延吉市社会经济发展状况稳中向好。2019年，延吉市根据国家的要求，瞄准目标定位，充分利用自身的区位优势、产业优势和科技优势，坚持统筹、系统推进，加强粮食产能建设，取得了一定的成绩。2019年延

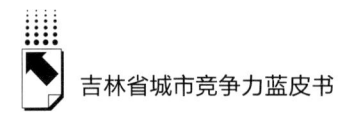

吉市地区生产总值实现319.95亿元，与上一年相比提高了近两个百分点，三次产业结构比重为1.3∶35.4∶63.3。公共预算全口径财政收入完成82.73亿元，比上年下降3.9%；一般公共预算财政收入22.41亿元，下降11.1%。其中，一般公共服务支出3.41亿元，下降22.1%；公共安全支出2.42亿元，下降13.7%；社会保障和就业支出13.50亿元，下降5.8%。社会消费品零售总额比上年增长3.4%。分行业看，批发和零售业零售额增长2.6%；住宿和餐饮业零售额增长5.5%。

其次，农业、工业发展稳步提升。2019年，延吉市深入推进农业供给侧结构性改革，加快推进农业由增产导向转变为提质导向，全年农林牧渔业总产值与上一年相比提升了1.3%；农林牧渔业增加值增长1.1%。其中，农业增加值增长1.4%；林业增加值增长1.6%；牧业增加值增长1.2%；渔业增加值增长1.0%；农林牧渔服务业增加值增长1.2%。农作物播种面积约为180000公顷，与2018年相比提高了约0.3%。粮食产量9.85万吨，蔬菜产量5.46万吨。2019年末延吉市拥有农业机械总动力14.39万千瓦，比上年增长3.1%；大中小型农用拖拉机5357台。工业方面，2019年延吉市规模以上工业企业总产值与上一年相比提高了2%，规模以上工业增加值提高了约4.5%。规模以上工业企业亏损面比上年扩大3.1%。资质以上建筑业总产值比上年增长8.0%，全社会固定资产投资比上年增长5.0%。2019年延吉市施工项目达到68个，其中新开工项目24个。全年房地产开发投资24.27亿元，比上年增长9.9%。

再次，民生和社会保障取得新进展。2019年延吉市户籍人口55.64万人，比上年增加3588人。其中，城镇人口47.97万人，乡村人口7.67万人。人口出生率8.58‰，死亡率6.22‰，自然增长率2.36‰。在总人口中，朝鲜族人口30.96万人，占总人口的55.6%。按户籍人口计算，2019年延吉市人均生产总值57554元，增长1.0%。2019年延吉市居民消费价格总指数累计上涨幅度高于2%，其中地区居住类产品价格上涨1.9%、生活用品及服务类价格上涨1.2%；交通和通信类价格下降3.4%。2019年社会消费品零售总额比上年增长3.4%。分行业看，批发和零售业零售额增长2.6%；

住宿和餐饮业零售额增长5.5%。在限额以上商品销售中,汽车类零售额下降9.2%;粮油、食品类零售额下降4.1%。

此外,2019年延吉市参加基本养老保险人数为18.41万人,比上年增长4.8%。其中,参保职工10.66万人,增长4.1%;参保离退休人员7.75万人,增长5.7%。参加失业保险人数为7.50万人,下降3.7%。参加基本医疗保险人数为46.75万人,下降3.8%。其中,城镇职工参保人数14.92万人,下降了31.9%。此外,2019年末延吉市共拥有星级宾馆5家,其中四星级宾馆2家,三星级宾馆3家。旅行社127家,其中出境组团社27家。全年接待海内外游客1250万人次,比上年增长10.6%。

(二)现状格局

1. 综合竞争力排名保持前三位不变

通过综合竞争力指标测算结果可知,延吉市综合竞争力指数结果为0.80,位列吉林省20个县级市中的第三位,仅排在吉林省德惠市(第一名)与梅河口市(第二名)之后。与上一年相比,位次保持不变,依然保持前三位,处于比较领先位置。从综合经济竞争力的两大子项目来看,综合效率竞争力指标计算结果持续排名第一,蝉联冠军,结果高达1.00,在绝对值与相对值两个方面都维持领先位次;综合竞争力的另一个子项目——综合增量竞争力指标的计算结果为0.510,并列排名第四,与上一年相比(第五名)前进了1个位次,排名略有提升,在所有县级市中持续保持上游位置。由此,从总体上来看,延吉市综合竞争力依然处于领先位置。

表2 延吉市综合经济竞争力指数计算结果及排名

年份	综合经济竞争力		综合增量竞争力		综合效率竞争力	
	指数	排名	指数	排名	指数	排名
2017	0.820	第三	0.530	第五	1.000	第一
2018	0.800	第三	0.510	第四	1.00	第一

资料来源:吉林省社会科学院城乡发展指数数据库。

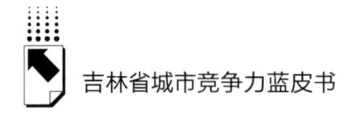

2. 可持续竞争力排名蝉联榜首

通过可持续竞争力指标测算结果可知，延吉市可持续竞争力综合指数2017年、2018年排名蝉联榜首（如表3所示）。通过可持续竞争力指标各子项目的计算与比较可知，延吉市信息城市竞争力蝉联第一名，保持显著的领先地位；知识城市竞争力位列第二名，文化城市竞争力位列第三名，二者均保持了比较领先的地位；和谐城市竞争力指标位列第五名，虽然未排进前三名，但是与上年相比较，提高幅度比较大；全域城市竞争力与生态城市竞争力与上年相比，变化幅度较小，位列第五名。可见，2018年延吉市在信息城市、知识城市、文化城市与和谐城市竞争力的共同提升下，可持续竞争力保持领先，优势比较突出。但是，延吉市生态城市竞争力指标依旧处于较落后的位次，位列20个县级市的第14名。说明延吉市在生态城市建设方面，一些短板仍然存在，尤其是森林面积不够大、国家或省级保护区数量还未实现突破，延吉市生态城市竞争力还有较大的提升空间。

表3 延吉市可持续竞争力指数计算结果及排名

年份	可持续竞争力 指数	可持续竞争力 排名	知识城市 竞争力	和谐城市 竞争力	生态城市 竞争力	文化城市 竞争力	全域城市 竞争力	信息城市 竞争力
			指数排名等级					
2017	1.000	第一	＋＋＋＋＋	＋＋＋＋	＋＋	＋＋＋＋	＋＋＋＋	＋＋＋＋＋
2018	4.610	第一	＋＋＋＋＋	＋＋＋＋＋	＋＋	＋＋＋＋	＋＋＋＋	＋＋＋＋＋

资料来源：吉林省社会科学院城乡发展指数数据库。

二 问题与不足

（一）科技、教育以及社保投入后劲不足

从指标排名结果来看，延吉市知识城市竞争力排名在吉林省20个县级市中处于上游位置（第二名），居于比较优势的地位。但是，通过分指标数据显

示可见，延吉市地区科教投入与社会保障和就业支出仍显后劲不足。2019年，延吉市财政收入为17.06亿元，与上年相比减少了约13%。2019年一般公共预算财政支出约为56亿元，减少了10%。其中，一般公共服务支出减少了约20%；公共安全支出减少了约13.7%。与其他县级市相比，延吉市科教投入与社会保障和就业支出数据绝对值排名在20个县级市中处于中上游地位，但支出值与地区财政收入总量的比重排名仅位于中下游水平。与此同时，延吉市作为吉林省唯一具备高等学府的县级市，在教育资源与文化环境非常优越的背景下，其地区科研投入、各类技术创新、成果转化等能力稍显不足，教育与科技方面的新动能开发意识明显不够，影响了延吉市未来可持续竞争力发展。

（二）生态城市竞争力短板仍然明显存在

延吉市作为延边朝鲜族自治州的首府，应在保障粮食安全生产与经济平稳发展的基础上，正确平衡农业经济增长与资源环境的关系，使农业成为绿色可持续的产业。纵观上一年的可持续竞争力指标计算结果，延吉市生态城市竞争力排名居于下游水平，成为地区可持续发展的一个短板。而2018年延吉市的同一个竞争力指标排名依然不靠前，其生态城市竞争力指标计算结果在吉林省20个县级市中位列下游水平。随着国内外市场环境的多变以及农业产业链各个主体需求的多元化，绿色农业与生态城市发展面临的挑战在不断增多。当前，吉林省按照政策规定与现实需求，加快调整产业结构，为了与国家农业现代化规划的部署步调一致，吉林省修订了率先实现农业现代化总体规划的发展目标与重大任务。同时，对于重点任务进行了调整，任务指向性更加具体明确。延吉市近年来在推进乡村振兴的过程中，由于绿化面积与节能减排效果不够显著，单位GDP的水电能耗、污染物排放等指标值存在较低的情况，因而地区生态建设与环境保护方面的短板仍然存在。此外，2018年，延吉市垃圾处理站仅有2个，与数量最多的磐石市（28个）差距甚大。自然保护区面积为0，与相邻地区的图们市、敦化市等也有一定的差距，使得地区生态城市竞争力指数排名一直处于下游，对延吉市综合经济竞争力发展产生了一定的负面影响。

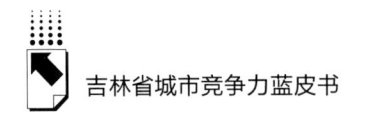

三 现象与规律

（一）连续几年保持突出的可持续竞争力优势

近三年，延吉市的可持续竞争力指标连续保持比较强的优势，在20个县级市中名列前茅。特别是2018年延吉市在构成可持续竞争力指标体系的各个子项目的计算结果与排名中，信息城市竞争力计算结果与上一年保持一致，即在吉林省20个县级市中的排名持续保持第一名，展现出突出的信息沟通与交流的实力；知识城市竞争力位列第二名，仅排在敦化市相同指标之后；文化城市竞争力位列第三名，仅仅排在集安市与图们市相同指标之后；和谐城市竞争力的指标计算结果与上一年相比较，提高的幅度比较大，直接提高了两个等级（++），位次升为第五名，处于20个县级市的上游水平；而全域城市竞争力与生态城市竞争力与上年相比，变化幅度较小，位列第五名。可见，延吉市近年来的人流、物流、资金流、信息流和技术流的发展比较集中，在各个分指标的共同支撑下，连年保持非常优秀的可持续竞争力水平，可持续发展竞争力优势比较突出。

（二）开放便捷的新格局逐步成型

作为一个旅游城市，延吉市的开放便捷可以提升其可持续竞争力水平。在"新复合地区主义"的思路下，中国通过"一带一路"引领包容性区域制度建设，以建设东北亚经济走廊为主轴来实现区域内互联互通。从安全角度看，对缓和核危机、稳定地区局势发挥了重要作用；从经济角度看，大幅提升了地区双边和多边经济合作水平，特别是中国、日本、韩国这三个国家之间的合作在"10+3"的框架下得以加强。此外，东北亚地区双边贸易和经济合作力度加大，并利用各国的经济互补性，参与国际劳动分工，有利于提高整个区域范围内的经济水平，可以说东北亚区域合作面临着重大历史机遇。延吉市当前享受了我国东北老工业基地振兴、长吉图开发开放、延龙图一体化等多项政策,是优惠政策的叠加区。延吉市东邻朝鲜、俄罗斯,与韩国、日本隔海相望的地理位置优势,近年来全力打造开放合作高地,主动融入国家"一带一路"建设,推进"一带一路"沿线的产业结构调整与创新,以期激发产业新动能。此外,延吉市是吉林省唯一拥有民用机场的县级市,为区域合作注入新的活力和动能,为区域产业的合作开放创造了条件,在"包容内外、开放兼容"的背景下使得开放便捷的新格局逐步成型。

(三)地域特色产业发展不断获得新突破

延吉市是少数民族聚集地,具有突出的地域特色、区位特征以及丰富的民族特色,这些都为地区的特色产业发展与产业融合提供了一定程度的便利条件,使延吉市在信息城市可持续竞争力排名上连年保持第一。从综合经济竞争力的主要指标内容来看,目前延吉市正在大力发展河北村田园综合体旅游产业集群,定位于"民俗游"与"边境游"两大焦点。欲以此为核心并结合山水景色与田园风光观赏、栽培与采摘体验、垂钓及民俗娱乐等旅游景点,达到既增加收入又扩大宣传的目的。同时,延吉市凭借较强的经济综合发展能力、对外开放活力、科研与教育支撑能力、现代化综合服务平台等多方面持续发展,带动了周边县市、区域的政治、经济、文化等多元化综合发展,整体促进地区的特色产业取得新突破。

四 趋势与展望

(一)现代服务业助力优势产业崛起

根据延吉市国民经济和社会发展统计公报,2019年延吉市三次产业结构比例为1.3:35.4:63.3。与上一年相比较,延吉市的第二产业比重略有下降,而第三产业比重提升幅度很大。可见,随着县域经济的不断发展与创新,近年来延吉市服务业对地区经济发展的贡献率逐渐提升,成为今后地区发展结构中的主要内容之一,在竞争力指标中也占据了重要地位。从数据来

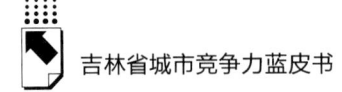

看，2018年，延吉市服务业增加值同比增长了约4%，服务业企业规模数量不断扩大。延吉市电商行业迅猛发展，省级电子商务示范企业达到10家，2018年电子商务交易额达到420.8亿元人民币，提高了25%，该指标位列全国电商示范百佳县市第10位，居于中上游的地位。延吉市旅游服务业不断横向延伸、纵向拓展，收获颇丰。近年来，延吉市始终坚持实施开放带动战略，深入贯彻落实"旅游兴州"战略，构建"一核四区"发展格局。加快完善农产品流通体系，创新流通方式，完善"农批对接"、"农超对接"、"直供直销"等产销新型模式，以期加快农村电子商务示范基地建设，推动延吉市市场流通体系与储运加工布局有机衔接。到2020年，全延吉市休闲农业与乡村旅游示范企业达到60家，采摘园200个，各类生态餐饮及乡村农家乐服务店1000个；全市创建市级产业园20个，县级产业园30个。大力推进延吉市级现代农业产业园建设，积极争取进入省级、国家级行列。此外，近年来延吉市重视现代化物联网、信息化基础建设与服务、移动通信的应用等方面的发展与研究，具备相当程度的优势地位，现代服务业也在逐步助力地区优势产业的快速崛起与可持续发展。

（二）信息、知识与文化城市持续保持强劲竞争优势

2018年，延吉市信息城市竞争力指标计算结果在吉林省20个县级市中的排名持续保持第一，蝉联上一年的上游水平成绩。根据统计数据，延吉市2018年在信息城市发展方面取得了较好的成效。空港新增了三条国内航线，共执行了约20多条航线；同时，延吉市不断健全与完善市、县、乡、村等全覆盖网格化监管体系，落实监管责任，构建分工明确、高效运作的工作责任体系和监管机制；延吉市知识城市竞争力指数在吉林省县级市中排名第二，仅位列敦化市之后，与上一年名次持平。2019年，延吉市教育支出约8.2亿元，并逐步完成第三中学教学楼等4个建设项目；完成了第四中学、第五中学等34所学校的校舍维修工程。延吉市也很重视科技创新对区域经济的引导，加强与高等院校和科研院所的合作与协作，尤其是强化与吉林大学、吉林农业大学、中科院长春地理所、中科院特产所、吉林省农科院等相

关产、学、研机构的合作，设计了一系列相关项目，旨在将研究成果转化到地区发展中。此外，延吉市重视群众的业余文化生活丰富程度，形成了浓郁的文化氛围。当地电视节目播出时间长达25663小时，制作时间长达8009小时，译制少数民族电视节目时间690小时，大大地丰富了人民的文化生活。延吉市文化城市竞争力指数在吉林省县级市中排名第三，仅位列集安、图们之后，和2017年竞争力结果排名持平，展现出较好的可持续发展势头。

五 政策与建议

（一）创新城市管理模式，推进产业间融合与互动

延吉市的传统服务业支柱包括商贸流通业、餐饮业与旅游业，在发展基础产业的同时，延吉市应继续发挥"中国电子商务发展百佳县"优势，积极发展交通、旅游、电商物流等新型产业。构建电子商务集散平台，大力吸引第三方电子商务企业入驻，并突出龙头企业带动、科技提升、园区集聚、平台支撑、品牌引领，加快推进地区特色产品从收储、加工到运输、销售流通全链条可追溯管理。旅游产业作为延吉市特色服务业的一大亮点，可以直接与间接带动餐饮、商贸流通业等多产业的融合与互动，既可以创新城市管理模式，也可以提高地区人均收入，增加可持续竞争力优势。通过加强延吉市农村信息化基础设施建设，加快实现全区域行政村宽带网络全覆盖。创新城市管理模式，同时构建制度完善、风险可控、监管有效的质量安全保障体系。

此外，延吉市应坚持建管并重，加快构建农村基础设施长效管护机制，重视环卫、物业、交通的管理，不断提高城市综合管理能力。注重保护生态资源，加快自然生态保护区的建设，优化城市规划布局，按照"东优西扩、南控北延"的城市发展战略，根据城市特色、民族特点，土地规划、空间规划、产业规划、生态规划有机融合，实现城区范围的全覆盖、要素全统筹、建设一盘棋。真正做到有制度管护、有资金维护、有人员看护，确保建

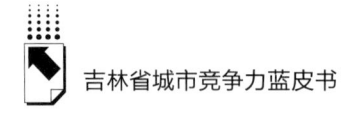

成设施能够长久使用、老百姓能够长久受益。延吉市应落实属地政府的主体责任，健全完善市、县、乡、村农村公路管理体制机制，全面推行"路长制"。利用好省级财政每年给予的补助资金，并安排一定的配套资金，同时健全农村生活垃圾收运处置体系，鼓励实行城乡环卫一体化模式，积极推行"户分类、村收集、镇运转、县处理"模式，探索建立生活垃圾清理和环卫保洁长效管理机制。完备的产业链可以为农业废弃物的综合利用产业发展提供强大的支撑。资源综合利用产业链是多个产业相互衔接、相互作用的综合体，单一产业的发展不能完全优化农业废弃物的综合利用，应以市场为导向扩大生产规模，延伸产业链，利用现有企业为基础，设立集洗煤厂、发电厂、建材厂等多个项目为一体的循环工业园区，发展高科技含量、高附加值的秸秆、畜禽废弃物等综合利用技术和产品。

（二）生态与经济发展融合，提升综合经济竞争力

根据可持续竞争力指标排名结果可见，当前延吉市的经济发展对自然资源、生态资源仍然具有很强的依赖性，因而经济增长方式存在一定的粗放特征，导致生态城市竞争力与和谐城市竞争力排名相对落后。未来，在延吉市的经济与社会发展过程中，需要适当调整其经济结构，促进生态与经济发展融合，转变经济发展方式，将高质量发展与社会和谐作为当地未来可持续发展的重点方向。

在城市建设方面，打造和谐、宜居的生态环境，发展循环经济模式，可以提高延吉市的综合经济竞争力。开展美丽宜居村庄创建活动，鼓励全社会各界力量的全员参与，健全人居环境建设和管护的长效成果共享机制，广泛开展以打造美丽庭院、干净人家为主的美丽庭院创建活动，保证农村人居环境持续改善。建设改造粪污处理设施，提高养殖粪污处理能力。加强农业面源污染防治，强化废旧地膜监管和回收利用，探索建立集中连片的可降解膜大规模普及应用的试点试验区。加强农作物秸秆综合利用，建立秸秆收集、储运、加工产业体系，培育壮大秸秆收储运经纪人队伍和社会化服务组织。

在农业方面，大力发展种养结合的循环农业。延吉市可以持续强化措施、加大推进力度，构建种养结合的现代循环农业发展新模式。以提高水稻生产综合效益为核心，探索推广"稻鱼"、"稻蟹"、"稻鸭"等新型循环农业模式；以构建高效产业链为目标，探索鲜食玉米（秸秆青储饲料）—肉牛—蚯蚓（牛粪养蚯蚓）—蛋鸡（蚯蚓蛋）—鲜食玉米（蚯蚓粪还田）的循环利用链；以建立高价值产业链为目标，大力探索鲜食玉米＋肉牛或生猪（梅花鹿）—秸秆及粪污发酵菌基—食用菌—有机肥（菌渣）直接还田的高价值产业链。"十四五"期间，建设种养循环农业示范基地30个，种植业与养殖业实现全面全链条融合，形成种养全程结合的绿色循环农业发展模式。此外，构建延吉市就业支撑服务平台，支持乡村创业创新，完善乡村创业创新支持服务体系，营造良好的外部环境与政策环境。支持发展壮大县域经济，引导产业有序梯度转移，加强就业服务和职业技能培训，进一步拓宽农民增收渠道，加快构建增收长效机制。

（三）建立健全社会保障体系，增强社会可持续稳定和谐能力

完善的社会保障体系是保障延吉市社会稳定和谐的必要条件。首先，密切结合就业、教育、医疗、社保等关系群众切身利益的问题，实施"十大民生工程"，彻底解决"无籍房"、棚户区改造逾期未安置等民生实事。其次，推进县域校际资源均衡配置，乡村小规模学校和乡（镇）寄宿制学校办学条件达到省定基本办学标准。加强农村学前教育，争取每个乡（镇）都建好至少一所公办中心幼儿园。实施高中阶段教育普及攻坚计划，支持县域改善办学条件。继续为乡村居民提供14类55项基本公共卫生服务，提高项目知晓度和服务利用率。加强基层医疗卫生服务体系建设，基本实现每个乡镇都有卫生院，每个行政村都有卫生室，每个乡镇卫生院都有全科医生，支持基层医疗卫生机构标准化建设和设备提档升级。全面开展基本公共卫生服务人员规范化培训，提高基层医疗卫生机构基本公共卫生服务水平。

此外，统筹城乡社会救助体系，完善延吉市最低生活保障制度、优抚安置制度，建成覆盖全民、城乡统筹、权责清晰、保障适度、可持续的多层次

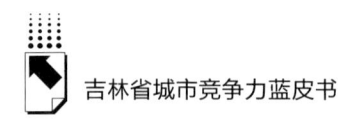

社会保障体系。加强农村留守儿童和困难儿童关爱服务，建设示范性未成年人保护工作站或儿童之家，对儿童之家建设和作用发挥较突出的地方按照有关规定实施奖补。推进全市养老院服务质量建设，提升农村社会福利服务中心，打造农村区域性养老服务中心。加快推进农村互助养老服务，建设农村养老服务大院、老年人集中居住区、邻里互助点等自助式、互助式养老服务设施。整合优化公共服务和行政审批职能，积极打造"一门式办理""一站式服务"的乡村综合服务平台，推动县乡行政服务向行政村延伸。并推广政府购买服务方式，提高公共服务质量和财政资金使用效率。

参考文献

[1] 国家统计局吉林调研总队、吉林省统计局：《吉林统计年鉴（2020）》，中国统计出版社，2020。

[2] 李禹辰、王伟、徐月：《基于主成分分析的吉林省县市竞争力评价》，《中国名城》2019年第10期。

[3] 莫伯现、姚美岑、李明玉：《延吉市城市生态用地优化研究》，《延边大学农学学报》2020年第2期。

B.16
吉林省城市竞争力（梅河口市）报告

孙葆春*

摘　要： 梅河口市经济社会平稳健康发展，综合经济竞争力实力强劲，可持续竞争力相对稳定。其中，生态城市竞争力、信息城市竞争力都比较强劲，全域城市竞争力、文化城市竞争力还有较大的上升空间。进一步提升城市竞争力水平，需要解决产业支撑强度不够、全域城市竞争力发展迟缓、财政收支矛盾突出、品牌建设成果不显著等问题。在今后的发展中，梅河口市将发挥比较优势实现经济高质量发展，使项目建设成为拉动经济增长的动力，软环境建设成为经济发展的助力。为了进一步提升城市竞争力，梅河口市需要扶持支柱产业，促进集聚化发展；培育增长新动能，实现经济转型升级；推进城乡一体化，实现城乡融合发展；凭借历史人文资源，发展品牌经济。

关键词： 综合竞争力　可持续竞争力　高质量发展　梅河口市

梅河口市所在地属于松辽平原与长白山区的过渡地带，居于长白山西麓，辉发河上游。地域面积2179平方公里，占整个通化市的13.96%，区域面积相对较小，但地理区位优势明显。梅河口市是吉林省直管县级市，拥有地级市经济和社会管理权限。地处通化市北部，位于连接中部与东部地区

---

* 孙葆春，吉林省社会科学院农村发展研究所研究员，博士，研究方向为农业经济理论与政策。

的节点,是吉林省东南部区域中心城市,发挥着交通枢纽、商贸中心、物流集散中心的职能作用。截至2019年,梅河口市辖16个镇、3个乡、5个街道办事处,303个村。总人口58.8万人,人口数占整个通化市的54.12%,人口的城乡分布为0.81∶1。梅河口市少数民族人口占总人口的比重为14.23%,有26个少数民族定居,主要是满族、朝鲜族、回族和蒙古族,其中满族占总人口的8.78%,朝鲜族占5%,2017年被命名为全国民族团结进步创建示范区。

表1 2019年梅河口市基本情况

项目	数据
辖区面积(平方公里)	2179
总人口(万人)	58.80
GDP及增长率(亿元,%)	288.85,-22.42
三次产业比重(%)	7.10∶39.79∶53.11

资料来源:《吉林统计年鉴(2020)》。

梅河口市2019年实现国内生产总值288.85亿元,在吉林省各个县级市中,仅次于延吉市和公主岭市,比上一年度减少了22.42%。反映在综合经济竞争力上,梅河口市多次蝉联吉林省县级市排名第一。从三次产业的结构比重来看,第一产业的比重上升了约2个百分点,第二产业的比重下降了约3.3个百分点,第三产业也有所上升,三次产业结构的调整变化幅度不大,反映出梅河口市加快了乡村振兴步伐与现代服务业的发展。

梅河口市坚持高质量发展理念,以打造现代化区域中心城市为目标,在经济下行压力持续加大的宏观经济环境下,遵循保持经济中高速增长和争创全国先进水平两条发展主线。注重产业转型升级,突出城乡融合发展,锐意改革,不断创新,确定了"建设现代化区域中心城市、高质量发展先行示范区"的发展基调。综合经济实力在吉林省县级市中稳定地居于前列,2019年一举摘下综合实力、绿色发展、投资潜力、新型城镇化质量、县域营商环境等5个"全国百强县市"的荣誉称号,体现了梅河口市强劲的综合经济竞争力与可持续竞争力。综合经济竞争力在2015年、2016年、2017年连续保持吉林省县级市的第1位，2018年被德惠市超越，列第2位。通过积极开展项目建设，夯实了医药健康、食品加工、商贸物流、现代服务等主导产业的发展基础，并实现三次产业的融合发展。在综合经济实力持续增强的同时，梅河口还不断提升可持续竞争力，其中尤以生态城市、信息城市、知识城市的竞争力优势凸显。2013~2016年，梅河口的可持续竞争力水平保持在吉林省县级市的前4位，继2017年有所下降后，2018年再次提升至第4位，列于延吉、集安、敦化之后。

一 格局与优势

（一）总体概况

梅河口市以保持经济中高速增长、维持县域经济发展排头兵位置为发展主线，继续深入实施"三三四四五五"战略，加快产业集聚发展、培育经济发展新动能，统筹城乡发展，坚持高质量发展理念，提升民生保障，打造城市发展品牌，实现经济社会平稳健康发展。

1. 社会经济平稳发展

2019年，梅河口市实现地区生产总值288.85亿元，尽管绝对数量比上一年减少了22.42%，但是在20个县级市中的位次反而比上一年前进了一个位次，由第4位上升至第3位，仅次于延吉市和公主岭市。如果考虑人均GDP水平，梅河口市的排位依然是第3位，仅次于延吉市和临江市。由此可见，在经济下行压力增大的情况下，梅河口市妥善应对，保持了经济的平稳发展。2019年梅河口市完成固定资产投资200亿元，投资规模、投资强度、产业类项目比重都达到历史最好水平。投资规模比2018年增长了25.2%，是吉林省各个县级市中唯一一个增长率超过20%的县级市，比排在第2位的公主岭市高13.5个百分点。2019年，实际利用外资8750万美元，居全省第2位。地方财政收入194485万元，比上年增长2.1%。在各个

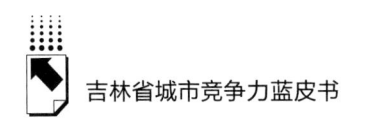

县级市中排第 2 位，仅次于延吉市。2019 年梅河口市社会消费品零售总额实现 616561 万元，比 2018 年有显著的下降，降幅为 57.7%。

2. 产业体系趋于完善

梅河口市重视主导产业体系的建设完善，凭借集聚化发展，做大做强优势产业，培育经济高质量发展的新动能。2019 年，梅河口市主导产业的经济贡献率超过 70%。利用良好的自然资源优势，积极发展特色农业与现代农业，在此基础上重点发展医药健康和食品加工产业，通过大力推进项目建设，实现主导产业的集聚化发展。同时，将商贸物流和现代服务产业纳入产业体系的发展重点，从物流、电商、餐饮、旅游等角度，支持工业加速发展，从而实现产业体系的优化布局，三产融合发展。2019 年，加大投资力度实施农田水利工程和高标准农田建设，着重发展绿优水稻、优质玉米和红松矮化果林，在全省国家现代农业示范区建设评比中荣列首位。规模以上工业实现营业收入 306.97 亿元，位于全省各县市的第 6 位，实现利润 44.57 亿元，位于各县市的第 4 位，仅次于珲春、敦化和大安。2019 年梅河口市社会消费品零售总额虽然比 2018 年的绝对数量有所下降，但是横向比较结果，在全省县市中列第 4 位，仅次于延吉市、公主岭市和榆树市。

3. 民生保障水平提高

民生保障水平的高低是人们生活幸福指数的重要体现。首先，城乡居民收入水平在县级市中名列前茅，体现了人们生活水平的不断提升。2019 年，梅河口市城镇居民人均可支配收入为 30068 元，农村居民人均纯收入为 15552 元，分别比上一年增长 4.06% 和 8.7%。城镇居民人均可支配收入在县级市中位列第 2 位，仅次于延吉市，是城镇居民收入突破 3 万元的两个县级市之一。梅河口农村居民收入在 2019 年增长幅度较大，仅次于延吉市，排在第 2 位。梅河口市通过设立脱贫保稳基金，在全省率先建立稳定脱贫长效机制，2019 年 16 个省级贫困村全部顺利脱贫。社会保障程度较高，城乡居民基本医疗保险参保人数为 500579 人，实现全覆盖，城乡居民基本养老保险和失业保险参保人数分别为 159160 人和 34985 人，城乡最低生活保障标准每人每年分别达到 7200 元和 4008 元，实现应保尽保、应发尽发。

4. 生态保护力度加大

梅河口市不断加大生态环境保护力度，打造生态友好城市，提高生态城市竞争力。首先，加大投入力度，支持生态环境保护基础设施和项目工程建设。投资 1.2 亿元建设河湖连通水系 20 公里，实施山水林田湖草生态保护修复工程；投资 1.1 亿元建设山城镇、海龙镇、红梅镇污水处理厂，开展黑臭水体专项治理；通过开展海龙水库水源地保护攻坚行动，建设保护区围栏 50 公里，收回被侵占土地 1.2 万亩；实行"河长制"，将保护环境的责任落实到人，从而打造"最美河湖"。其次，在生产中采用环保技术，如通过推进秸秆离田还田，推广秸秆固化燃料技术，减少了烟尘、废气污染，改善了空气质量。最后，优化生活环境，提高城市绿地覆盖率。梅河口市的建成区绿地率达到 37.58，在全省各县市中仅仅略低于集安、双辽与敦化。2019年，梅河口市以优异的成绩通过了国家园林城市验收，获得国家生态文明建设示范市称号。

（二）现状格局

1. 综合经济竞争力实力强劲

如表 2 所示，2018 年梅河口市综合经济竞争力指数为 0.933，在 20 个县级市中排在第 2 位。梅河口市综合经济竞争力总体排名近六年一直保持前三位，尤其是 2015~2017 年连续三年蝉联第一，说明梅河口市综合经济竞争力优势显著，而且年度变化趋势显示，优势地位非常稳定。从综合经济竞争力的两个分项指标看，综合增量竞争力指数排名由 2013 年的第 7 位，逐年上升，到 2017 年排在第 2 位，2018 年与其持平，说明综合增量竞争力逐渐增强。这主要是因为梅河口市 2018 年的国内生产总值与上年相比，增长幅度较大，在省内各县市中增长绝对数量仅次于德惠和榆树，在半数以上县市出现了负增长的情况下，梅河口市的经济增长数量较为可观。此外，梅河口市 2014~2018 年连续五年实现了国内生产总值的正增长，平均增长量居各县级市的第 3 位。由表 2 可以看到，2018 年梅河口市的综合效率竞争力仍然排在第 2 位，而且从历年数据看，连续六年都是第

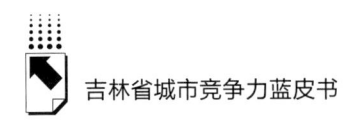

2位，表现十分稳定。从梅河口市综合效率竞争力指数看，2018年比以往有了显著的提高，说明排在首位的德惠市在综合效率竞争力方面也同样有较大幅度的提升。

表2 梅河口市综合竞争力及分项指标排名

年份	综合经济竞争力 指数	综合经济竞争力 排名	综合增量竞争力 指数	综合增量竞争力 排名	综合效率竞争力 指数	综合效率竞争力 排名
2013	0.871	3/20	0.704	7/20	0.752	2/20
2014	0.981	2/21	0.762	6/21	0.841	2/21
2015	1.000	1/20	0.799	4/20	0.833	2/20
2016	1.000	1/20	0.924	3/20	0.814	2/20
2017	1.000	1/20	0.886	2/20	0.906	2/20
2018	0.933	2/20	0.750	2/20	0.936	2/20

资料来源：吉林省社会科学院城乡发展指数数据库。

2. 可持续竞争力稳定发展

从各年度指数变动趋势看，梅河口的可持续竞争力相对稳定。如表3所示，2018年梅河口市可持续竞争力指数为0.77，在20个县级市中居第4位。从指数的绝对值看，与2014年和2016年的指数水平接近，略低于2015年，但是比2017年有了明显的提高。同样，从可持续竞争力指数的排名来看，除了2017年梅河口的排名有明显下降，2018年是梅河口近六年来第三次排在第4位。可持续竞争力指数的分项指标共有6项，梅河口市在不同项目上的表现差异较大。2018年梅河口市生态城市竞争力跃升为第1位，五星等级也说明了指数绝对值处于高位。这与梅河口市作为国家生态产品价值实现机制试点城市，通过生态环境保护项目的实施建设，环保生产技术的采用，加大生态环境保护力度密切相关，也说明了梅河口市对于生态城市建设的重视程度。梅河口市的信息城市竞争力也保持了领先地位，2018年获得五星等级的指标值，在各个县级市中居第2位，与前几年相比有了较为明显的提升。梅河口市在企业主体发展程度、外贸出口额、信息交流与交通便利程度上，都在各个县级市中名列前茅。2018年，梅河口市知识城市竞争力指数达到四星等级，排在第5位，与上一年持平。从指数等级上看，近两年的知识城市竞争力水平，与2013~2016年都是五星等级相比，有所下降，可见吉林省各个县级市都在科技创新上下功夫，提升经济发展的内生动力。梅河口市的和谐城市竞争力与全域城市竞争力居于各个县级市的中游，分别居于第8位和第10位，指数等级为三星和二星。从各年数据看，和谐城市竞争力一直变化不大，而全域城市建设发展较为迟缓。2018年梅河口市的文化城市竞争力出现了明显的下降，排名由中游下降至第17位，竞争力指数降至一星，说明吉林省各个县级市对于文化城市的建设都十分重视，使梅河口市竞争力水平在横向比较中的排名出现明显下滑。从整体看，梅河口市的可持续竞争力水平优于上一年度，但是没有达到历史最佳状态。各个分项指标中排名显著上升的是生态城市竞争力和信息城市竞争力。

表3　梅河口市可持续竞争力及分项指标排名

年份	可持续竞争力 指数	排名	知识城市竞争力 等级	排名	和谐城市竞争力 等级	排名	生态城市竞争力 等级	排名	文化城市竞争力 等级	排名	全域城市竞争力 等级	排名	信息城市竞争力 等级	排名
2013	1.00	1	★★★★★	1	★★★★	8	★★★★★	3	★★★	8	★★★	3	★★★	5
2014	0.77	2	★★★★★	1	★★★	10	★★★★★	2	★★	10	★★★	3	★★★	5
2015	0.82	4	★★★★★	10	★★★	1	★★★★★	9	★★	3	★★★	5	★★★	2
2016	0.78	4	★★★★★	1	★★★	10	★★★★	6	★★	9	★★	10	★★★★	7
2017	0.61	8	★★★★	5	★	18	★★★★★	4	★★	12	★★★	11	★★★★	5
2018	0.77	4	★★★★	5	★★★	8	★★★★★	1	★	17	★★	10	★★★★★	2

资料来源：吉林省社会科学院城乡发展指数数据库。

二　问题与不足

由梅河口市竞争力的相关指数及其发展趋势数据，可以找出进一步提升综合城市竞争力，促进社会经济均衡发展尚需解决的问题与不足之处。

（一）产业支撑强度还有提升空间

梅河口市面临着严峻的经济下行压力，2019年经济总量出现了22.42%的下降。从经济总量看，2018年实现国民生产总值372亿元，而德惠、榆树、公主岭同期国民生产总值都在400亿元以上。梅河口国民生产总值分别比这三个县市少27.32%、18.41%、7.27%。而三次产业结构的变化趋势说明，梅河口第二产业的比重逐渐下降，而第三产业的比重自2017年开始超过了50%。但是从社会消费品零售总额来看，2018年梅河口市的社会消费品零售总额为145.76亿元，而社会消费品零售总额在150亿元的县市有5个，分别是延吉市、公主岭市、德惠市、榆树市和扶余市。尤其是延吉市和公主岭市的社会消费品零售总额在200亿元以上，梅河口市与其相比，实现的社会消费品零售总额分别要少42.70%和28.53%。而且2019年梅河口市社会消费品零售总额比2018年又有显著的下降，降幅为57.7%。按销售地区看，梅河口市乡村地区的社会消费品零售总额在20个县市中居第12位，仅相当于扶余乡村地区社会消费品零售总额的19.97%，相当于德惠市的23.71%。这说明梅河口在乡村振兴过程中，乡村第三产业的发展，并没有形成强有力的拉动经济引擎。按行业来看，在批发零售贸易业中，梅河口市的社会消费品零售总额居第5位，而住宿和餐饮行业则排到了第10位。与发展较好的延吉市和榆树市相比较，仅相当于延吉市的12.14%，榆树市的13.42%。说明梅河口市在住宿和餐饮业的发展方面还有较大空间。

（二）全域城市竞争力发展较为迟缓

梅河口市全域城市竞争力发展较为缓慢，各个县市横向比较还有下降的趋势。竞争力等级一直是三星级，2018年降为二星级。近三年来，在各县级市的排名一直在10名以后。这些都说明梅河口市的全域城市竞争力已经成为可持续竞争力的短板。城乡人均收入差距拉大表现得尤为突出。2018年，梅河口市城镇居民人均可支配收入为28894元，农村居民人均可支配收入为14307元，城乡人均收入比，在县级市中位列第14位，与2017年的排名持平。可见，梅河口市城乡收入的差距一直是各个县级市中较为显著的。城乡人均教育经费支出比是体现城乡公共服务一体化发展的重要指标，2018年，梅河口市城乡人均教育经费支出水平为1.3∶1，在各县市中位列第16位。每千人国际互联网用户数反映了城乡公共设施资源之间的差距，梅河口市的这一指标排在各县市的第17位。因此，无论是城乡收入水平还是公共服务、公共设施，都体现了梅河口市城乡一体化发展速度较慢，进而导致全域城市竞争力指数提升困难。

（三）财政收支矛盾突出

梅河口市2018年财政收入为190538万元，从绝对数量看，位列各个县级市的第2位，但是与居于首位的延吉市相比还有一定差距，约为延吉市的3/4，但同期财政支出却与延吉市相差无几，相当于延吉市的98.24%。梅河口市2018年财政收入比2017年减少9.5%，比2016年减少37.58%，可以看出近三年呈现逐年递减的趋势。2018年财政支出616469万元，比2017年增加1.99%。从财政支出项目看，除教育支出比2017年减少10.10%外，科技经费支出比上年增加54.53%，社会保障和就业支出比上年增加23.93%，医疗卫生与计划生育支出增加了7.02%。由此可见，随着社会保障与医疗卫生事业以及科技创新等财政支出的增加，财政收入又逐年递减，梅河口财政收支矛盾有所加大，将会对城市竞争力的进一步提升形成不利影响。

（四）品牌建设成果不显著

品牌建设对城市竞争力具有较大影响，不仅对于城市形象与产品标识有直接影响，而且区域公共品牌建设可以形成带动效应，促进全产业链发展。品牌化市场营销对于寻找新的经济增长点，都有很大裨益。但是从梅河口的品牌建设效果看，并不是很理想。体现地域特征的农产品地理标志具有知识产权保护作用，目前梅河口申报注册的地理标志农产品主要是梅河大米。同

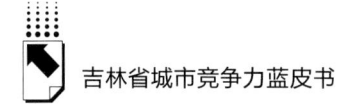

属于通化市县级市的集安,则拥有集安边条参、集安五味子、集安贡米、集安山葡萄、集安板栗、集安蜂蜜、集安鸭绿江咸鸭蛋等多个地理标志。2018年,20个县级市中有12个有"三品一标"农产品的统计数据,梅河口市有35个"三品一标"农产品,数量居第8位,与双辽(80)、扶余(66)、德惠(62)、大安(62)的数量规模相比有一定差距。

三 现象与规律

(一)三次产业结构不断优化调整

梅河口市近五年的三次产业结构变化如表4所示,第一产业比重具有下降趋势,尤其是2017年下降幅度较大,2019年又有所回升。第二产业比重在近几年也是呈现明显的下降态势,且2016年的下降幅度达到5.59%。与此同时,第三产业比重则逐年上升,但是除了2016年增幅较为明显,其他年份则是小幅稳定上升,说明第三产业的发展还没有形成强有力的增长动能。梅河口市在产业结构布局调整中,逐步收缩第二产业,积极推进第三产业发展,促进产业转型升级。医药健康、食品加工、商贸物流、现代服务等主导产业的发展方向,更倾向于全要素、全链条式发展。

表4 近五年梅河口市三次产业比重

单位:%

年份	第一产业	第二产业	第三产业
2015	7.78	48.95	43.27
2016	7.27	43.36	49.37
2017	5.18	44.23	50.59
2018	5.11	43.10	51.79
2019	7.10	39.79	53.11

资料来源:《吉林统计年鉴》。

（二）重视经济发展内生动力提升

梅河口市在经济下行的宏观经济环境下，逆势而上，通过科技创新实现高质量发展，打造城市形象品牌，实施乡村振兴。2018年梅河口市科技经费支出为10619万元，居于各县级市首位，比第二位的敦化市高出21.78%，优势非常突出。科技经费支出占财政支出的1.72%，在各个县级市中，支出绝对数量与占财政支出的相对比重均为最高，可见梅河口市对科技研发工作的重视程度。如果考虑财政收入的因素，按照财政收入来平均，梅河口市每万元的科技经费支出依然居各县市第4位。通过举办"一带一路"国家商协会吉林行梅河口经贸洽谈会和智慧试点城市发展论坛，打造东北地区唯一的国家生态产品价值实现机制试点城市，提升梅河口城市的开放度、知名度和影响力，打造城市形象品牌。通过实施"百村示范"工程，推进城乡垃圾收储运一体化，改造农村厕所，改善农村人居环境；通过整治农村公路，改造危桥，加大乡村基础设施投资力度。

（三）生态竞争力建设任重道远

尽管梅河口市生态城市竞争力排在各县市首位，但是从资源的合理利用，环境质量与自然生态条件来看，生态保护及可持续发展依然任重道远。梅河口市单位GDP资源消耗量与工业排放量，还没有达到最优效率水平。2018年，梅河口市GDP为372.33亿元。同期供水总量1383万立方米，用电总量62632万千瓦时，工业二氧化硫排放量为2761吨，分别列各县级市的第5位、第8位和第6位。如果按照单位GDP计算平均水平，梅河口市单位GDP耗水量为3.71立方米/万元，与排在首位的德惠市1.83立方米/万元的平均消耗量相比较，要高出102.73%。同期梅河口的单位GDP二氧化硫排放量为0.79千克/万元，与排在第1位的扶余市0.17千克/万元的水平相比较，要高出364.71%，即梅河口市的单位GDP二氧化硫排放量是扶余市同期水平的4.6倍之多。尽管2018年梅河口市按照GDP平均的用电量反映其经济效率较高，但是平均用水量和工业二氧化硫排放量所体现的资源利用效率还有提升空间。从拥有的森林面积来看，梅河口每平方公里覆盖森林28.25公顷，位列各县级市第12位。因此，保护生态环境，降低环境成本，实现可持续发展，仍然是梅河口市一个长期的发展方向。

四 趋势与展望

（一）发挥比较优势实现经济高质量发展

梅河口市拥有长白山地缘优势，发展中医药、特色农产品具有先天资源优势。而且医药健康产业和食品加工产业已经具有一定的产业规模和较高的产业贡献率。医药健康产业经济总量占全省的20%，食品加工产业经济总量占规模以上工业的50%。作为主导产业，医药健康产业已经纳入"长辽梅通白敦"医药健康产业走廊，将会形成更大的集聚效应，进而提升区域竞争力。凭借这些优势，梅河口市逐步完成全产业链发展，带动三产融合，打造精品区域公共品牌，提高梅河口的对外影响力，从而提升经济发展的内生动力，推动经济高质量发展。

（二）项目建设成为拉动经济增长的动力

梅河口市一直非常重视项目建设，并注重与产业布局相得益彰，拉动县域经济增长。一部分项目建设集中在医药健康、食品加工等支柱产业。如医药健康产业方面，获得四环制药、步长制药、紫鑫药业、吉药集团等持续投资，恒金药业、丰生制药、惠升制药也有不同项目进展。这些项目建设吸引资金流入梅河口，加大了外资利用力度与固定资产的投资力度，扩大了投资规模，成为拉动经济增长、促进支柱产业集聚化发展的重要动力。除了医药健康行业，阜康酒精、国能生物、红星美凯龙、青岛双星集团等项目引进则是为了加速食品加工与第三产业的发展。还有一部分项目建设，如泽盛生态环保则是体现了梅河口市在经济发展中所遵循的生态保护与可持续理念。

（三）软环境建设成为经济发展的助力

梅河口市综合经济竞争力一直保持强劲态势，可持续竞争力发展也在各个县级市中名列前茅，这与其注重经济发展的软环境有很大关系。2019年梅河口市获得5个"全国百强县市"荣誉称号，分别是综合实力、投资潜力、营商环境、新型城镇化质量、绿色发展。其中，较大的投资潜力，较高的新型城镇化质量以及绿色发展的格局与理念，都对营商环境优劣与否形成影响。由此，梅河口市也被评为"中国营商环境质量十佳县市"。这些称号的获得，折射出梅河口市在经济发展中，政务服务意识增强，以减税降费等经济杠杆，撬动经济发展的活力，促进投资项目落地。营商环境不断改善，有益于小微企业和民营经济的繁荣，有利于商贸物流、餐饮旅游等第三产业的快速发展。除此之外，梅河口市还注重利用科技创新为经济发展保驾护航。在财政支出收缩的情况下，科技经费支出依然比上年增长54.53%。软环境建设，将助推梅河口市吸引资金、人才、科技资源，蓄积经济持续快速发展的内生动力。

五 政策与建议

（一）扶持支柱产业，促进集聚化发展

梅河口的主导产业先期发展的基础较好，引入的建设项目也较多，但是如何实现集群化发展，获得集聚效应，是一个值得思考的问题。产业集群是由内外部诸多因素共同作用下形成的。一是资源禀赋优势诱导形成，这一点由于梅河口有长白山的地缘优势，中医药资源和特色食品资源丰富。二是外部制度环境推进形成，由于梅河口的营商环境优良，注重经济发展软环境，如果能够在制度政策上予以扶持，有关龙头企业加以带动，产业集群的形成就会事半功倍。三是消费市场需求引致形成。随着人们对健康的关注程度提高，特别是在新冠肺炎疫情影响下，医药健康、优质食品备受消费者的关

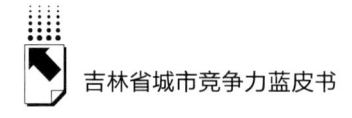

注。可见，梅河口市主导产业集群化发展的条件齐备，如何进一步优化集群结构布局，提升集聚效应，在很大程度上取决于龙头企业的带动和辐射，以及区域公用品牌的培育。

（二）培育增长新动能，实现经济转型升级

目前梅河口市的产业布局是以医药健康、食品加工、商贸物流、现代服务业为主导产业，医药健康与食品加工已经形成了较好的发展基础，而商贸物流和现代服务业的发展还需要培育增长新动能。一方面，梅河口的社会消费能力没有延吉市和公主岭市强，尤其是乡村地区社会消费品零售总额在20个县市中居第12位，住宿和餐饮行业社会消费品零售总额居第10位。这说明社会消费没有对市场经济形成强有力的拉动效应。要按照主导产业布局，加快发展商贸物流和现代服务业，重点可以放到两个方面：一是农产品电子商务的发展，尤其是有关基础设施的完善，最后一公里的打通，以及有关人才的培育，不仅有助于农业现代化的推进，也有利于农村居民收入与消费力的增加；二是乡村旅游业的发展，通过农旅结合，同时推进乡村振兴进程与餐饮住宿业的繁荣。

（三）推进城乡一体化，实现城乡融合发展

梅河口市在城乡一体化发展方面，差距依然明显，尤其是在城乡人均收入、城乡人均教育支出、城乡每千人国际互联网用户数等方面，体现出收入水平、教育资源和公共服务与设施的城乡差距较大，全域城市竞争力在各个县级市中优势不明显。为了促进城乡要素顺畅流动、公共资源合理配置，梅河口市将把城乡融合作为发展的主基调，推进基础设施、要素资源、公共服务等的城乡一体化，统筹城乡发展。城乡融合发展的立足点是强调农村与城市协调发展、互促共进，对于实现乡村振兴和实现农业现代化战略的实施意义重大，不仅有利于现代农业的快速发展，还有助于梅河口市可持续竞争力补足短板，再上一个新台阶。

（四）凭借历史人文资源，发展品牌经济

梅河口区域有人类繁衍生息的历史可以追溯到四五千年前，历史非常悠久，但是文化城市建设方面，却成为可持续竞争力的短板，所拥有的非物质文化遗产数量与其历史厚度并不相称。在经济发展中，要利用梅河口市的文化元素，培育产品品牌，发展品牌经济。梅河口大米获得地理标志保护，成为"吉林老字号"产品，梅河口也荣获"中国松子美食地标城市"称号。但是这些对于农业经济发展，对于食品加工产业的发展而言，还远远不够。需要利用历史人文元素，获得更多的地理标志保护，以产业集群为平台培育更多的产品品牌，形成区域公共品牌，打造城市地标。在不断提升产品质量的同时，开展丰富多样的品牌化市场营销，让品牌的溢价效应得以实现，从而推进竞争力的进一步提高。

比较与借鉴篇

Comparison and Reference Reports

B.17
新化工城市建设路径及启示[*]

——吉林市碳纤维产业高地建设的路径研究

张立巍[**]

摘 要： 面临世界百年未有之大变局，化工城市积极创新求变，分别在"断"、"精"、"联"、"新"和"高"字上谋篇布局，形成了清晰的继承产业发展原路径、升级产业发展新路径和打破产业发展旧路径三个建设方向，加快向新化工城市转变。吉林市应采取打造吉林市碳纤维产业原料、产品和应用三大基地，构建吉林市碳纤维产业全方位开放创新平台，推进吉林市碳纤维产业市场化驱动机制改革等措施，建设我国碳纤维产业高地。

---

[*] 本课题获得吉林省社科基金项目"吉林省碳纤维产业组织结构与技术创新互动机制研究"（项目编号：2020B074）的支持。

[**] 张立巍，吉林化工学院教授，研究方向为城市发展与产业经济。

关键词： 碳纤维　产业高地　新化工城市　吉林市

面对绿水青山与化工产业三高一低的矛盾，新兴产业与化工传统产业的碰撞，城市间产业同质化的竞争等问题，化工城市分别给出了自己的答卷，这为吉林市产业的高质量发展提供了有益借鉴。

一　新化工城市转型发展经验

（一）断腕旧产进军高端，打造东营新样板

作为胜利油田的诞生地，山东省东营市是全国地炼能力最大城市，在化工城市转型发展中围绕"断"字谋划新篇。一是当机立断，关停旧产。抓住绿色发展契机，在全省率先开展"评级评价"工作，淘汰石油炼化产能约23%，对石油化工企业进行全面整合和优化。二是准确决断，打造高端。积极推动大项目引领，鼓励企业采用先进国际工艺，落实多项升级改造和新开工项目；建立石油化工交易中心，设立石化产业发展基金，培育龙头项目，向高端石化产业迈进。三是破除垄断，发展非油。重点发展汽车配件等千亿级产业集群，全面提升非油产业技术装备水平，主动承接新能源、装备制造等产业转移，持续推进非油产业集聚。

（二）做大油头做精化尾，谋求大庆新转型

拥有全国最大油田的黑龙江大庆市是我国最大的石油化工生产基地，近年来城市围绕"精"字谋求新转型。一是精心布局，延长化尾产业链条。围绕"减油增化"新思路，紧盯新增化工大项目，做大油头、拉长化尾；面向原料企业定点招商，变原料优势为产品优势，确保头尾相连。二是精确施策，构建三大化工基地。以化工新材料为核心，建设国际一流新材料产业基地；着重发展环保、医药产业，打造精细化工产业基地；突出市场导向，

形成橡胶产业基地。三是精准定位，打造新型化工城市。打造石化产业特色鲜明的世界级化工城，构建现代制造业体系完善的标志性制造城，树立中国生态文化与石化产业融合共进的绿色生态城。

（三）港化联通腹地支撑，探寻连云港新定位

作为国家七大石化产业基地之一，在产业发展进程中，江苏省连云港市利用"联"字探寻出发展新定位。一是循环与区域联动，扩展产业发展空间。实施循环经济，以系统化产业思维促使企业转型升级，加强临港和腹地的空间联合，以临港区位优势带动腹地产业向纵深发展，形成产业要素在临港和腹地区域的自由流动。二是临港与石化联通，做优产业区位优势。以临港产业新优势重筑石化产业新地位，加强化工园区建设，形成产业集群优势和特色品牌，选择"智能+绿色"发展新路径。三是产业与服务联合，助推项目建设速度。创新银行贷款新模式，组建九家银行为成员的新银团，为石化等产业注入"燃料"；主动与高校合作建设产业研究平台，满足不断迭代的创新需求。

（四）突围拐点创新驱动，实现天津新破局

作为中国现代化学工业发源地的典型工业城市，天津围绕"新"字做文章，解决发展后劲不足的难题，寻求突拐点、破新局。一是突出企业主体新地位。加快企业技术、产品、管理和商业模式的创新，重点发展新能源、新材料、生物化工等新兴产业，开发关键核心技术，促使天津从投资驱动向创新驱动转变。二是确立区域规划新定位。明晰北京雄安新区与天津滨海新区的不同分工和竞争协同关系，建立"津港前沿+京冀腹地"的发展策略，重新确立天津在多重区域规划中的新定位。三是谋划民营经济新格局。通过科技创新和制度供给为民营新经济扩展发力空间，强化民营企业家的社会地位和价值，确立民营企业占据"半壁江山"的总目标，多维度构建民营经济发展的新格局。

（五）两柱并立双路同扩，再创惠州新高度

作为广东省唯一的国家七大重点建设石化产业基地之一，惠州市在"高"字上下功夫，以国际视角和产业雄心谋篇布局。一是高质量培育万亿级石化产业集群。瞄准万亿绿色石化生产基地目标，聚集石化行业国际巨头公司，吸引世界级化企入驻，形成中下游深加工石化产业基地。二是高起点打造万亿级电子信息产业集群。建立由龙头企业组成的电子信息产业协会，筹划引入总部经济，提前谋划5G商业应用计划，形成一大批高起点的关键领域核心产业集群。三是高水平建设开放创新平台。深度融入粤港澳大湾区和深莞惠经济圈，多层次推进惠州深圳一体化发展，积极培育"单打冠军"创新企业，建立省级以上创新研发平台，形成产业创新、承接与转移体系。

二 新化工城市发展路径

（一）继承产业发展原路径

坚守既定发展路线，以规模突破产业发展瓶颈。路径一，通过规模化发展实现增量提档。保持化工产业规模发展壮大目标不变，以存量优势保证产量规模，以增量创新对标高档位产业等级，实现化工产业的稳定发展，渐进提档。路径二，通过规模化发展实现竞争迭代。强化化工产业链核心企业的生产再造，渐进淘汰无法适应新形势的化工企业，通过竞争机制实现产业迭代发展。上述两条路径都强调市场的力量，淡化政府干预力度，以保守的姿态突破产业发展瓶颈。

优化既有发展格局，以新机破解产业发展壁障。路径三，主动调整自身产业结构，以新格局支撑实现产业发展目标。打造开发开放平台等产业发展的新高地新区域新增长极，以新型区域结构和产业结构重塑化工产业发展的内部环境，为化工产业发展创造新契机。路径四，积极参与区域经济一体化战略，以新机遇支撑实现产业发展目标。主动承接核心城市的产业转移，深

度融入城市群发展战略，差异化挖掘自身优势，重组原有产业要素，持续为化工产业提供充满新机遇的外部发展环境。上述两条路径都强化政府干预，或着眼城市内部或侧重城市外部，均以温和的态度破解产业发展壁障。

（二）升级产业发展新路径

按下删除键，进入化工产业升级的快进模式。路径五，既删且除，全面淘汰旧产业，升级新产能。坚决停产落后产能，打造新型化工产业园区，面向新模式新产品新业态招商引资，实现产业链整体升级改造，与老旧化工产业彻底告别。路径六，除而不删，全面停滞原产业，建设新产能。发展化工产业细分领域，做精做强单一领域，对关联产业、基础产业采取不再纳入政府主导产业目录但允许其自然发展的新策略，专心打造化工产业细分领域的新高地。总之，面对旧产能，无论选择"全面淘汰"还是将其打入"冷宫"，都相当于"做切除手术"，在产业的高级形态和细分领域下功夫，以"改良派"风格实现化工产业升级。

按下重启键，进入化工产业转型的个性模式。路径七，注入新主体，引入新活力，向化工产业新方向转型。减少化工产业的计划色彩，消除产业发展的体制障碍，持续增加制度的有效供给，降低化工产业的民营准入门槛，形成化工产业组织结构转型的创新生态。路径八，导入新模式，加入新动力，向化工产业新层级前行。导入企业间"小循环"和产业间"大循环"的循环经济模式，以新模式破解化工产业与环境之间的博弈困境，提升化工产业的自身造血能力，步入化工产业生产要素重组的崭新层级。总之，针对产业的停滞不前，主动在原有化工产业上"做基因嫁接"，为产业发展提供新主体和新模式，以"维新派"思维实现化工产业转型。

（三）打破产业发展旧路径

建设第二主导产业，构筑产业安全防线。路径九，划分产业主次，构建从游式产业发展路径。有计划地发展第二主导产业，破除单一主导产业的垄断地位，形成"一产领航、二产跟进"的梯队体系，降低经济发展风险。

路径十，打造产业双擎，建立并行式产业发展路径。设立双主导产业结构，产业享有同样的政策倾斜和资金支持，地位相同，齐头并进。从游式和并行式产业发展路径事实上造成了"另起炉灶"式的产业格局，扭曲了原产业发展方向，是激进的改革派做法。

扩大主导产业内涵，留白产业发展空间。路径十一，将化工产业融入产业大类中，扩大产业发展边界。改变主导产业表述，将化工主导产业融入先进制造业新定位，从更宽视域和更广边界发展化工及相关产业。路径十二，将化工产业融入城市发展战略中，改变产业发展轨迹。依托城市发展新战略改变主导产业地位和发展路径，促使化工主导产业的发展轨迹随城市战略目标的改变而改变。留白式的发展模式实际上淡化了化工主导产业的核心地位，但又增加了化工产业发展的机遇，是有抱负心的进取派做法。

三 对吉林市构建新型化工城市的启示

吉林市是我国最早开发研制碳纤维的城市之一，吉林经济技术开发区碳纤维特色产业基地是国产碳纤维"吉林、山东、江苏"三大产业基地之一。随着《哈长城市群发展规划》将吉林市定位为先进制造业基地，吉林市应重新定义化工主导产业的内涵，扩大化工产业发展边界，确定产业发展的留白空间为碳纤维领先产业，以先进制造业基地为目标描绘创新型城市发展轨迹，锐意进取，展示老工业基地的雄心和抱负。

（一）打造吉林市碳纤维产业原料、产品和应用三大基地

推动碳纤维原料基地、产品基地和产业融合应用基地的协同发展。设计三大基地联动开发、平衡发展、互相链接的发展路径，重点突破大丝束碳纤维及复合材料应用技术开发研究，加强碳纤维与现代农业、珲春海洋经济的融合发展，加快建成基地共同发展所需的学科和人才平台、技术研发平台、双创平台和产业对接平台，形成三大基地联动发展的协同机制。

探索碳纤维产业集群化发展路径。发挥现有碳纤维龙头企业在上下游产

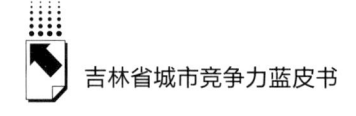

业链的强大整合作用,变现碳纤维企业与一汽、长客等大型企业强强合作的较高预期,提升碳纤维及复合材料企业自身向心力和凝聚力。夯实打造碳纤维支柱产业的战略部署,坚定培养地方核心企业的决心,通过股权投资、债权转化等手段加大碳纤维原料、产品、应用三大基地企业之间的实质合作力度,逐步实现吉林市碳纤维及复合材料产业集群化发展布局。

(二)构建吉林市碳纤维产业全方位开放创新平台

建立高水平碳纤维产业技术联盟。整合吉林市研发力量,建立碳纤维原料、产品和应用基地的"三基"研发互动体系;抓住"一带一路"、哈长城市群、吉林省"一主、六双"和长吉一体化等国家和省级战略实施契机,主动联系山东、江苏等省的研发机构,沟通美、日、韩碳纤维产业一流研发专家,通过论坛、共建实验室、人才培养与交流、重大技术项目招标、国家级研发团队建设、联合技术攻关、技术引进等方式建立国际碳纤维产业技术联盟,外脑提智,内脑提质,协同创新。

建立全产业链人才精准引进和培养计划。人才引进方面,按照领军人才重项目、高端人才重经验、工程人才重技术的准则,建立全球人才储备库,精准筛选碳纤维原料、产品和应用三大基地对口人才,提高碳纤维全产业链人才层次。人才培养方面,可按照本科生定制培养、研究生委托培养的方式,稳定人才知识结构,固化人才行业黏性,减少人才流失,提高碳纤维专业人才的行业忠诚度。

(三)推进吉林市碳纤维产业市场化驱动机制改革

建立市场化产业投资基金生态圈。选定核心碳纤维企业和地方金融机构作为发起人,政府积极参与,采用结构化投资方式成立产业投资基金,并注册专业基金运作公司,实现政府引导,市场运作,以少量资金撬动社会资本,形成以产业投资基金为核心,以政府奖免双向激励政策为补充,联动国家级、省级、市级产业转型、升级基金,引进具有潜力的基金公司,打通产业链融资渠道的新型产业投资基金生态圈,构筑良好的市场融资环境,助力碳纤维产业高地的建设。

推行民企战略化和国企市场化两大工程。发挥民营企业具有探索技术创新的体制机制优势，出台碳纤维民营企业10强认定标准，在税收、补贴和奖励等方面给予引导性、鼓励性和肯定性的激励措施，提供强有力的扶持政策，将碳纤维民营企业深度纳入政府管理体系，提高企业地位和待遇。继续强化国企在碳纤维产业内的龙头地位，鼓励国企放下身段，摒弃国企和民企身份偏见，多形式与技术领先民企开展合作，组建新型碳纤维公司，解决民企资金短板问题，引入国际先进生产线，开辟市场新领域，着力培养碳纤维行业新巨头，带动吉林市碳纤维产业高质量发展。

B.18
杭州市营商环境竞争力评价及提升路径

吴晓露[*]

摘　要： 营商环境竞争力是一个国家或地区核心竞争力的重要组成部分。本文依托多家国内外权威机构的城市营商环境竞争力评估报告，从营商软环境、营商硬环境、当地要素、科技创新、社会包容、环境韧性、经济活力、全球联系及生活环境等九个维度对浙江省杭州市的营商环境竞争力做出系统评价，并提出提升杭州市营商环境竞争力的四大政策建议。

关键词： 营商环境竞争力　高质量发展　城市竞争力　杭州市

当前，营商环境建设业已成为中国各级地方政府推动经济迈向高质量发展，提升区域综合实力和竞争力的关键保障和主要抓手。近年来，杭州市围绕"全国数字经济第一城"的建设目标，继续以"最多跑一次"改革为牵引，聚焦"不断提升企业和群众的获得感和满意度"，精准对标世界银行等的国际一流营商环境评估体系，全面规划市场化、法制化、国际化及便利化的一流营商环境建设，加快推进及优化提升商事登记、工程建设项目审批、市政接入工程服务、财产登记、信贷金融改革、税收服务及跨境贸易便利化等多个重点领域、关键环节、重大政策的落实落地，"全方位"优化营商环境，为高质量发展和提升城市竞争力提供了有力支撑。2019年，杭州市成功入选全国营商环境建设综合表现突出的15个"示范引领——标杆城市"，

---

[*] 吴晓露，浙江省社会科学院。

16个营商环境竞争力评价指标成为全国标杆（共18个评价指标）（国家发展改革委编著《中国营商环境报告2020》）；更在2020年经受住了新冠肺炎疫情的严重冲击，经济总体稳定向好，新兴动能表现活跃，供需关系趋于改善。2020年前三季度全市实现GDP11567亿元，按可比价格计算，比上年同期增长3.2%，高于全国同期增速2.5个百分点；其中，三次产业分别实现增加值228亿元、3394亿元和7945亿元，同比增长0.1%、1.0%和4.6%，信息传输软件和信息技术服务业、金融业等现代服务业、数字经济核心产业增加值分别增长11.3%、10.5%、11.5%；货物进出口4349亿元，同比增长7.3%，其中，进口增长18.1%，出口增长1.5%，高新技术产品出口增长7.5%；固定资产投资同比增长6.4%，其中，高新技术产业和工业投资分别增长21.9%和3.2%；实现一般公共预算收入1792亿元，同比增长4.4%，其中，税收收入1647亿元，同比增长3.8%。[①]

表1 2019年杭州市市情信息

项目	数据
土地面积（平方公里）	1.66万
常住人口（万人）	1036.0
城镇人口占常住人口的比例及增长率（%）	78.5,1.1
GDP总量及增长率（亿元,%）	15373,6.8
第一、二、三产业占GDP的比重（%）	2.1:32.8:66.1

资料来源：《2019年杭州市国民经济和社会发展统计公报》。

一 现状与优势

（一）营商环境竞争力总体跃升新台阶，与一流营商环境建设实践城市间差距逐步缩小

近年来，杭州市以提升企业和群众的"获得感"和"满意度"为目标，

---

① 数据来源：杭州市统计局，http://tjj.hangzhou.gov.cn/。

继续遵循"同城同标""同城同质"原则，逐步扩大"一件事"联办标准的适用范围，相继以"最多跑一次"改革和"政府数字化"转型为重要抓手，构建"亲清在线"平台，全面实施"互联网＋政务服务""互联网＋监管""互联网＋协同办公"，强调"数据赋能"；加快实施优化营商环境"10＋N"行动，全力打造全市营商环境升级版，营商环境竞争力得到全面提升。《后疫情时代中国城市营商环境指数评价报告（2020）》显示，杭州市营商环境指数从2019年全国排名第7位（总得分80.30）一举上升至2020年的第5位（总得分90.53分），仅次于上海、北京、深圳与广州；在15个新一线城市中取代了南京和武汉，跃居首位（见图1），与排名首位的上海间差距从6.43缩小到4.4，是新一线城市中营商环境改善最大的城市之一。[①]

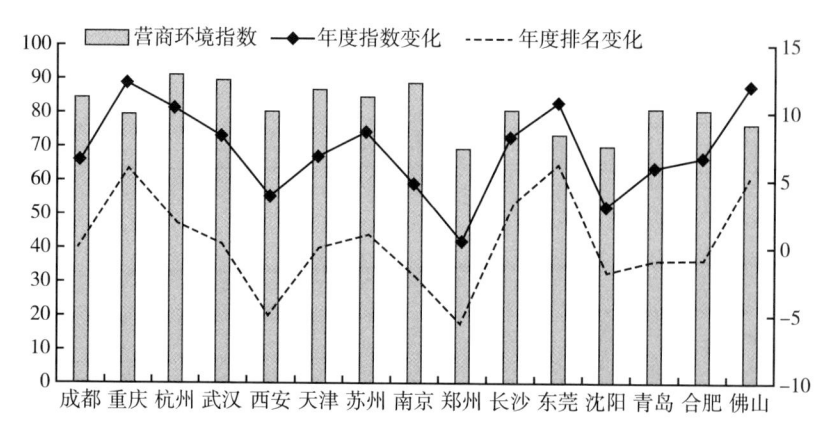

图1　新一线城市营商环境指数（2020年）

资料来源：《后疫情时代中国城市营商环境指数评价报告（2020）》。

（二）分项指标间的非均衡性大幅改善，多措并举补短板机制成效显著

2019年以来，杭州市以争取世界银行营商环境评估样本城市为契机，

---

① 万博新经济研究院联合中国战略文化促进会、中国连锁经营协会、中国经济传媒协会和第一财经研究院于2020年6月18日发布。

强调精准对标国际一流营商环境建设标准，突出营商环境的"全方位"优化，将前期的改革创新举措向公共服务、创新创业、生态人文环境建设等领域延伸。截至2020年上半年，营商环境建设18个领域101项任务的完成率超过80%，营商环境分项指标间的不均衡性得到大幅改善。《中国城市竞争力报告（No.18）》显示，杭州市的营商软环境和营商硬环境两大指数得分和全国排名分别为0.859、0.680和第5位、第17位，其他与营商环境竞争力相关性较大的当地要素、生活环境、全球联系、经济活力、科技创新等指标的全国排名也分别列居第8位、第13位、第6位、第8位、第5位；除生活环境和营商硬环境竞争力相对较弱外，其他指标都进入了全国前十强。[1] 尤其杭州市通过建设业务协同、全市共享的大数据资源中心，数字赋能城市治理后，不仅"移动办事之城市"迭代升级，"移动优先、个人固定端辅助、自助端补充、实体大厅端兜底"的"四端"政务服务模式正在全市有序铺开，全市"网上办""掌上办""跑零次"实现率分别达到99.65%、98.53%、96.11%；更将"城市大脑"的"智慧触角"逐步向交通治堵、市场监管、城市管理、住房保障、教育医疗等多领域延伸，公共服务能力和品质大幅提升，使原本拖累全市营商环境竞争力全面提升的医疗环境、公共服务、生活环境等营商软环境短板得到有效弥补。此外，长期制约杭州市经济社会可持续发展的交通便捷度、气候舒适度、环境污染等城市环境承受力指标也随着"9+1"公共场所服务大提升行动的深入推进有了明显改善，全国排名提升至第76位。营商环境逐步呈现均衡全面发展的态势（见图2）。

---

[1] 由中国社会科学院发布的2020年《中国城市竞争力报告（No.18）》与2019年相比，在营商环境竞争力指标的设置上有较大变化：2019年的报告中单独设置了"营商竞争力"指标，下设当地要素、当地需求、软件环境、硬件环境及对外联系等五个二级指标；而在2020年的报告中并未单独设置"营商竞争力"指标，是在"经济竞争力"指标下，分别列出当地要素、生活环境、营商软环境、营商硬环境及全球联系等五个二级指标。为了增加可比性，本文参照世界银行营商环境十大评估指标，主要选择了与营商环境竞争力相关性较强的当地要素、营商硬环境、营商软环境、全球联系等四个指标对杭州市的营商环境竞争力展开分析；其间也会结合世界银行的《营商环境报告》做一些补充分析。

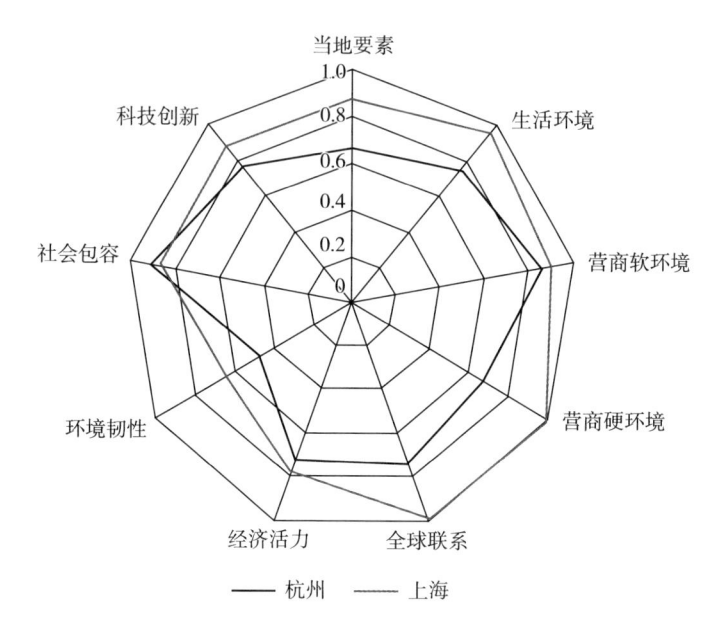

图2　杭州市营商环境竞争力解释指标（2020）

资料来源：中国社会科学院城市与竞争力指数数据库。

（三）优势指标领先地位更加凸显，对经济社会拉动效应持续释放

杭州市营商环境竞争力的绝大多数评估指标在全国35个大中城市的排名都中等靠前，更是新一线城市中营商环境建设较均衡的四个城市之一（另外三个分别是天津、苏州和南京）；其中，营商软环境优势明显，得分0.859，在全国所有城市中排名第5位，仅次于北京、香港、上海和台北，在新一线城市中居首位；当地要素、全球联系、经济活力、科技创新等四个指标也表现出色，分别得分0.66、0.747、0.728、0.768，在新一线城市中除全球联系与天津并列第一外，其他三个指标均排名第2位（见图3）。

首先，营商软环境、经济活力继续走在全国前列。多年来，杭州市在对民营企业的重视，市场规制的完善，劳动力、资金及土地等各项要素的流动性与分配制度等创新方面一直走在全国前列，反映经商便利度、市场化程

杭州市营商环境竞争力评价及提升路径

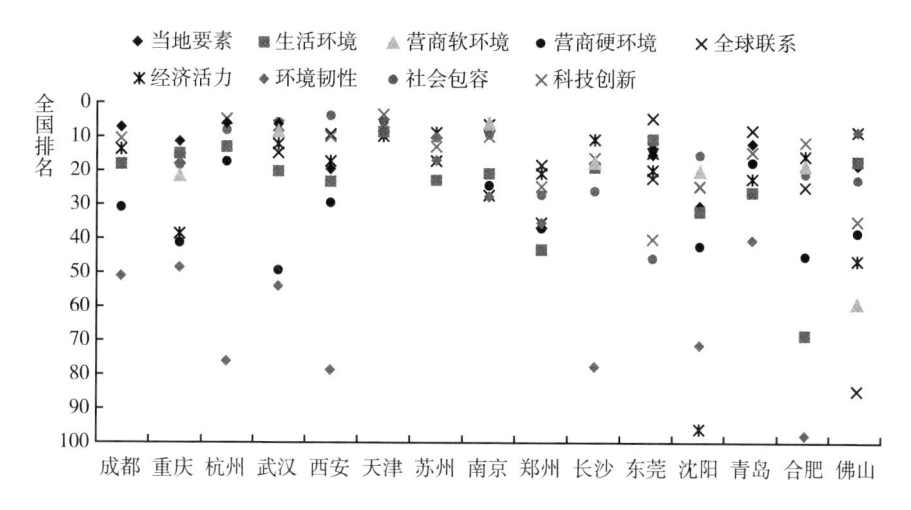

图3 新一线城市营商环境相关指标全国排名（2020）

资料来源：中国社会科学院城市与竞争力指数数据库。

度、社会开放度、产权保护、青年人才比例、劳动生产率、经济增长率等内容的营商软环境、经济活力在全国甚至全球都有一定优势（见图4）。尤其近年来，杭州市以"最多跑一次"改革为牵引，对标北京、上海营商环境3.0版改革政策，围绕世界银行的十大评估指标，在优化营商软环境，释放经济活力等领域领跑全国：①在率先跑通省政务服务2.0平台基础上，构建"亲清在线"数字化政商服务平台，截至2020年10月，全力打造24小时全天候在线服务闭环，累计接受咨询应答56322人次，企业好评率超过90%。②在巩固开办企业"5210"标准基础上，在全国率先实现开办企业"分钟制"和工业项目审批"小时制"，将办事时间从原来的半天和9个工作日缩短至"一个环节30分钟"和9.5小时，不仅领跑全国，甚至在全球也首屈一指。③推动用水用气用电报装全流程优化，将办事环节和时限压缩至2个、2个、3个（小微企业2个）环节。④减税降费落到实处，不仅在最大限度完成减税规定动作基础上加大了降费的实施力度，还以"快、准、实"的政策兑现措施在全国脱颖而出；2020年1～10月，杭州市在上年度减免各项税费575.8亿元基础上，累计新增减税降费521亿元。⑤通过加强信用和法治建设来营造公平竞争秩序，一方面，完善知识产权保

221

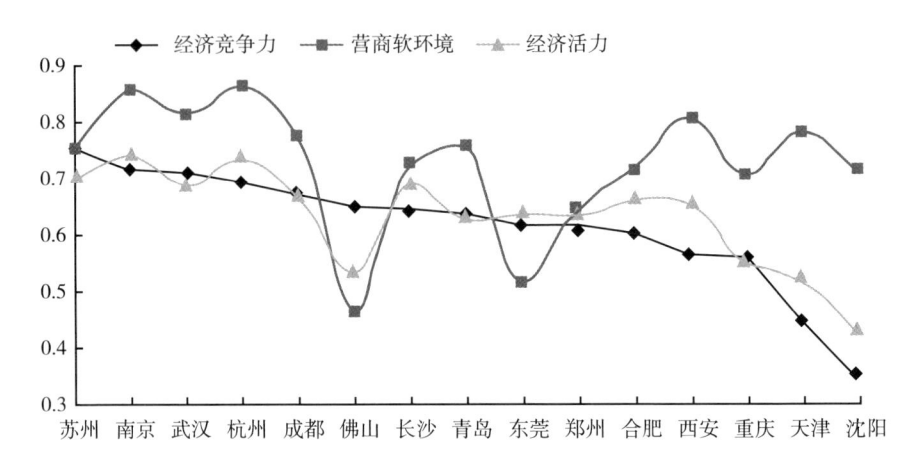

图4　新一线城市的营商环境和经济活力（2020）

资料来源：中国社会科学院城市与竞争力指数数据库。

护、构建知识产权纠纷多元化解决机制；另一方面，探索企业退出机制改革，成立杭州破产法庭和推行企业注销便利化改革，将简易注销公告期从45天压缩到20天。

营商软环境的优化和经济活力的激发为杭州市的经济社会发展积蓄了源源不断的新动能，2020年虽受新冠肺炎疫情影响，仍迸发逆势而上的发展态势；截至2020年10月底，全市比上年末新增各类市场主体19.28万户，新增企业主体8.0万户，成为全国新增市场主体最多的城市之一。

其次，当地要素、科技创新及全球联系快速提升。近年来，杭州市加快完善要素市场的体制机制创新，进一步融入长三角一体化和全球经济一体化，成功促进了资源要素的有序流动和优化配置：①"获得信贷"指标荣登全国首位，企业融资难融资贵瓶颈得到有效缓减。浙江省自2017年开始推行"凤凰行动"，杭州市企业IPO数量节节攀升，2020年，全市新增内外上市公司28家，各类上市公司总量排名全国第5，仅次于深圳、北京、广州和上海。2019年杭州金融综合服务平台（杭州e融）正式发布，截至2020年9月底，全市新增普惠小微企业和民营经济贷款分别为1620.1亿元和2833.4亿元，同比分别增长52.3%和22.7%。②优化人才环境，连续多年保持人才净流入和海外人才净流入居全国首位。《中国城市竞争力报告（No.18）》显示，杭州市人才密度和人才增量分别排名全国第25位和第9位，与5年前相比分别前移了5位和3位。③深化科技领域各项改革，加大科技投入，以科技创新助推新旧动能转换和激发市场活力。在持续加大科技投入基础上，杭州市将科技领域的各项改革全面纵深推进，构建了以"企业主体+平台支撑+人才引领"为内核的创业创新生态。截至2019年底，全市累计市级以上企业技术中心、科技企业孵化器、众创空间分别达到749家、178家和180家；全年研究与试验发展（R&D）经费支出占地区生产总值比重为3.45%，发明专利申请量和发明专利授权量分别比上年增长18.7%和14.4%（见图5）。④对外开放力度加大，全球联系的广度和深入进一步提升。2020年，杭州市全球联系得分0.747分，从原来的全国第9位前移至第6位。

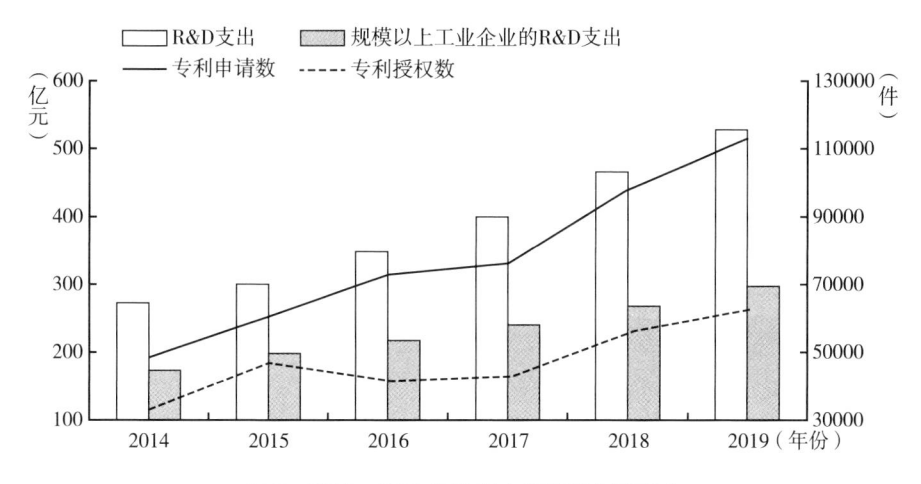

图5　2014~2019年杭州市的科技创新投入

资料来源：《杭州统计年鉴（2020）》。

三　问题与劣势

2020年，虽然杭州市营商环境整体有较大提升，营商软环境、全球联系、当地要素、经济活力等多项指标优势明显，但在生活环境、环境韧性及社会包容等方面仍有较大改进空间。

（一）生态环境、居住成本、交通便捷度是主要短板

受历史原因及当前多条轨道交通同时投入建设和大规模城市拆迁改造影响，杭州市生态环境一直是营商竞争力甚至城市竞争力提升的一个主要制约因素。《2020年中国296个城市营商环境报告》显示，杭州市生态环境排名全国第86位，其中，PM2.5平均浓度、空气质量优良天数及建成区绿地覆盖率分别排名全国第160位、第164位及第158位。居住成本一路高涨也给城市发展带来了巨大压力，杭州市被认为是全国买房最难的5个城市之一，2020年的房价收入比高达20.44，进入全国前十位，在新一线城市中仅次于天津与南京。① 此外，交通便捷度仍需尽快提升。2020年，杭州市基础设施指数得分仅为0.2574分，与排名全国首位的上海0.8117分相比，差距明显，在新一线城市中也只排到第6位；交通拥堵指数连年攀升，2020年第二季度，杭州市交通拥堵指数同比上升12.83%，全国排名第13位，比上年同期上升了12位。

（二）产权保护、技术创新等营商软环境仍有进一步提升空间

与香港、新加坡等国际一流营商环境建设城市的实践相比，即使与上海相比，杭州市的营商软环境也仍待进一步完善。例如，涉企制度环境设计上，需更加重视企业家、专业人士等意见，尽快建立通畅的意见传递通道和与政府、立法者等的正式沟通机制；在法律执行上，期待更人性化、精确化，及进一步加强对少数投资者、民营企业家的保护。另外，近年来杭州市专利申请数虽然上升较快，但每年专利最后被确权比例却从2015年的76.58%下降至2019年的54.22%，创新质量有待进一步提高。

---

① 2020年12月21日粤港澳大湾区研究院、21世纪经济研究院联合发布。

四　政策与建议

针对杭州市营商环境建设的现状、优势及问题，本文认为，应以"数字化政府"建设为重要抓手，对标国际一流营商环境建设最佳实践，持续推进"最多跑一次"改革和"数字化"转型，从以下四方面入手打造重商、亲商、优商的发展氛围。

（一）进一步改善营商环境，提升贸易便利度和对外开放水平

持续降低市场准入门槛、拓宽民营企业投资领域，切实保障民营企业在经营许可、政府采购、科技项目标准制定等方面的平等待遇；积极争取政策红利，在自贸试验区联动创新区和自贸试验区新片区基础上探索更为便捷有效的跨境贸易管理模式。多领域、全方位拓展全球联系，提升城市的国际化水平。

（二）加快推进政府数字化转型，提升政务服务效率和便捷度

以"政府数字化转型"的深入推进来延续"最多跑一次"改革的不断深入，围绕"掌上办事之省""掌上办公之省"的建设目标，全面推进经济运行、市场监管、公共服务、社会管理和环境保护等政府职能的数字化转型，强化数字赋能，高标准地创建"整体智治"的现代政府。

（三）深入推进要素市场改革，改善企业的发展环境

创新企业融资方式，在加快打造公平普惠的金融环境基础上，依托金融机构"最多跑一次"改革，规范对企融资服务标准、提升融资效率，加强对金融风险的监管。丰富各类人才引进机制，深化人才发展体制机制改革，破除体制机制障碍，激发创新创造活力。进一步深化科技领域改革，引导更多的智力、财力融入科技创新，提高支撑高质量发展的科技创新质量和能力。

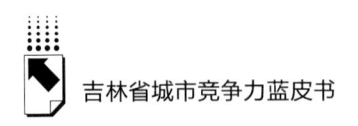

（四）加大基础设施、环境治理、居住环境的投入力度，打造宜居宜业的生活环境

继续有序推进涵盖高铁、城际轻轨、市域地铁的多轨道交通立体网建设，提升轨道、公交、慢行"三网融合"的协同度。加快新旧动能转换，加大数字经济第一城市建设力度，尽快关停或迁出工业耗水多、污染强度大的企业，加强生态文明建设。借鉴香港、新加坡等国际一流营商环境建设城市的住房政策，加大和创新住房条件的改善力度和方法，降低居住成本。

B.19 江苏省新型基础设施建设与城市高质量发展

孙克强 方维慰[*]

摘 要： 江苏省是全国经济最发达、城镇化水平最高的地区之一。近年来，江苏省以人为中心、以产业需求为导向，切实加快推进新型基础设施建设进程，为区域高质量发展特别是城市高质量发展注入了新的动能。本报告在现状分析的基础上，总结了新型基础设施建设与城市人口承载力、社会治理力、产业竞争力、文化容纳力、生态支撑力的关系，提出了"五新""三融""三增""三化"的对策建议。

关键词： 新型基础设施建设 高质量发展 江苏省

江苏省是全国经济最发达、城镇化水平最高的地区之一。2020年江苏省人均GDP为121231元，城镇化率为73.44%，这两项指标江苏省均位居各省区市前列。2020年3月，我国提出"加快5G网络、数据中心等新型基础设施建设进度"任务以来，江苏省以人为中心、以产业需求为导向，切实加快推进新型基础设施建设进程，为区域高质量发展特别是城市高质量发展注入了新的动能。

---

[*] 孙克强，江苏省社会科学院财贸研究所所长、研究员；方维慰，江苏省社会科学院财贸研究所副所长、研究员。

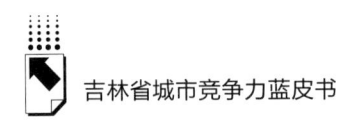

一 江苏省新型基础设施建设总体水平

新型基础设施是一个不断更新的概念。按照国家发改委的定义，当前的新型基础设施包括信息基础设施、融合基础设施、科教基础设施。但从实际表现看，新型基础设施体现为更多的网络流量和更多的科教投入；从结果上看，新型基础设施体现为促进更多的信息流动和更有活力的创新氛围。移动互联网接入流量能在一定程度上体现出信息基础设施、融合基础设施的建设水平。有关数据显示，从2014年到2020年，江苏省移动互联网接入流量从1.6亿GB增长到109.0亿GB，人均水平从1.9GB增长到128.6GB。2020年江苏省移动互联网接入流量占全国的6.6%，人均水平高于全国9.5%，而同期江苏省人口占全国的6.0%。从江苏省财政科教支出看，2020年达到3006.2亿元，占全省财政支出比重为22.0%，江苏省人均财政科教支出3547.12元，高于全国平均水平10.3%。根据公开数据统计，2020年新型基础设施建设项目计划投资额约9万亿元，其中江苏省约5410亿元，约占全国的6%。2019年底有关评价数据显示，江苏信息化发展水平位居全国第三位，数字经济总体规模占GDP比重超40%；企业两化融合发展水平指数连续多年位居全国第一；新型基础设施建设竞争力指数仅次于北京、上海，位列全国第三。2020年亿欧智库的一份报告显示，江苏省是全国新型基础设施建设企业数量第二多的省份，约18万户，在全国仅次于广东省；同时该报告还显示江苏省入选新型基础设施建设先锋企业100强数量为11户，入选新型基础设施建设成长企业100强数量为4户。如上数据和案例显示，江苏省新型基础设施建设水平处于全国前列。

二 新型基础设施建设引领江苏省城市高质量发展

江苏省新型基础设施建设具有较好基础，这些基础和国家新型基础设施建设政策相结合，正在对城市高质量发展发挥重要的引领作用。

一是新型基础设施建设提升了城市的人口承载力。新型基础设施建设从根本上看是"以人民为中心"的基础设施建设，通过信息基础设施提升城市人口的信息获取能力和社会网络能力，通过融合基础设施提升城市人口的社会流动能力和资源聚合能力，通过科教基础设施提升城市人口的创新创业能力和持续发展能力。这些能力提升与江苏省高度发达的城市群需求、都市圈需求相结合，有望进一步提升全省城市的人口承载力，为建设"以人民为中心"的新时代经济体系奠定坚实的基础。

二是新型基础设施建设提升了城市的社会治理力。数字化、网络化、便捷化、无缝化是这一轮新型基础设施建设的最大特点。传统基础设施建设时代，基础设施的功能是被动的，基于基础设施的生产关系和社会关系是模糊的、无法量化的。而通过这一轮的新型基础设施建设，特别是数字化、智能化技术的融入，基础设施的功能开启了半主动化进程，社会关系、生产关系可以逐步量化，从而为社会治理带来了新的变化，这有利于实现社会资源的合理配置与使用，提高城市的社会治理力，增强城市对乡村的带动力，实现社会运行的高效化与有序化。

三是新型基础设施建设提升了城市的产业竞争力。改革开放以来，江苏省经济取得快速发展的一个重要因素就是劳动力资源丰富，人力资本较低。但是，全球格局的演进、国际竞争的加剧、劳动人口的减少，特别是科技进步与产业发展的高度融合，都急需新型基础设施建设提高劳动效率、降低产业成本。而新型基础设施建设，不仅能推动江苏省传统制造业优势经数字化改造进而提升，还能进一步催生孵化出新的产业门类，形成更加完善、先进的产业体系。

四是新型基础设施建设提升了城市的文化容纳力。新型基础设施建设不只是"以人民为中心"，还是"以全球为网络""以包容为前提""以数字为场景"，与我国"人类命运共同体"目标具有紧密关联。当前，通过"数字化"为核心的新型基础设施建设，能够进一步发挥江苏省作为我国传统文化强省的底蕴，进一步彰显现代化城市对于多元化文化的包容。这都有利于提升城市的文化容纳力，打造更加开放、更加包容的高质量发展的城市体系。

五是新型基础设施建设提升了城市的生态支撑力。"生态城市""零碳城市"是城市发展的重要趋势，"安全城市""平安城市"是城市居民的最大需求。新型基础设施建设有望统筹城市的社会生态和自然生态，有望构建城市的信用生态和创新生态，有望降低城市遭遇自然灾害、社会风险的各种不确定性。江苏省作为低海拔、临江海、水网密的省份，加强新型基础设施建设，对于提升城市生态支撑力极为必要。

三 加快新型基础设施建设促进城市高质量发展的对策思考

从近期看，城市高质量发展的重点是更智慧、更生态、更人本，这就要求城市高质量发展要不断地创新思路、融入技术，让城市和产业共荣，让人民群众和新型基础设施互惠。新型基础设施恰恰能够在这些方面提供支撑，为此本报告提出了"五新""三融""三增""三化"等对策建议。

（一）着力"五新"，加快新型基础设施对城市的支撑作用

着眼于城市高质量发展谋划和推进新型基础设施建设。一是对新型基础设施建设的认识要"新"。要改变从基础设施看新型基础设施的惯性思维，要从全局性、战略性、系统性等方面对新型基础设施与城乡发展、群众福祉、总体安全、综合国力等方面进行综合思考和全新认识，要提高对新型基础设施建设的重要性与迫切性的认识。同时还要用动态的思维去认识新型基础设施建设，新型基础设施不是一成不变的，是逐步更新迭代的。二是对新型基础设施建设的内涵要"新"。新型基础设施建设是现代科技特别是新一代信息技术与基础设施的融合，在传统基础设施数字化智能化的基础上，要充分考虑新型基础设施催生新技术、新产品、新产业、新业态和新模式的作用和功能，也要充分考虑数字化智能化迭代对新型基础设施动态发展的影响，这将对推动我国综合国力的跃升发挥巨大促进作用。三是新型基础设施建设的重点要"新"，对有产业优势的领域要加强金融、税收、数据、人才、土地等方面的政策创新，加大支持力度，争取市场主动，政府可以进一步做大做强；对全国战略发展有重大助力的领域或者潜在的经济增长点，要加快

推进新型基础设施建设，为战略性、系统性的产业升级等奠定坚实技术基础。四是新型基础设施建设的主体要"新"，要充分发挥市场在资源配置中的基础性作用，重视并解决好政府该不该发挥作用、怎么发挥作用的问题。要随着新型基础设施建设进程的深化，结合地区实际情况和全球经济运行情况，把安全作为重要标准，探索放开新型基础设施建设领域的市场准入，让更多的投资主体、企业主体参与新型基础设施建设。五是新型基础设施建设的方式要"新"，要规范并推动PPP（政府和社会资本合作模式），引进民间资本提高效率，支持个人资本合理参与，形成多元化融资来源。采取多种方式充分调动和依靠社会资本，让政府与社会资本之间的合作更加协同高效。

（二）着力"三融"，在城市更新中加强新型基础设施建设

着眼于城市更新行动的实施，融合先进科技手段，加强新型基础设施建设。一是重点融合六类先进技术。重点融合生态环保技术、数字孪生技术、混合现实（XR）技术、遥感监测技术、新型材料技术、新型能源技术。其中融合数字孪生技术提高城市管理水平和城市效率，混合现实技术提高城市体验感，遥感监测技术提高城市安全感，新型材料技术、新型能源技术降低城市运行成本，新型能源技术、生态环保技术提高城市宜居水平。二是重点融合五个新兴行业。依托各类孵化器和众创空间，重点孵化城市特色大数据行业、城市快捷公共服务行业、城市形象维护服务行业、新型材料产业、新型能源产业。其中城市特色大数据行业是未来城市运行的信息基础，城市快捷公共服务行业是增强城市居民幸福指数的依托，城市形象维护服务行业包括线上形象维护和线下形象维护是城市品牌的保障，新型材料产业、新型能源产业是未来城市运行的物质基础。三是重点融合四个板块。按照"生产优先，融合更新，辐射带动，逐步推进"的思路，在重点产业园区、基础设施新建区、政务商务集中区、居民密集体验区四类板块优先开展城市更新行动。同时"按照未来产业发展需要优先推进生产服务类设施更新，结合新型基础设施建设融入城市更新技术要素，满足政务商务活动需优化城市公共服务布局、满足居民幸福感提升需要融入生活文化要素"，加大新型基础设施建设在城市更新行动中的分量。

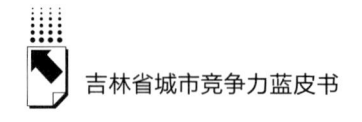

（三）着力"三增"，发挥企业在新型基础设施建设中的作用

新型基础设施建设由于数字化、智慧化的融入，其产业传导的速度、范围、力度更远超传统基础设施建设，对于制造、配套、应用、服务等各类企业的影响将更为深远。各类企业要早谋划、早动手，抓住新型基础设施建设机遇。一是增强国家战略意识。新型基础设施建设是国家战略，事关民族复兴和中国梦的实现。各类企业要强化大局意识和大势思维，研究新型基础设施建设将带来的各种变化，积极争取融入其中，通过业务转型、战略投资、产品设计等措施，抢占制高点，实现借助国家战略增强内生发展能力。二是增强配套服务意识。新型基础设施建设具有产业链条延展无限性、产业合作网络无界性，"基础设施在江苏、数据存储在贵州、监测分析在上海"也是可能的模式。企业应积极投身新型基础设施建设所形成的新产业分工中，强化广域分工、跨域协同，在全国乃至全球新型基础设施配套服务供应链中保有和提高企业的产业链地位。三是增强转型升级意识。传统企业即使找不到新型基础设施建设的配套服务机会，也要积极应用新型基础设施的成果改进自身运营方式，用新型基础设施催发的新业态、新模式带动传统企业、传统业务升级壮大，实现企业可持续发展。

（四）着力"三化"，发挥好高校科研机构的创新支撑作用

新型基础设施建设及其后期维护离不开科学技术和人才团队的支撑。为此，要着眼于学科专业优化、科技成果转化、人才工作精细化，发挥高校科研机构的支撑作用。一是促进学科专业优化，打造服务新型基础设施建设的新高地。新型基础设施建设将催化一批新学科、新专业。结合新型基础设施建设的客观需要，进一步明确围绕新型基础设施建设所开展的学科战略布局与发展重点，特别是要加快对传统专业的数字化提升和对交叉融合专业的支持力度，形成基础设施建设催化学科、新兴学科反哺基础设施建设的良性循环。二是加强科技成果转化。激励高校科研机构致力于新型基础设施建设各个领域的科技创新。大力推进各高校科研机构研发创新和成果转化应用，着

力突破重大关键核心技术，特别是融合生态环保技术、数字孪生技术、混合现实（XR）技术、遥感监测技术、新型材料技术、新型能源技术等领域的新成果，形成各有所长、相互补充的特色化发展格局。三是人才工作精细化。新型基础设施建设需要多学科、多专业、多领域、多行业人才相互合作，形成人才共同体。江苏省作为新型基础设施建设企业第二多的省份，在新型基础设施建设人才方面，要鼓励企业实施更加灵活开放的用人机制。用好财政、金融、土地、住房等各种工具推动全省新型基础设施建设人才队伍不断壮大并助力更多小微企业升级、中小企业成长，打造出更多的新型基础设施建设领域的"独角兽"企业。在高校科研机构方面，要深化科研成果评价机制改革，建立健全应用型成果价值认定机制，致力于"将论文写在中国大地上"，要更加重视一流工程应用型人才培养，支持高校与新型基础设施建设领域的骨干企业、产业化基地和地方政府设立应用创新型研究生教育项目，把新型基础设施建设融入教育体系、教学内容，缩短大学生从"学"到"产"的缓冲期，补齐新型基础设施建设人力资源短板。

B.20
俄罗斯莫斯科现代城市建设理念及启示

张磊 姜峰*

摘 要： 俄罗斯首都莫斯科是一座既历史悠久又充满现代活力的国际性大都市，经历了800多年的建设与发展，莫斯科城市建设理念随着现实需求和时代发展在不断变化和提升。21世纪后，莫斯科在尊重历史和民族文化传承的基础上，充分考虑其城市定位、产业结构、民生福祉和未来发展，将传统与现代相融合，形成了独具特色的城市建设理念。本文从"电子莫斯科"、"新莫斯科"、"信息城市"、"平安城市"、"智慧城市—2030年"等城市建设理念角度分析莫斯科城市建设现状及发展规划，并在此基础上总结了其在现代城市建设方面的经验与启示。

关键词： 莫斯科 现代城市 建设理念

俄罗斯联邦首都莫斯科市，地处俄罗斯中央联邦区行政中心和莫斯科州中心，是俄罗斯政治、经济、文化、金融、交通中心以及最大的综合性城市。截至2020年，莫斯科城市建成面积总计2510平方公里，人口1269.2万[1]。在800余年的悠久历史中，莫斯科经历了灾害、战乱和动荡，其城市建设理念也随着现实需求和时代发展在不断变化和提升。目前，莫斯科作为世界上影响力较大的国家之一俄罗斯的首都，已经成为一

---

* 张磊，吉林省社会科学院俄罗斯所；姜峰，吉林省社会科学院俄罗斯所。
[1] http://ru.mofcom.gov.cn/article/rugk/202008/20200802997152.shtml.

个国际性大都市，其融历史与未来于一体的现代城市建设理念值得我们参考和借鉴。

一 莫斯科现代城市建设理念

2000年以后，莫斯科现代城市建设的理念更为系统、清晰，随着城市规模的不断扩大，人们对城市需求的不断变化，其城市建设理念也在不断调整。

（一）"电子莫斯科"

2003年莫斯科市政府通过了"电子莫斯科"城市建设计划，主要目的是通过大规模的实施信息通信技术，改善城市经济、城市生态和民生，提高城市行政管理的效率和开放性，提高经济运行效率，提升城市发展的竞争力。"电子莫斯科"的主要任务是将信息通信技术应用到城市建设的经济、社会和文化生活的关键领域，包括实施"电子政府"建设、城市信息和通信基础设施建设、公共信息资源建设，将信息通信技术部门转变为城市经济中最重要的部门，该计划以每五年为一个阶段对社会经济发展进行预测。俄专家认为，尽管在此计划运行期间已实施了许多看似成功的项目，但对结果进行分析后发现，由于主、客观原因并未完全实现当初制定的城市目标计划[1]，但为城市日后的发展奠定了深厚的基础。

（二）"新莫斯科"（2012年）

"新莫斯科"也称"大莫斯科"，是一项在原有莫斯科市区域的基础上合并新的城区的项目。2012年7月1日开始，莫斯科市扩充其行政范围到原来的2.4倍。莫斯科市新的城市发展构想是在"新莫斯科"特定区域构

---

[1] Журавлев Денис Максимович. Городская целевая программа "Электронная Москва" и её роль в процессах управления городом. Москва. Государственное управление．Электронный вестник. 2008. 2 – 15.

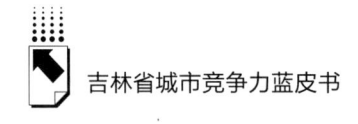

建集群效应的12个城市规划活动中心，如多功能集群、农业集群、行政和商业以及购物和娱乐综合体、医疗集群、历史和娱乐综合体、教育集群和创新与科学中心、物流集群。到2020年，"新莫斯科"项目已经实施八年，莫斯科市新城区的建设成绩斐然。

（三）"信息城市"（2012~2016年）

2011年莫斯科市批准实施"信息城市"（2012~2016年）国家计划。"信息城市"计划是莫斯科城市建设发展的新一轮计划，旨在通过将信息和通信技术引入城市生活的各个领域来改善莫斯科人的生活质量，创建城市智能管理系统和发展大众媒体。为了能够更好地提高公民的生活质量，更好地服务于企业、国家，确保三者之间的密切联系与合作，该计划分三个阶段实施，并于2016年结束。"信息城市"的建设提高了莫斯科市的信息化程度，使人与城市间的联系更为紧密。

（四）"平安城市"（2012~2018年）

莫斯科市"平安城市"（2012~2018年）国家计划。该计划的目标是保障莫斯科市内居民和基础设施的综合安全，包括保护个人、社会和国家免受非法入侵，打击违法犯罪，降低紧急风险，确保消防安全等行为。在实施中的主要任务涉及反恐、减少犯罪率、打击腐败、打击非法涉毒、监控交通安全及应急响应处置和减少非法移民等[1]。在项目实施期间，2012年至2017年的莫斯科犯罪率下降了19%以上[2]。

（五）"智慧城市—2030年"

2019年莫斯科市发布了"智慧城市—2030年"战略，其目标是通过使用数字技术确保莫斯科生活质量的可持续增长，为更好地开展城市活动提供

---

[1] https：//gkuukris.mos.ru/proscale/bg－2012－2018/.
[2] https：//www.m24.ru/articles/gorod/21112018/154104.

有利条件，基于大数据，使用人工智能技术，对莫斯科市进行集中、透明的管理，提高公共支出的效率，包括通过在数字技术领域引入公私合作。智慧城市建设的主要任务是数字技术在城市生活中的长期应用，通过建立有效的机制，减少行政障碍，为数字技术的发展创造有利条件，尤其是在行政机关中建设数字基础设施和环境，提高其公共服务质量，提升城市吸引力，确保莫斯科市生活达到世界标准水平[1]。

二 莫斯科现代城市建设的特点

（一）城市规模不断扩大

从1871年到2010年，莫斯科的面积总共增加了998平方公里，人口增加了超过120万人。2012年，"新莫斯科"规划的实施，使莫斯科地区的面积增加了2.4倍，"新莫斯科"位于旧城区边界的西南方，占地近1.5万平方公里。目前，莫斯科市总面积为2510平方公里[2]，影响扩大莫斯科边界决定的主要因素之一是人口的快速增长，就人口而言，它是欧洲三大城市之一，与伦敦和伊斯坦布尔位列前三。

（二）城市建设信息化程度加深

2011年莫斯科市推出"我们的城市"政府门户网站，联通城市服务，使城市与其居民之间的对话变得更加开放。同年，市区内安装视频监控系统，城市的安全和秩序得到了更好的保障。2012年，莫斯科市推出免费城市Wi-Fi网络，几乎覆盖了城市的每一个角落，使人民的生活变得更加便利。2014年，积极启动公民投票系统，每个居民都可以参加重要的城市民意调查，并影响莫斯科政府的举措。2016年，莫斯科电子学校（MES）项

---

[1] https://2030.mos.ru/.
[2] https://www.syl.ru/article/381569/gorod-moskva-geograficheskoe-polojenie-relef-naselenie-ploschad-territorii-klimat.

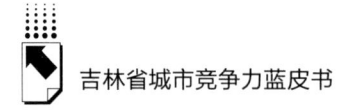

目启动,现实教学中开始使用电子资源模式。2017 年,40 多个行政机关的网站已移至市长和莫斯科政府的门户网站 mos.ru,它已成为该市在线空间的真正切入点[1]。可见,经过一系列的规划,俄罗斯的信息化、现代化程度不断提升。目前,莫斯科市在国际城市信息化、智能化相关方面的排名中都处于领先地位。

(三)城市交通环境不断改善

莫斯科在交通运输建设方面远远领先于俄罗斯大多数大城市,数据显示,在过去 4 年中,莫斯科的交通负担从 66% 降至 44%,平均出行时间减少了 5 分钟。从 2011 年到 2017 年的 7 年间,莫斯科地铁增加了 101 公里,增加了 55 个车站,承担了 44% 的市内公共交通流量。在此期间,莫斯科的道路长度增加了 12.5%,桥梁、隧道、立交桥等交通设施的数量增加了 26%[2]。随着铁路线路的新建和重建,越来越多的通勤火车和城际特快列车逐渐上线。另外,为了改善市内交通状况,莫斯科市先后颁布了多项交通法令和规定,其中包括自动化交通控制系统的应用等。

(四)文化遗产保护受到重视

莫斯科市是一座拥有丰富的历史文化遗产的城市,莫斯科市尤为重视文化遗产的保护和修复,专门设有文化和遗产保护部,其致力于保护、修复、利用、推广国家级历史文化遗产、纪念性雕塑、历史墓葬、考古遗址、景观建筑纪念碑以及园林和公园艺术等,使历史文化遗产适应现代用途,融入现代城市建设。2011~2019 年,莫斯科市抢救修复文物古迹 1247 处,采取国家保护文物 988 件,修复 8000 余处墙面,美化街道 350 条[3]。每年的 4 月

---

[1] https://vc.ru/ditmos/42720-smart-moscow.
[2] https://zen.yandex.ru/media/stroimos/kak-izmenilas-moskva-za-poslednie-gody-5981de7c482677eb04a3ee35.
[3] https：//rg.ru/2019/03/19/reg-cfo/sobianin-rasskazal-o-sohranenii-kulturnogo-naslediia-moskvy.html.

18日（国际古迹遗址保护日）和5月18日（国际博物馆日），莫斯科都会举办历史文化遗产日①。

三 莫斯科现代城市建设的经验与启示

（一）专业的城市建设规划部门为城市发展助力

专业的规划部门在莫斯科城市建设规划制定中起到了重要的作用，其中尤为重要的是莫斯科市建筑与城市规划委员会和莫斯科总体规划研究院。莫斯科市建筑与城市规划委员会（以下简称委员会）是莫斯科市的行政部门、执行机构，其职能是确保莫斯科市在城市规划方面执行国家政策，包括城市规划、区域规划、领土规划，以及莫斯科市的建筑和艺术形象的设计②。莫斯科总体规划研究院有悠久的历史，是专业的规划制定部门，参与了莫斯科市大多数城市规划的制定。除了这两大部门，还有很多助力莫斯科城市建设的机构③。专业的城市规划设计机构能够更好地规划城市的未来，而系统的城市规划行政部门则能更好地制定和执行城市规划方案，也正因为如此，莫斯科的城市建设才会发展得越来越好。

（二）完备的法律框架为城市建设提供保障

在莫斯科城市建设中，较为完备的法律法规为城市的建设提供了必要的保障。1995年颁布的《莫斯科市宪章》、1999年的《关于绿色空间的保护》、2008年的《莫斯科市城市规划法》等一系列法律法规相继出台，随着时代的发展，不断地补充、修订，这些法律法规无疑为莫斯科城市建设与规划提供了法律依据与保障。分析莫斯科城市建设，结合城市发展变化与这些

---

① https：//www.mos.ru/dkn/function/populiarizatciia/dni – istoricheskogo – i – kulturnogo – naslediia/.
② https：//www.mos.ru/mka/function/o – komitete_ 2/o – komitete/.
③ https：//genplanmos.ru/.

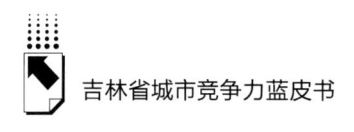

法律框架的相关问题，值得我们进行更为深入的研究，同时找到我们在城市建设规划中可能存在的同样的问题，予以借鉴。

（三）超前性思维为城市发展注入新的活力

莫斯科的城市建设规划中有很多创造性思维的设想被予以运用，而这些创造性思维来源则是多方面的，其中最值得关注的就是"莫斯科城市论坛"，每年的"莫斯科城市论坛"都会有一个相应的主题，在论坛中一些超前性思维设想被提出，这些创意将来有可能被引入莫斯科的城市建设设计中。莫斯科总体规划研究院也在城市建设创新方面做了大量的实践工作，以定期举办国家竞赛的形式激励概念性创新设计。

Abstract

This book is divided into five parts: subject report, comprehensive reports, competitiveness of prefecture-level city reports, competitiveness of county-level city reports and comparison and reference reports. With the theme of "C · I · T · Y strategy: Jilin's choice for the era of zero carbon city", the subject report puts forward the distance and main constraints between Jilin Province and zero carbon city by analyzing China's regional carbon emission data, estimating and comparing with cities in Jilin Province, and creatively puts forward the C · I · T · Y strategy for building a zero carbon city in Jilin Province, This paper puts forward corresponding countermeasures and suggestions for the construction of zero carbon city in Jilin Province. The comprehensive reports includes the overall ranking and overall situation analysis of urban competitiveness of prefecture-level cities and county-level cities in Jilin Province in 2020, and systematically and comprehensively summarizes the comprehensive development and performance of urban competitiveness in all regions of the province in 2020. The competitiveness of prefecture-level city reports covers the 2020 Competitiveness Report of 8 prefecture level cities in Jilin Province. Through a comprehensive and systematic analysis of the current situation, advantages, problems and deficiencies, phenomena and laws of the competitiveness development of each city, it puts forward targeted policy suggestions to promote the improvement of urban competitiveness. The competitiveness of county-level city reports includes the competitiveness reports of three major county-level cities in Jilin Province, which mainly analyzes the competitiveness development status and trend of major county-level cities from the aspects of comprehensive economic competitiveness and sustainable competitiveness, in order to provide reference for the development direction of county-level cities in the province. The comparison and reference reports includes four research reports: *New Chemical City Construction Path and Enlightenment*, *Evaluation and Promotion Path of Business Competitiveness in Hangzhou*, *New Infrastructure Construction and High-quality Urban Development in Jiangsu Province*, and *Concept and Enlightenment of Modern Urban Construction in Moscow, Russia.*

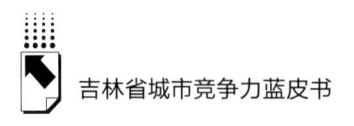

Keywords: Urban Competitiveness; Zero Carbon City; High-quality Development; Jilin Province

Contents

Ⅰ Subject Report

B.1 C·I·T·Y Strategy: Jilin's Choice for Cities in the
Zero Carbon Era *Zhao Guangyuan, Wang Yuge* / 001

Abstract: Building a zero carbon city is an important part of achieving the goal of "carbon peak and carbon neutralization". This report estimates and analyzes the total carbon emissions of Jilin Province and cities, puts forward the C·I·T·Y strategy suitable for the construction of zero carbon cities, and constructs a strategic system including CYCLE、INTERACTIVITY、TECHNOLOGY、YARD、CREATURE、INTEGRATION、TARGET、YIELDING、CULTURE、INNOVATION、THINKING、YOUTH. Then it puts forward relevant countermeasures and suggestions, including increasing investment in carbon governance in population inflow areas, strengthening accurate monitoring and governance of key carbon emission industries, accelerating the construction of carbon absorption functional areas inside and outside the city, and coordinating the production and application of smart energy, scientific and technological energy and non-carbon energy.

Keywords: Zero Carbon City; Carbon Emission; C·I·T·Y Strategy; Jilin Province

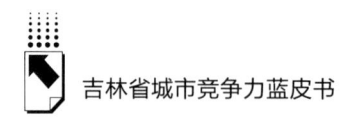

II Comprehensive Reports

B.2 Raking Urban Competitiveness (Prefecture-level City) in
Jilin Province in 2020　　　　　　　　　　　*Liu Lian* / 019

B.3 A Summary of Urban Competitiveness (Prefecture-level City)
of Jilin Province in 2020　　　　　　　　　　*Liu Lian* / 023

Abstract: In 2019, due to the increasing trade friction between China and the United States and the continuous downturn of the global economy, Jilin Province is facing more severe economic downward pressure. The economic growth rate tends to be flat, and the overall comprehensive economic competitiveness and sustainable competitiveness show a downward trend. Speeding up the construction of modern metropolitan area, driving the regional economic development with core cities, and optimizing and upgrading the industrial structure are the key measures to enhance the overall urban competitiveness of Jilin Province.

Keywords: Jilin Province; Urban Competitiveness; Comprehensive Economic Compe-titiveness; Sustainable Competitiveness

B.4 Ranking Urban Competitiveness (County-level City) in
Jilin Province in 2020　　　　　　　　　　　*Yu Fan* / 035

B.5　A Summary of Urban Competitiveness (County-level City) of

Jilin Province in 2020　　　　　　　　　　　　　　　Yu Fan / 037

Abstract: Based on the comprehensive economic competitiveness and sustainable competitiveness of 20 county-level cities in Jilin Province, this paper analyzes the development situation of county-level cities, the overall pattern and regional pattern of city competitiveness. Aiming at the problems of the lack of comprehensive economic incremental competitiveness, the low economic development efficiency and obvious regional differences, and the weakness of the competitiveness of cultural cities and global cities, We should overcome the difficulties of complex and severe development environment, unbalanced urban and rural development, insufficient endogenous power of urban construction, and strive to improve the emergency capacity, coordinate development and safety, focus on high-quality development transformation and upgrading, coordinate urban and rural development, strengthen public services, develop cultural city, and improve people's livelihood level.

Keywords: Comprehensive Economic Competitiveness; Sustainable Competitiveness; County-level City

Ⅲ　Competitiveness of Prefecture-level City Reports

B.6　Jilin Province City Competitiveness (Changchun City) Report

Yao Zhenhuan / 051

Abstract: Under the guidance of China's regional economic coordinated development strategy, with the implementation of the three major plate strategies of the "East, Middle and West" and the industrial space layout in Jilin Province, Changchun City has been striving for the stability and improvement of economy development, the promotion of quality and efficiency. To achieve fully improvement of the city's core competitiveness. Changchun should advance the industry transformation, push the upgrade of core competitiveness; increase openness to create an open and convenient city; improve the corporate governance of environmental pollution, create a new green and livable city; improve the business environment to construct the commercial advantages.

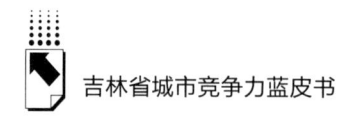

Keywords: Changchun City; Urban Competitiveness; Transformation Development

B.7　Jilin Province City Competitiveness (Jilin City) Report

Li Huanqiao / 066

Abstract: In 2019, facing the severe and complex development situation under the "two Overall situations" at home and abroad, facing the objectives and requirements of comprehensive revitalization, all-round revitalization and high-quality development, Jilin has always guided by Xi Jinping Thought on Socialism with Chinese Characteristics for a New Era, precisely positioned new stage of development, thoroughly acquainted with development of the new ideas, scientifically designed the new pattern of development, thoroughly implemented Xi Jinping' the spirit of a series of important speeches about Jilin work, actively adhered to the general tone of seeking progress while maintaining stability, overcomed difficulties, maked innovation and progress. People's lives have been continuously improved. Social undertakings accelerated development. Decisive progress was made in building a moderately prosperous society in all respects. The overall economic and social development of the whole city has maintained a steady, favorable and forward development trend.

Keywords: Urban Competitiveness; Industry Development; Jilin City

Contents

B.8 Jilin Province City Competitiveness (Songyuan City) Report

Zhang Lina / 081

Abstract: In 2019, the domestic and international macro environment pressure increased sharply, all kinds of risks were intertwined and superimposed, and natural disasters occurred frequently. Facing such complicated and changeable environmental background, Songyuan city, under the guidance of general secretary Xi Jinping's spirit of revitalizing northeast China, accelerated the structural reform of supply measurement and improved the quality of economic development. The city's economic and social development has achieved remarkable results, and the economic growth rate has picked up steadily. However, due to the great impact of the external environment, the comprehensive competitiveness has decreased to a certain extent compared with other regions in the country. The single industrial structure and the slow development of new kinetic energy have become the constraints of economic development. In the future, we still need to take the construction of "Western Ecological Economic Zone of Jilin Province" as the goal, give further play to the ecological advantages, cultivate the endogenous driving force of economic development, promote the transformation and upgrading of economic structure and improve the competitiveness of economic development.

Keywords: Steady Recovery; Transformation and Upgrading; Ecological Economy

B.9 Jilin Province City Competitiveness (Siping City) Report

Li Ping / 094

Abstract: Siping's economic and social development has made new achievements, and the overall economic operation is stable. However, due to the promotion of high-quality development, supply side structural reform, industrial structure adjustment, and the increasing downward pressure of domestic and international economy, Siping's comprehensive economic competitiveness has declined, and the quality and efficiency of economic development need to be improved. Siping City's sustainable competitiveness development level ranks in the middle and upper reaches of the country, ranking third in the province. In the future, with Siping speeding up the industrial transformation and upgrading, cultivating new momentum of economic development, deeply implementing the innovation driven development strategy, promoting green development, and deepening the reform of system and mechanism, Siping's comprehensive economic competitiveness and sustainable development competitiveness are expected to be further improved.

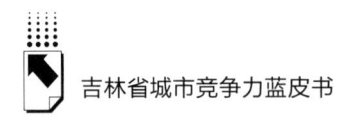

Keywords: Siping City; Economic Competitiveness; Sustainable Competitiveness; Scientific and Technological Innovation

B.10 Jilin Province City Competitiveness (Liaoyuan City) Report

Cui Wei / 107

Abstract: In 2019, the overall economic competitiveness and sustainable competitiveness of Liaoyuan City has declined. Liaoyuan City has made new progress in economic and social construction, but there are still problems and deficiencies in industrial upgrading, technological innovation, business environment, and people's livelihood security. It is necessary to focus on promoting industrial transformation and upgrading, deepen business environment reform, and promote innovation-driven strategies, Continuously improve people's livelihood and well-being, thereby enhancing the comprehensive competitiveness of Liaoyuan City.

Keywords: Urban Competitiveness; Technological Innovation; Industrial Upgrading; Economic Vitality; People's Livelihood and Welfare

B.11 Jilin Province City Competitiveness (Tonghua City) Report

Xu Jia / 122

Abstract: 2019 is a year of deepening poverty eradication and rural revitalization, Affected by the economic and social environment at home and abroad, Tonghua City is facing more severe economic downward pressure, Consistency, hard work, continue to deepen the reform of institutional mechanisms, Stabilize, seek change, promote employment, seek development, seek new economic growth point, Although there is a breakthrough in the sub index of sustainable competitiveness of urban competitiveness, there is still a long way to go in terms of economic competitiveness.

Keywords: Tonghua City; Urban Competitiveness; Comprehensive Economic Competitiveness; Sustainable Competitiveness

B.12 Jilin Province City Competitiveness (Baishan City) Report

Wang Tianxin / 136

Abstract: Since 2020, Baishan City has vigorously promoted green development, continued to optimize the business environment, and continuously strengthened the protection of people's livelihood. The city's economic and social construction has made significant progress. Currently, there are shortcomings and deficiencies in factor concentration, technological innovation, and environmental construction. As a result, the city's overall economic competitiveness has been improved slowly, and the sustainable competitiveness ranking has fallen behind. In the future, Baishan City should actively seize development opportunities, give full play to its unique advantages, strengthen green transformation, technological assistance and environmental construction, so as to promote the city's comprehensive competitiveness to achieve a faster improvement.

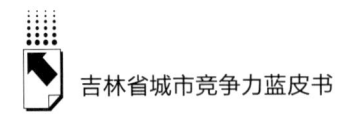

Keywords: Urban Competitiveness; Technological Innovation; Business Environment; Baishan City

B.13 Jilin Province City Competitiveness (Baicheng City) Report

Wu Yan / 151

Abstract: In 2019, the economy of Baicheng City faced many difficulties. The speed of economic growth had slowed down. Baicheng City was underperforming in Urban economic competitiveness and Urban Sustainable competitiveness. The backward economy and the business environment restricted the improvement of the urban competitiveness. With the reform and development of the economy and business environment, the urban competitiveness will get improved. In the future Baicheng city will have opportunities for development.

Keywords: Comprehensive Economic Competitiveness; Sustainable Competitiveness; Baicheng City

IV Competitiveness of County-level City Reports

B.14 Jilin Province City Competitiveness (Ji'an City) Report

Li Dongyan / 164

Abstract: Ji'an City, located in the southeast of Jilin Province, is the largest ginseng producing area in China. Its unique geographical position, superior ecological environment and characteristic history endue Ji'an with strong urban competitiveness. This report finds shortcomings and problems on the basis of systematically summarizing the structure and advantages of Ji'an City, finds out phenomena and laws, and puts forward countermeasures and suggestions. Ji'an City in the future development process should focus on optimizing the industrial structure and expand the total economic volume of Ji'an City; We will foster new drivers of growth and accelerate the development of a new type of economy; We will strengthen the building of a harmonious city with the people as the center; We will consolidate our achievements in poverty alleviation and fully implement the strategy of rural revitalization; We will improve personnel policies and strengthen the driving forces for sustainable development.

Keywords: Sustainable Competitiveness; Comprehensive Competitiveness; Ji'an City

B.15 Jilin Province City Competitiveness (Yanji City) Report

Ding Dong / 180

Abstract: This report firstly through Yanji city national economy and social development of the comprehensive situation to elaborate its current pattern and advantages. On this basis, the advantages and disadvantages existing in the current regional development process are analyzed by closely combining the calculation results of the overall indicators and sub-project indicators of sustainable competitiveness. Through analysis and comparison, this report finds that the investment in science and technology, education and social security in Yanji is not strong enough, and the short board of eco-city competitiveness still exists obviously. Based on the current situation and existing shortcomings, the report analyzes the phenomenon and law of Yanji city's social and economic development, and explores the development trend. Finally, the paper puts forward some suggestions for the sustainable development of Yanji in the future, that is, innovating the urban management mode and promoting the integration and interaction between industries; Integration of ecological and economic development to enhance comprehensive economic competitiveness; We will establish and improve the social security system and enhance society's capacity for sustainable stability and harmony.

Keywords: Competitiveness Index; Sustainable Competitiveness; Rural Revitalization; Yanji City

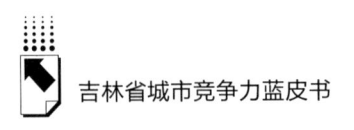

B.16 Jilin Province City Competitiveness (Meihekou City) Report　　　　　　　　　　　　　　　　*Sun Baochun* / 193

Abstract: Meihekou city has a stable and healthy economic and social development, strong comprehensive economic competitiveness and relatively stable sustainable competitiveness. Among them, the competitiveness of ecological city and information city are relatively strong, and the competitiveness of the whole region and cultural cities has a larger space to rise. To further improve the level of urban competitiveness, we need to solve the problems such as insufficient industrial support intensity, slow development of the competitiveness of the whole city, prominent contradiction between financial revenue and expenditure, and the insignificant brand construction achievements. In the future development, Meihekou city will give full play to its comparative advantages to achieve high-quality economic development, make the project construction become the driving force of economic growth, and soft environment construction will be the help of economic development. In order to further improve the competitiveness of the city, Meihekou city needs to support pillar industries and promote the development of agglomeration; Cultivate new growth momentum and realize economic transformation and upgrading; Promote the integration of urban and rural areas and realize the integration of urban and rural development; With the help of historical and human resources, we should develop brand economy.

Keywords: Comprehensive Competitiveness; Sustainable Competitiveness; High-quality Development; Meihekou City

Contents

V Comparison and Reference Reports

B.17 New Chemical City Construction Path and Enlightenment
—Research on the Highland Construction Path of Carbon
Fiber Industry in Jilin City   *Zhang Liwei* / 208

Abstract: Faced with the unprecedented great changes in the world in a century, chemical cities are actively innovating and seeking changes. They made a layout in the fields of "interruption", "refinement", "connection", "innovation" and "height", and formed three construction directions: inheriting the original path of industrial development, upgrading the new path of industrial development and breaking the old path of industrial development, so as to accelerate the transformation to a new chemical city. Jilin city should take such measures as building three bases of raw materials, products and application of carbon fiber industry, building an all-round open and innovative platform of carbon fiber industry, and promoting the reform of market driven mechanism of carbon fiber industry, so as to build the carbon fiber industry highland in China.

Keywords: Carbon Fiber; Industry Highland; New Chemical City; Jilin City

B.18 Evaluation and Promotion Path of Business Competitiveness
in Hangzhou   *Wu Xiaolu* / 216

Abstract: Business environment competitiveness is an important part of the core competitiveness of a country or region. Based on the assessment reports on urban business environment competitiveness of many domestic and international authoritative organizations; this paper systematically evaluates business environment competitiveness of Hangzhou in Zhejiang Province, from the nine dimensions of business soft environment, hard business environment, local elements, technological innovation, social inclusion, environmental resilience, economic vitality, global interconnections and living conditions. On this basis, three suggestions are put forward to promote the business environment competitiveness of Hangzhou.

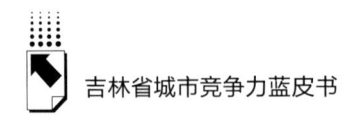

Keywords: Business Environment Competitiveness; High-quality Development; Urban Competitiveness; Hangzhou City

B.19 New Infrastructure Construction and High-quality Urban Development in Jiangsu Province

Sun Keqiang, Fang Weiwei / 227

Abstract: Jiangsu Province is one of the regions with the most developed economy and the highest level of urbanization in China. In recent years, Jiangsu Province has effectively accelerated the construction of new infrastructure by focusing on people and guided by industrial demand, It has injected new momentum into regional high-quality development, especially urban high-quality development. Based on the analysis of the current situation, this report summarizes the construction of new infrastructure and urban population carrying capacity, social governance capacity, industrial competitiveness, cultural capacity and ecological support, and puts forward countermeasures and suggestions on " five innovations", " three increases", " three melts" and " three modernizations".

Keywords: New Infrastructure; Construction; High-quality Development; Jiangsu Province

B.20 Concept and Enlightenment of Modern Urban Construction in Moscow, Russia

Zhang Lei, Jiang Feng / 234

Abstract: Moscow, the capital of Russia, is an international metropolis with a long history and full of modern vitality. After more than 800 years of construction and development, the concept of Moscow urban construction has been changing and improving with the practical needs and the development of The Times. After the 21st century, on the basis of respecting historical and national cultural inheritance, Moscow took full consideration to its urban positioning, industrial structure, well-being of people's livelihood and future development, integrated tradition with modernity, and formed a unique concept of urban construction. This paper analyzes the current situation of urban construction and development plan of Moscow from the perspective of "Electronic Moscow", "New Moscow", "the Information City", "Safe City", and "Smart City – 2030", and summarizes its experience and enlightenment in modern urban construction on this basis.

Keywords: Moscow; Modern City; Construction Concept

社会科学文献出版社

皮 书

智库报告的主要形式
同一主题智库报告的聚合

❖ 皮书定义 ❖

皮书是对中国与世界发展状况和热点问题进行年度监测,以专业的角度、专家的视野和实证研究方法,针对某一领域或区域现状与发展态势展开分析和预测,具备前沿性、原创性、实证性、连续性、时效性等特点的公开出版物,由一系列权威研究报告组成。

❖ 皮书作者 ❖

皮书系列报告作者以国内外一流研究机构、知名高校等重点智库的研究人员为主,多为相关领域一流专家学者,他们的观点代表了当下学界对中国与世界的现实和未来最高水平的解读与分析。截至2021年,皮书研创机构有近千家,报告作者累计超过7万人。

❖ 皮书荣誉 ❖

皮书系列已成为社会科学文献出版社的著名图书品牌和中国社会科学院的知名学术品牌。2016年皮书系列正式列入"十三五"国家重点出版规划项目;2013~2021年,重点皮书列入中国社会科学院承担的国家哲学社会科学创新工程项目。

中国皮书网

（网址：www.pishu.cn）

发布皮书研创资讯，传播皮书精彩内容
引领皮书出版潮流，打造皮书服务平台

栏目设置

◆ **关于皮书**
何谓皮书、皮书分类、皮书大事记、
皮书荣誉、皮书出版第一人、皮书编辑部

◆ **最新资讯**
通知公告、新闻动态、媒体聚焦、
网站专题、视频直播、下载专区

◆ **皮书研创**
皮书规范、皮书选题、皮书出版、
皮书研究、研创团队

◆ **皮书评奖评价**
指标体系、皮书评价、皮书评奖

◆ **皮书研究院理事会**
理事会章程、理事单位、个人理事、高级
研究员、理事会秘书处、入会指南

◆ **互动专区**
皮书说、社科数托邦、皮书微博、留言板

所获荣誉

◆ 2008年、2011年、2014年，中国皮书网均在全国新闻出版业网站荣誉评选中获得"最具商业价值网站"称号；
◆ 2012年，获得"出版业网站百强"称号。

网库合一

2014年，中国皮书网与皮书数据库端口合一，实现资源共享。

中国皮书网

权威报告·一手数据·特色资源

皮书数据库
ANNUAL REPORT(YEARBOOK) DATABASE

分析解读当下中国发展变迁的高端智库平台

所获荣誉

- 2019年，入围国家新闻出版署数字出版精品遴选推荐计划项目
- 2016年，入选"'十三五'国家重点电子出版物出版规划骨干工程"
- 2015年，荣获"搜索中国正能量 点赞2015""创新中国科技创新奖"
- 2013年，荣获"中国出版政府奖·网络出版物奖"提名奖
- 连续多年荣获中国数字出版博览会"数字出版·优秀品牌"奖

成为会员

通过网址www.pishu.com.cn访问皮书数据库网站或下载皮书数据库APP，进行手机号码验证或邮箱验证即可成为皮书数据库会员。

会员福利

- 已注册用户购书后可免费获赠100元皮书数据库充值卡。刮开充值卡涂层获取充值密码，登录并进入"会员中心"—"在线充值"—"充值卡充值"，充值成功即可购买和查看数据库内容。
- 会员福利最终解释权归社会科学文献出版社所有。

卡号：724985583158
密码：

数据库服务热线：400-008-6695
数据库服务QQ：2475522410
数据库服务邮箱：database@ssap.cn
图书销售热线：010-59367070/7028
图书服务QQ：1265056568
图书服务邮箱：duzhe@ssap.cn

S 基本子库
SUB DATABASE

中国社会发展数据库（下设12个子库）

整合国内外中国社会发展研究成果，汇聚独家统计数据、深度分析报告，涉及社会、人口、政治、教育、法律等12个领域，为了解中国社会发展动态、跟踪社会核心热点、分析社会发展趋势提供一站式资源搜索和数据服务。

中国经济发展数据库（下设12个子库）

围绕国内外中国经济发展主题研究报告、学术资讯、基础数据等资料构建，内容涵盖宏观经济、农业经济、工业经济、产业经济等12个重点经济领域，为实时掌控经济运行态势、把握经济发展规律、洞察经济形势、进行经济决策提供参考和依据。

中国行业发展数据库（下设17个子库）

以中国国民经济行业分类为依据，覆盖金融业、旅游、医疗卫生、交通运输、能源矿产等100多个行业，跟踪分析国民经济相关行业市场运行状况和政策导向，汇集行业发展前沿资讯，为投资、从业及各种经济决策提供理论基础和实践指导。

中国区域发展数据库（下设6个子库）

对中国特定区域内的经济、社会、文化等领域现状与发展情况进行深度分析和预测，研究层级至县及县以下行政区，涉及省份、区域经济体、城市、农村等不同维度，为地方经济社会宏观态势研究、发展经验研究、案例分析提供数据服务。

中国文化传媒数据库（下设18个子库）

汇聚文化传媒领域专家观点、热点资讯，梳理国内外中国文化发展相关学术研究成果、一手统计数据，涵盖文化产业、新闻传播、电影娱乐、文学艺术、群众文化等18个重点研究领域。为文化传媒研究提供相关数据、研究报告和综合分析服务。

世界经济与国际关系数据库（下设6个子库）

立足"皮书系列"世界经济、国际关系相关学术资源，整合世界经济、国际政治、世界文化与科技、全球性问题、国际组织与国际法、区域研究6大领域研究成果，为世界经济与国际关系研究提供全方位数据分析，为决策和形势研判提供参考。

法律声明

"皮书系列"(含蓝皮书、绿皮书、黄皮书)之品牌由社会科学文献出版社最早使用并持续至今,现已被中国图书市场所熟知。"皮书系列"的相关商标已在中华人民共和国国家工商行政管理总局商标局注册,如LOGO( )、皮书、Pishu、经济蓝皮书、社会蓝皮书等。"皮书系列"图书的注册商标专用权及封面设计、版式设计的著作权均为社会科学文献出版社所有。未经社会科学文献出版社书面授权许可,任何使用与"皮书系列"图书注册商标、封面设计、版式设计相同或者近似的文字、图形或其组合的行为均系侵权行为。

经作者授权,本书的专有出版权及信息网络传播权等为社会科学文献出版社享有。未经社会科学文献出版社书面授权许可,任何就本书内容的复制、发行或以数字形式进行网络传播的行为均系侵权行为。

社会科学文献出版社将通过法律途径追究上述侵权行为的法律责任,维护自身合法权益。

欢迎社会各界人士对侵犯社会科学文献出版社上述权利的侵权行为进行举报。电话:010-59367121,电子邮箱:fawubu@ssap.cn。

社会科学文献出版社